알고 보면 쓸모 많은

청년 창업 노트

알고 보면
쓸모 많은

청년 창업 노트

Happiness Business

창업엔 한계 없지만,
인생엔 한계 있다!
누구나 한 번뿐인 청춘.
청년 비즈니스에
가슴 벅찬 해피니스를!

이혁주+하상원
지음

BM 성안당

당신의 청춘을
응원합니다!

이 책에 실린 내용은 성공한 사람들의 이야기가 아니다. 청년 실업 100만이란 암울한 시대의 한가운데에서, 그저 스스로가 떳떳하게 살아가고자 매 순간 최선을 다하는 대한민국 청춘들의 좌충우돌을 담았을 뿐이다.

물론 책 속 30여 명의 주인공들은 이제 어엿한 한 사업체의 대표로 자리매김했다. 하지만 그들이 이 자리에 도달하기까지 거쳐온 여정은 무척이나 험난했다. 어떤 이는 수억 원에 이르는 금전적 손해를 입기도 하고, 또 어떤 이는 두세 차례나 쓰디쓴 실패를 경험하기도 했다. 그렇게 거듭 시행착오를 겪으며 한 단계씩 성장해온 청춘들의 이야기는 지금도 자신의 미래를 고민하는 수많은 후배 청춘들에게 반면교사가 되어준다. 성공한 사업가이기보다 조금 앞서 출발한 선배 창업자로서 예비 창업자가 자신과 같은 과오를 반복하지 않기를 바라는 마음으로 직접 겪은 경험을 가감 없이 전하기 때문이다.

창업을 선택한 청춘 중 대다수는 가시밭길 같은 과정은 애써 무시한 채 오직 성공이란 달콤한 과일의 향기에만 취하는 우를 범하는 경우가 많다. 막연하게 '창업만 하면 잘될 것'이란 근거 없는 자신감으로 사업을 시작하지만, 정작 해피엔딩으로 끝나는 사례는 100명 중 한 명도 되지 않는다.

자신이 모든 것을 책임져야 하는 창업의 현실은 처절함을 넘어서서 끝없는 자기희생이 동반돼야 한다. 이 책에 등장하는 주인공들 역시 각자 정도의 차이는 있을지언정 어느 한 사람 예외 없이 '성공'이란 이름에 이르기 위해 어둡고 긴 터널을 우직한 뚝심 하나로 건너왔다.

　하루 50잔의 커피를 들이켜고 하루에 16시간을 서서 일하는가 하면, 손이 물에 불어 피가 흐르는 고통을 참아내기도 했다. 그런 '오기'가 있었기에 지금의 위치에 설 수 있었던 것이다.

　창업을 고민하는 청춘들의 사연은 물론 제각각이다. 취업이 어려워서, 돈을 많이 벌고 싶어서, 자신만의 꿈을 펼치기 위해서 등 무엇이 되었든 창업의 이유가 된다. 창업은 성패를 장담할 수 없는 미래에 대한 도전이다. 불확실한 길을 선택한 예비 창업자들이 이 책을 통해 창업의 허와 실, 그리고 결코 만만치 않은 현실을 간접적으로나마 체험하고 깨달아, 성공적인 창업을 계획할 수 있기를 간절히 기원한다.

　우리는 힘겨워하는 청춘들에게 어느 누군가의 멋진 자서전처럼 성공에 이르는 가장 빠른 길 혹은 노하우를 전하고 싶었다. 하지만 그 어떤 성공 스토리도 성공을 위한 공식이 될 수는 없다. 성공 신화의 주인공과 새로이 창업을 시작하려는 청춘들이 처한 상황은, 당연하지만 다르기 때문이다. 창업이란 전쟁터에서 지금도 치열한 하루하루를 견디고 있는 선배 창업자들의 '잔인하리만치 지극히 현실적인' 이야기를 담은 이 책이, 창업에 도전하는 청춘들의 시행착오를 줄이는 나침반 역할을 하길 소망해본다.

　끝으로, 청춘의 특권이자 자신만의 목표를 찾아가는 그들의 무한 도전을 100퍼센트 응원하고 지지한다.

2017년 11월
하상원·이혁주

차 례

들어가며 _____ 4
당신의 청춘을 응원합니다!

Part 1

전통시장의 맥을 잇는 청춘들의 무한 도전 (전통시장 개별 창업 사례)
전통시장의 미래, 우리가 책임진다!

01. 일생에, 열심히, 한순간 **'깡통시장바리스타'** _____ 10
02. 인생에 지중해식 맛을 **'짓다부엌'** _____ 24
03. 한 사람 한 사람을 위한 과일 **'오빠네 과일가게'** _____ 36
04. 팔지 않던 것은 만드는 수밖에 **'멸치삼촌 콩이언니'** _____ 50
05. 당신의 그 마음, 한 줄에 담았습니다 **'마음한줄'** _____ 60
06. 좋은 것은 변하지 않습니다 **'평화건어물'** _____ 70
07. 그냥 호떡이라면 여러분을 기다리게 하지 않았습니다
    '삼맛호오떡' _____ 80

Part 2

전통시장의 변화와 혁신 위해 대한민국 팔 걷어붙였다!
(전통시장 창업 정부 지원 사례)
정부·지자체 청년 상인 육성 '올인'

08. 대한민국 청년창업 지원사업의 정석 **'울산 톡톡스트리트'**
    _____ 92
09. 뚝도시장 청년들의 무한 도전 **'뚝도청춘'** _____ 106
10. 바람, 젊게 불다 **'1913 송정역시장'** _____ 118
11. 청년몰과 야시장의 컬래버레이션 **'경주 중앙시장'** _____ 130
12. 청년 발걸음 하나에 주변 미소는 두 개 **'청주 북부시장'** _____ 140

Part 3
성공보다 실패가 익숙한 청춘들의 좌충우돌
(개별 소상공인 창업 사례)

실패 두려워 말고 자신만의 올곧은 기준 세워라

13. 지독한 한꼬집 '월라라' _____ 152
14. 매너가 사람을 만든다 '노커스' _____ 168
15. 나만의 멋으로 역사에 남으리 '에반스타일' _____ 180
16. No Fail, No Life 'R&C' _____ 194
17. 인생에 필요한 것은 재능이 아니라 선택! '손날두 플스방' _____ 208
18. '온리 예스'의 위대한 힘! '정육각' _____ 218
19. 건강보다 더 좋은 선물은 없습니다 '톱 오브 피티' _____ 228

Part 4
창업, 절대로 맨땅에 헤딩하지 마라 (소상공인 창업 정부 지원 사례)

청년창업 지원사업 똑똑하게 이용하기

20. 함께하길 결정하면 나머지는 저절로. 내일은 누구와 함께할까? '명랑핫도그' _____ 242
21. 즐거움을 드립니다. 비바(Viva)! '비바돈까스' _____ 252
22. 은혜로 대우하고 추억을 드립니다 '은우(EUNU)' _____ 262
23. 인생에 아름다운 꽃다발을 '박종인플라워' _____ 272
24. 기쁜 우리 젊은 날의 애주가 '한국식품연구원(이하 한식연)' _____ 282

Part 5
예비 창업자를 위한 생생 부록 _____ 294

Part 1

전통시장의 맥을 잇는
청춘들의 무한 도전
(전통시장 개별 창업 사례)

전통시장의 미래,
우리가 책임진다!

01.

일생에, 열심히, 한순간 '깡통시장바리스타'

> "열정과 끼를 사면 커피는 덤으로 드립니다"

남자의 도시, 부산은 역시 부산이다. 녹록치 않은 성격의 시장 상인들 틈에서 무려 6년. 이제는 어엿한 정식 점포를 가진 사장님으로 거듭난 29세 청년 바리스타가 있다. 좁은 시장통에서 노래를 틀어놓고 마치 클럽 한복판인양 춤을 추고, 희끗한 머리칼의 80세 할아버지에게 하이파이브로 인사를 하는 박태권 깡통시장바리스타 대표가 바로 그 주인공이다. 팔 게 없어 끼를 얹은 커피를 팔았다는 그의 까리한 일상을 탐구한다.

까리한 인생, 부산 남자 아인교!

시장 짬밥 6년. 부산 부평 깡통시장의 명물로 통하는 '깡통시장바리스타(이하 깡통 바리스타)'를 이끄는 박태권 대표. 이제는 제법 중견상인 티가 물씬 풍기지만 그는 스스로를 '흙수저' 혹은 '똥수저'라 부른다. 그의 나이 23살이었던 2011년 8월 10일, 말 그대로 '땡전 한 푼' 없이 리어카 한 대 두고 노점에서 커피 장사를 시작해 지금처럼 어엿한 정식 점포를 갖게 되기까지 참으로 우여곡절 많은 세월을 보냈다.

2010년, 박 대표는 군대 전역과 동시에 어린 시절 꿈이었던 연예인이 되고자 서울을 찾았다. 훤칠한 외모에 화려한 말발(?)까지 겸비한 그는 몇몇 오디션에 합격하며 이제 막 연예인으로서 발돋움하려던 차였다. 누구나 아는 톱스타는 아니었지만 이곳저곳에 출연하며 인지도를 쌓아가던 그에게 새로운 전환점이 됐던 것은 친구 어머니로부터 걸려온 한 통의 전화였다.

사실 인기 없는 연예인의 삶이란 게 참 고달프더라고요. 기획사다, 방송국이다, 뻔질나게 들락거려도 정작 돌아오면 라면으로 끼니를 때우기 일쑤였고요. 그렇게 고민이 많던 시기에 친구 어머님에게 전화가 걸려왔습니다. '좋은 기회가 있는데 네가 와서 일하면 딱 좋을 것 같다'는 내용이었죠. 그 전화를 받고 난 후부터는 매일 결정의 기로에 섰던 거 같아요. 짧은 사회생활이었지만 그동안 더 나은 미래를 위해서 스스로 매번 무언가를 결정해야 하더군요. 그때의 고민은 아주 단순했습니다. 현재 소속사에 남느냐 아니면 부산에 내려가서 나만의 공간에서 장사를 할 것이냐 둘 중 하나였죠.

고민은 깊었지만 결정은 빨랐다. 집안 사정으로 가장 노릇을 해야 했던 박 대표의 당시 상황이 그를 막연한 꿈이 아닌 당장의 현실로 끌어온 것이다. 돈을 벌어야 한다는, 단순하지만 너무나 절박한 그의 목표가 장사꾼으로의 삶을 결정한 이유였다.

하지만 1년여 간의 서울 생활을 정리하고 찾아간 곳은 상상 그 이하였다. 부산행을 결심한 후 '친구 어머님에 대한 믿음' 하나로 기획사 관련자들이 걸어온 수많은 전화를 뿌리치고 내려온 것이 지나치게 순진한 생각이었음을 깨닫기까지 그리 많은 시간이 걸리지 않았다. 찾아간 곳에는 사람 한 명이 겨우 지나갈 정도로 좁은 시장통 사이에 꼬질꼬질한 구루마(리어카) 한 대만 덩그러니 놓여 있었다. '이곳을 소개해주려고 날 여기 부르셨나?', '내가 이 정도로밖에 안 보인 건가?' 오만 가지 생각이 머릿속에서 엉켜들었다. 하지만 일수불퇴. 이미 물은 엎질러진 상황이었다.

당시 제 현실은 처참했습니다. "나이 23살, 돈도 없어, 기술도 없어, 집안 사정도 밑바닥이야. 그래, 나는 지금 바닥인생이다."라는 생각이 들었죠. 왜 하필 그때 경상도식 오기가 나왔나 모르겠어요(웃음). "그래 내가 밑바닥인데, 그럼 일도 바닥부터 시작해야지, 그래야 인생 '까리'한 거지." 하고 다짐했죠. 그렇게 젊은 치기 하나로 순식간에 장사를 결심하게 됐습니다. 돌이켜 생각해보면 참 겁이 없었죠.

결심은 화끈했지만 정작 주머니 사정은 초라하기 그지없었다. 결국 친구 어머님께 부탁해 노점 인수금을 융통했다. 친구 어머님은 처음부터 사업 초기 자금은 빌려주려고 했다며 흔쾌히 돈을 내줬다. 깡통시장의 명물인 깡통 바리스타 탄생의 숨은 공로자인 셈이다.

친구란 버팀목이 있었기에

박 대표가 자리 잡고 있는 부평 깡통시장은 지난 10여 년간 시설 현대화 사업을 거쳐 현재는 말쑥한 모습으로 재탄생됐지만, 그가 처음 입점했을 때는 빈말로라도 깨끗하다고 할 수 없을 정도였다. 안 그래도 어지럽고 더러운 시장통에 박 대표가 떡하니 커피 노점을 열자 기존 상인들은 한결같이 그를 이상한 눈으로 바라봤다. 나중에 들은 얘기지만 젊은 사람이 시장 바닥(그것도 노점으로)에서 장사를 한다고 나서자 모두들 당시에는 "점마 또라이다." 혹은 "점마 한 달도 못 버틴다."같이 냉소적인 반응을 보였다고 한다.

수십 년 동안 시장에서 닳고 닳은 베테랑 상인들도 불황에 허덕이는 판국에 '생초짜'가 시장에 들어왔으니 장사는커녕 하루를 버티는 일부터 쉽지 않았음은 당연했다. 사실 박 대표도 사업 초창기 때는 숨이 턱밑까지 차오르도록 움직이며 매일 살아남는 것만을 생각하느라 뭔가를 담아내고 소화해낼 여력이 없었다고 회상한다. 사업 초기의 기억이 희미한 이유는 그 탓일 것이다.

박 대표가 장사를 시작하고 나서 가장 먼저 알게 된 점은 자신이 부끄러움이 많은 사람이라는 사실이었다. 대한민국 톱스타를 목표로 할 만큼 스스로 끼가 있다 자부했지만 무언가를 팔아야 하는 장사꾼으로서 홀로 길 위에 서는 일은 또 다른 문제였다. 두려움. 내가 만든 커피를 손님에게 평가받는다(판매한다)는 일, 손님의 주머니에서 돈이 나오게 해야 한다는 것은 그에게는 큰 두려움이었다. 장사를 한다는 두려움, 그 벽을 넘어서기가 가장 힘들었던 것이다.

> 돌이켜 생각해보면 그냥 죽을 정도로 힘들었다고 할까요? 무수히 많은 행인들의 시선, 길 위에서 오롯이 그들의 시선을 받아내야 한다는 두려움에 매일 마음 졸이

박 대표(가운데)는 이 자리를 빌려 깡통시장바리스타 창업을 함께한 성은씨(왼쪽)와 정훈씨(오른쪽)에게 감사의 메시지를 전했다. "내 친구 성은아, 정훈아. 그동안 앞에서는 말 못했지만 늘 뒤에서나마 너희들을 응원하고 있다. 항상 행복하고 우리 꼭 성공해서 웃으면서 다시 만나자. 고맙고, 사랑한다."

며 장사를 했던 기억밖에 없습니다. 그래도 종종 기분 좋은 일들이 생겼어요. 예컨대 최고 매출을 갱신했다거나 일주일 연속으로 단골손님이 찾아온다거나, 그런 일요 그런 설렘을 버팀목으로 지금까지 올 수 있었던 것 같아요.

　힘들었던 사업 초기를 버틸 수 있었던 가장 큰 이유는 박 대표와 함께 장사를 시작했던 두 친구의 존재였다. 최성은과 강정훈. 죽마고우였던 둘은 박 대표의 동업 제안에 흔쾌히 장사에 뛰어들었고 말 그대로 눈이 오나 비가 오나 바람이 부나 항상 똑같은 모습으로 낡은 구루마에서 커피를 만들었다. 아쉽게 지금은 각자 자신의 목표를 향해 서로 다른 길로 흩어져 박 대표 홀로 점포를 이끌어나가고 있지만, 항상 친구들이 있었기에 지금의 자신과 깡통 바리스타가 있는 것이라고 말한다.
　마음 맞는 친구들끼리 장사를 한다는 것은 어찌 보면 놀이의 연장선상과도 같았다. 휴대전화로 노래를 틀고 빈 컵에 넣어 즉석 스피커를 만들어 자기들끼리 춤을 추는가 하면 남녀노소를 불문하고 커피를 건넬 때 손뼉을 마주치며 손님들의 흥을 돋우기도 했다. 이제는 깡통 바리스타의 아이덴티티로 자리매김한 '하이파이브'는 바로 이때부터 시작되었다.

> 처음에 하이파이브를 하자고 얘기가 나왔을 때는 서로 "네가 먼저 해라."라고 미룰 정도로 민망한 느낌이었습니다. 결국 제가 총대를 맸죠. 그나마 안면이 있는 젊은 단골손님에게 커피를 주면서 "자, 하이파이브"라고 하면서 손을 내밀자 기분 좋게 손바닥을 맞대주시더라고요. 그때부터는 남녀노소, 세 살 꼬마 여자아이부터 80세 할아버지까지 저희 가게를 오시는 분은 무조건 하이파이브와 함께 간단한 메시지 ("형님 얼굴 좋아지셨습니다.", 언니 왜 이렇게 이뻐졌어." 등)와 음료를 전해드렸어요. 다소 억지스럽지만 이렇게 실제로 접촉을 하다 보니 손님들이 좀 더 편하게 느껴지더라고요. 반대로 손님들도 먼저 농담을 건네실 만큼 저를 친근하게 대해주시기도 하고요. 무엇보다 저같이 자~알 생긴 청년하고 손잡을 기회가 또 흔한 게 아니지 않겠습니까? 하하하.

이렇듯 평소 '손님과의 직접적인 접촉'을 강조하는 박 대표는 2016년 10월, 6년 동안의 노점 생활을 끝내고 정식(등록) 점포를 열었다. 사시사철 세월의 풍파를 오롯이 몸으로 버텨내야 했던 깡통 바리스타의 시작점인 노점에서 불과 1미터 떨어진 곳이었다. 박 대표가 직접 모든 인테리어를 시공한 새 점포는 불과 다섯 평 남짓으로 매우 작다. 테이블은 아예 없고 벽 두 면에 선반을 길게 둘러 설치해 의자 몇 개를 놔둔 것이 전부다. 그나마도 커피를 내리는 작업 공간과 홀의 구분도 없다. 쉽게 말해 자리에 앉은 손님의 등에 커피를 내리는 직원의 엉덩이가 닿을 정도로 공간이 협소하다. 하지만 깡통 바리스타를 찾는 손님들은 이러한 '불편한 부대낌'을 오히려 즐거워한다.

한 단골손님이 "아따, 이 삼촌 와 이리 끼를 부리고 그라노?"라고 하자 박 대표는 "아, 우리 이모가 이뻐서 그러지. 어떻게 커피 한 잔 더 드릴까?"라고 맞받아친다.

능글능글하다는 표현이 어울리는, 청년이기에 가능한 패기 넘치는 독특한 운영 방식이다.

물론 모든 손님들이 이러한 깡통 바리스타의 운영 방침을 환영한 것은 아니다. 어떤 이들은 안 그래도 복잡한 시장통에서 시끄럽게 노래를 틀고 춤을 추는 모습을 영 못마땅해했고, 또 어떤 이들은 면전에서 손뼉 마주치기를 거부하며 민망함을 안겨주기도 했다. 아예 대놓고 그런 거 하지 말라는 어르신들의 따끔한 호통도 적지 않았다. 하지만 뭐 어쩌랴. 당시 그의 나이 겨우 23세. 호기롭기도 했거니와 하루하루 매출이 쑥쑥 오를 때 느끼는 기쁨이 민망함보다 더 컸다.

때때로 마주치는 어려움 속에서도 박 대표는 처음 자신이 정한 방침을 고집스럽게 밀고 나갔다. 처음 하이파이브를 거절했던 손님들도 나중에는 못 이기는 척 손뼉을 마주치기도 했다. 젊기에 가능한 패기 넘치는 강단, 장사꾼으로 거듭나기 위한 '미련한 오기'가 결국 남포동에서 가장 에너지 넘치는 공간인 깡통 바리스타의 현재를 만들어낸 것이다.

하루 커피 60잔, 미쳐야 살아남는다!

"깡통시장에 잘생긴 오빠야들이 커피 팔고 있대."
부모님이 물려주신 잘생긴 외모와 서글서글한 성격을 가진 남자 셋이서 시장통에서 춤추고 노래하며 커피 노점을 한다는 소문은 꽤 빠른 속도로 퍼져나갔다. 소위 'SNS 시대'에 살고 있던 덕분이었다. 각종 SNS를 통해 입소문이 돌자 손님이 늘면서 자연히 매출도 연일 상승 곡선을 그렸다. 시장통 전체에 '짝' 하고 울려 퍼지는 경쾌한 하이파이브 소리가 끊이지 않게 된 것도 이때부터였다. 한 잔에 2,000원짜리 커피를 판매하며 초창기 동업자 세 명이 각자 대기업 부장급 정도에 해당하는 배당금을 가져갔으니 얼마나 장사가 잘 됐는지는 미뤄 짐작할 수 있겠다.

손님들은 쑥스러워하면서도 박태권 대표와 곧잘 손을 맞댄다.

하지만 또 다른 문제점이 드러났다. 창업 초기, 낡은 노점 하나 인수할 돈조차 없어 친구 어머님께 융통해갈 정도로 급하게 시작한 탓에 제대로 커피를 배우지 않은 게 발목을 잡은 것이다. 커피 전문점이 워낙 많이 밀집된 우리나라의 특성상 커피 맛에 민감한 손님들이 제법 많았던 까닭에 가장 기본적인 맛에 대한 불만이 이어졌다.

하지만 '위기는 기회'라고 했던가. 박 대표는 오히려 이때를 기점으로 자신만의 브랜드를 만들겠다는 새로운 목표를 세웠다. 전문적인 커피 관련 공부를 받기로 한 것도 같은 맥락에서다.

여기서 한 가지 염두에 둘 것이 있다. 박 대표의 이러한 이른바 '스텝업(Step-up, 점진적 향상)'에 대한 결심은 당연하게도 장사가 어느 정도 자리를 잡아, 지속적인 매출 유지 및 상승을 확신할 수 있었기에 가능한 일이었다. 이도저도 아닌 어정쩡한 상황 혹은 가게 매출이 지지부진한 현실을 타파하고자 성급하게 사업 확장을 도모하다가는 진짜 가게 문 닫는 건 한순간이라는 사실을 기억해야 한다.

일생에, 열심히, 한순간 '깡통시장바리스타'

이후 박 대표는 본격적으로 커피 공부에 돌입했다. 유명하다는 커피 전문점을 찾아가 무작정 가르침을 청하다 문전박대 당하는 일은 차라리 일상이었다. 당시 박 대표는 한겨울에 오토바이를 타고 찾아간 후 사정사정 배운 지식 한 가닥으로 하루 60잔 이상씩 커피를 내리고 맛보며 미흡한 점을 보완해나갔다. 60잔! 듣기만 해도 속이 쓰릴 정도다.

하루에 커피를 수십 잔씩 마시면 몸이 어떻게 되는지 아십니까? 카페인 때문에 잠을 못 잔다고요? 천만에요. 새벽부터 10킬로그램이 넘는 원두를 로스팅하고 하루 종일 앉지도 못한 채 12시간 이상 커피를 팔다 보니 베개에 머리만 닿으면 그냥 잠들어버립니다. 커피를 많이 마시면 일단 구토를 자주하게 돼요 물론 새까만 물을 게워내죠. 그뿐인가요. 하도 속이 쓰려서 위장약을 달고 살아요. 커피를 물처럼 마시니 배가 불러서 밥은 못 먹겠고, 그러다 보니 위장에서 욕을 하는 셈이죠. 저도 그때는 어렸으니까 그런 무식한 짓을 했지, 지금은 수억 원을 준다고 해도 절대 하지 않을 거예요(웃음).

어느 정도 커피에 대해 감을 잡은 후 원두부터 직접 볶아내기 위해 3000만 원에 달하는(그간 번 돈의 상당 부분을 투자해 구입했다.) 최고급 로스팅 기계를 구입하는가 하면 약 600만 원 상당의 원두가 '실험용'이라는 명목하에 쓰레기로 버려지기도 했다.

물론 제가 직접 로스팅했다고 소위 '명품 커피'가 되는 것은 절대 아닙니다. 그저 좋은 원두를 정성껏 로스팅 한 '믿을 수 있는 커피'라는 평가가 더 정확할 겁니다. 요 앞 길거리만 나가도 비싸지만 저희보다 더 맛있고 좋은 커피를 파는 커피숍이 '천지빼까리'입니다. 그래도 손님들이 일부러 저희 커피를 구입하는 이유는 제가 정직하게 장사한다는 걸 알기 때문이라고 생각해요. 하이파이브로 손님들과 직접 살을 맞부댄 횟수만큼, 손님들이 제게 보내주는 믿음을 절대 배신하지 않을 겁니다. 아직 저 어립니다. 돈에 환장한 것도 아니고요. 제게 가장 중요한 것은 돈이 아닌 공간입니다.

어려운 가정환경 탓이었을까. 박 대표는 유독 '공간'에 대한 욕심이 많았다. 어느 누군가와 함께할 수 있는 공간이 절실했던 것이다. 때문에 매일 수백 명의 손님들과 직접 살을 부비는 한 평 남짓한 낡은 구루마는 그에게 돈 이상의 가치가 있는 소중한 공간이었다.

하지만 케케묵은 고전소설이 그렇듯 박 대표 역시 '과유불급'의 실수를 저지르고 만다. 작은 노점이었지만 나름대로 큰 매출을 올리던 와중에 지인의 권유로 남포동 한복판에 250평에 달하는 대형 중식 레스토랑의 개업을 추진한 것이다. 보다 많은 사람들과 함께 기억을 공유할 수 있는 공간을 만들겠다는 목적이었다.

레스토랑은 오픈과 동시에 매출을 높이며 승승장구했다. 당연한 말이지만 한 평, 그것도 2,000원짜리 커피를 파는 깡통 바리스타보다 매출은 수십 배 이상 많았다. 박 대표도 자연스레 시장보다는 번듯한 레스토랑으로 향하는 날이 늘어났다.

반면 매출과는 별개로 레스토랑의 운영은 난항을 거듭했다. 모든 과정을 혼자 수행했던 작은 노점과는 달리 레스토랑은 재료 구입부터 조리, 서빙 등 모든 부분에 담당 직원들을 배치해야 했다. 사업체의 규모가 커진 만큼 신경 써야 할 곳이 많아진 것이다.

바로 이 지점에서 레스토랑의 패착 요인이 나타났다. 과정과 결과 모두 혼자 짊어지면 그만인 노점과는 달리 레스토랑 운영에는 더 많은 인원이 필요했던 까닭에 소위 '사람 관리'가 무엇보다 중요하다는 점을 간과했던 것이다. 나아가 아직 젊고 자신들과 생각이 다른 박 대표의 말을 잘 따르지 않는 직원들과 마찰도 발생했고, 결국 8개월 만에 그동안 벌었던 돈과 투자금 모두를 담배 연기처럼 허공으로 날려버렸다.

옛 어른 말씀 틀린 거 하나 없다

"한 우물만 파라."
우리가 살면서 한 번쯤은 들어봤을 말이다. 레스토랑 창업 실패 후 박 대표는 다시 자신의 자리로 돌아왔다. 그럴듯한 정장 차림으로 손님을 맞이하는 '레스토랑 사장님'에서 노점에서 풍파를 견뎌가며 2,000원짜리 커피를 파는 '구루마 장사꾼'으로 컴백한 것이다.

레스토랑 사업을 기점으로 함께 창업을 했던 두 명의 친구는 떠나갔지만 다행히 새롭게 박 대표의 옆을 지켜준 후배, 서원규 씨의 노력으로 노점 카페는 순항을 거듭하고 있었다. 배우 류준열을 닮아 '깡통시장 류준열'로 통하는 서 씨는 정식 점포로 자리를 옮긴 지금까지도 박 대표와 동고동락하며 최고의 친구이자 충실한 사업 파트너로 제 역할을 수행하고 있다. 얼마 전에는 서 씨의 후배인 김희재 씨도 합류해 명실공히 '꽃미남 3인방'으로 구색을 갖추게 됐다.

> 제가 그래도 인복(人福)은 있는 것 같아요. 레스토랑을 운영한답시고 수시로 자리를 비우는 중에도 원규 덕분에 노점을 유지했기에 다시 한 번 재기를 도모할 수 있었죠. 제가 다시 노점으로 출근했을 때는 '깡통시장 류준열'이라는 별명까지 얻어서 제가 한참 못 미칠 정도로 높은 인지도를 자랑하고 있더군요. 가게를 뺏기지는 않을까, 심각한 위기감을 느끼기도 했습니다. 하하 농담이고요. 원규에게는 참 고마운 일뿐입니다. 동생이지만 어떤 때는 저보다 더 형 같다는 느낌을 받곤 하거든요. 이 자리를 빌려 원규와 얼마 전 합류해 열심히 일하고 있는 희재에게 다시 한 번 감사 인사를 전하고 싶습니다.

실패를 딛고 심기일전한 박 대표는 말 그대로 '깡통 바리스타 올인'을 선택했다. 아침 9시부터 밤 9시까지 꼬박 12시간 동안 커피를 내리고 늦은 밤까지 다음 날 판매할 원두를 로스팅하는 일상을 반복했다. 하루

'깡통시장 꽃미남 3인방'. 왼쪽부터 박태권 대표·서원규 씨·김희재 씨.

평균 수면 시간은 네다섯 시간, 2주일에 한 번뿐인 휴일에 하루 종일 잠을 자는 것이 그의 유일한 낙이었다.

저 스스로에게 내리는 벌이었습니다. 사업이 어렵다는 것을 누구보다 잘 알고 있다고 생각했는데, 정작 돈이 조금 생기자 무리하게 일을 진행할 정도로 아직 철이 덜 들었다는 걸 깨달았거든요. 무엇보다 통장에 잔고가 없으니 장사에 목숨을 걸 수밖에 없게 되더라고요(웃음). 옛 어른들 말씀 하나도 틀린 게 없다는 사실을 깨달은 것도 그때입니다. 역시 사람은 한 우물만 파야 하더라고요.

의도치 않은 무일푼 창업, 야심차게 도전했던 새로운 사업 실패 등 사회의 쓴맛을 제대로 본 박 대표는 누구보다 장사의 어려움을 잘 알고 있다. 반면 작은 노점 카페라 할지라도 자신만의 독창적인 콘셉트와 열정을 갖고 '즐기면서' 일을 한다면 얼마든지 성공할 수 있다는 사실도 증명해냈다.

성공의 기준이 돈이라면 박 대표는 이미 성공했다고 할 수 있다. 그와 같은 나이대만 봐도 그렇지만, 그보다 연배가 있는 지인을 모두 떠올려봐도 상대적으로 더 많은 수입을 올리고 있기 때문이다.

이러한 성공의 경험 덕에 지인들은 그에게 사업에 대한 의견을 물어오곤 한다. 그럴 때마다 박 대표는 "네가 정말 하고 싶은 일이 뭔데?"라고 되묻는다. 그저 돈을 많이 벌고 싶다는 철딱서니 없는 생각, 혹은 박 대표처럼 되고 싶다는 생각에 "나도 카페나 해볼까?"라는 안일한 마음으로 물어오는 경우가 허다한 까닭이다.

현실은 매년 사상 최악의 청년 실업률을 기록했다는 암담한 뉴스로 넘쳐난다. 갈 곳 없는 청년들은 결국 마지막 선택으로 창업의 길로 가지만 이마저도 열에 여덟, 아홉은 1년을 넘기지 못하기 일쑤다.

어떤 것이 문제일까. 먼저 청년들이 생각하는 창업에 대한 기준부터 바꿔야 한다. '어떤 사업을 하느냐'가 중요한 게 아니라 '내가 하고 싶은 일이 무엇인가'를 먼저 찾아야 하는 것이다. 스스로가 신나게 일할 수 없다면 행복과 돈 둘 다 잡긴 요원한 일일 터다.

시장통 한복판에서 미친 듯이 춤을 추고 노래를 흥얼거리며 걸쭉한 농담과 함께 손님과 경쾌한 하이파이브를 나누는 박태권 깡통시장바리스타 대표의 '내 멋대로 사는 하루'에 주목해야 하는 이유다.

네 멋대로 저질러라

사실 저는 주변 지인들이 창업에 대해 물어볼 때 "그냥 네 멋대로 해봐라."라고 말해버리고 마는 편입니다. 물론 아직 젊은 친구들에 한해서죠. 이런 저런 실무적인 조언은 얼마든지 해줄 수 있지만 창업을 결정하는 것은 전적으로 본인의 의지에 달렸다고 생각합니다. 다만 한 가지, 지금 준비하는 창업이 정말 자신이 원하는 것인지, 재미있게 오랫동안 할 수 있는지를 냉정하게 되짚어보라고 말해줍니다. 의외로 많은 친구들이 그냥 장사 잘되는 가게를 가보고 아이템을 결정하는 경우가 많거든요. '나도 똑같이 하면 저렇게 돈 많이 벌겠지.' 같은 헛똑똑이 같은 생각으로요. 사실 청년들이 창업하고 얼마 못 가 실패하는 것은 어찌 보면 당연합니다. 수억 원 자금으로 번듯하게 장사를 시작해도 줄줄이 문을 닫는 판국에 쥐꼬리만 한 자금으로 가게를 여는데 장사가 되겠습니까?

돈도 없어, 아이템도 평범해, 그렇다면 결국 젊음이란 무기를 사용할 수밖에 없습니다. 제가 커피라는 레드오션에서 살아남을 수 있었던 것 역시 저만이 갖고 있던 열정과 끼를 커피에 얹었기 때문이라고 생각합니다. 어떤 날은 제 스스로 흥에 겨워 한창 춤을 추고 있는데 한 손님이 제게 신나게 일하는 모습에서 힘을 얻고 간다고 한 적이 있습니다. 제가 즐기면서 장사를 하니까 손님들도 그 에너지를 나눠 받았던 거죠. 그때부터 미친놈처럼 놀아재끼기 시작했습니다. 커피가 아니라 끼를 팔자, 열정을 사면 커피를 덤으로 준다는 마음으로 젊음이란 무기를 마음껏 휘둘렀습니다. 지금은 아예 하이파이브로 먼저 인사를 하는 단골손님들도 있을 정도죠. 이제 30살을 목전에 두고 있어서 무릎이 시큰거릴 때도 있지만 저희 깡통 바리스타를 찾는 손님들이 기분 좋은 에너지를 얻어갈 수 있도록 또 한 번 신명나게 흔들어 보렵니다.

박태권_깡통시장바리스타 대표

02.

인생에 지중해식 맛을 '짓다부엌'

> "프랑스 주재 대한민국 대사관저 조리장, 테이블 두 개 식당 주인 되다"

> 인구 4만 명의 작은 도시 장흥군의 한 전통시장에서는 세계 최고 수준의 셰프가 직접 만든 특별한 요리를 맛볼 수 있다. 프랑스 주재 대한민국 대사관저에서 1년가량 근무했던 윤지아 대표가 운영하는 '짓다부엌'이 바로 그곳이다. 그녀가 주변 요리인들이 선망하는 대사관 조리장의 지위를 내팽개치고 장흥 정남진 토요시장에 둥지를 튼 이유, 그것이 알고 싶다.

내가 선택한 손님에게 최상의 즐거움을 선사할 것

'장흥앞바다 파스타 1만 9,000원', '표고버섯 리소토 2만 원', '장흥한우 채끝스테이크 4만 8,000원', '주방장 마음대로 샐러드 시가'……. 강남의 한복판 으리으리한 대형 레스토랑의 메뉴판이 아니다. 서울에서 남쪽으로 무려 300킬로미터에 위치한 장흥군의 정남진 토요시장, 그 한 편에 자리 잡은 테이블 두 개의 작디작은 레스토랑 '짓다부엌'의 메뉴들이다.

가게 입구에 떡하니 놓인 가격표를 마주한 순간 '시골 시장에서 팔기에는 너무 비싸지 않나?' 하는 생각이 스친다. 단도직입적으로 "가격이 너무 비싸지 않느냐?"라는 질문에 윤지아 대표는 담담하지만 단호하게 이야기한다.

일반적인 양식당의 메뉴 가격 중 원가(재료비)는 약 33퍼센트 수준입니다. 하지만 제 경우 최소 45퍼센트에서 많게는 50퍼센트 이상을 재료비에 할애하고 있습니다. 다른 요리사들이 들으면 미쳤다고 할 거예요. 하지만 한우와 표고버섯 등 지역 특산물은 원체 단가가 높은 재료들이고, 원산지가 분명한 것들로만 구입하고 있어서 재료비를 여기서 더 낮추기란 불가능합니다. 심지어 제가 사용하는 크림, 치즈, 오일류, 향신료 같은 부가 재료들은 장흥에서는 구할 수도 없어서 물류

비용까지 따로 발생하고 있습니다. 다만 시장은 군 소유의 건물이라 임대료와 기타 공과금 등의 유지비가 상대적으로 덜 들어가는 덕분에 이 정도 가격 수준을 유지하고 있는 것입니다. 고정비용이 타 업장에 비해 낮기 때문에 거기서 생기는 수익의 상당 부분을 재료에 투자합니다. 그걸 제외하고는 가격에는 저와 일을 도와주시는 엄마 아빠의 인건비 정도만 포함시켰어요.

그녀의 설명에 또 한 가지 의문이 들었다. '박리다매'가 장사의 흐름으로 널리 알려진 가운데 이러한 고가 정책은 시대를 역행하고 있는 건 아닐까?
하지만 윤 대표는 선택과 집중이란 가치를 강조했다. 흔히 고객이 가게를 선택한다고 생각하지만 오히려 '가게가 고객을 선택한다'라는 설명이다. 자신의 가게를 찾아오길 원하는 고객층에게 맞는 품목과 서비스를 제공함으로써 자연스럽게 주요 단골 고객을 확보한다는 것이다.

제가 처음 장사를 준비할 때 다짐했던 건 딱 하나였어요. 내가 만족할 수 있는 요리를 만들겠다는 것입니다. 한때 가격에 맞춘 요리를 만들어보기도 했지만 손님 앞에 부끄러워서 내놓을 수가 없더라고요. 그래서 저는 장흥의 로컬 푸드를 이용해 오리지널리티를 살려 요리해야겠다는 결론을 낸 후 제 입맛을 만족시키는 요리를 만들려니 최상급의 재료를 사용할 수밖에 없었어요. 제가 미각이 예민한 편이거든요. 때문에 이렇게 작은 지역에서는 좀처럼 보기 힘든 가격대가 책정될 수밖에 없었습니다. 하지만 역설적이게도 오히려 그 이유 때문에 짓다부엌을 자주 찾는 단골손님들을 확보할 수 있었습니다. 제 요리에 대한 신뢰와 만족이 고객들로 하여금 기꺼이 비싼 값을 지불하게 만들었던 거죠. 요리에 공감하는 고객을 선택하자는 제 나름의 전략이 맞아떨어진 셈이죠.

인구 4만 명에 불과한 작은 도시의 전통시장 한 쪽에 마련된 20제곱평방미터(6평) 정도의 작은 레스토랑인 짓다부엌을 운영하는 윤 대표는 지난 2012년 불과 26세의 나이에 '프랑스 주재 대한민국 대사관저'에서

가게의 절반 이상을 차지하는 조리 공간은 맛있는 요리를 만들기 위한 최소 조건이다.

조리장으로 근무했을 만큼 요리계에서 매우 촉망받는 젊은 셰프였다.

요리인의 길을 선택한 후 정말 남들보다 10배, 20배 열심히 노력했습니다. 전통 음식을 배우기 위해서 국내 최고의 관련 커리큘럼을 갖고 있는 전주대학교로 편입을 한 것은 물론 숙명여자대학교 한국음식연구원 푸드코디네이터 과정을 비롯해 10여 개에 달하는 각종 전문가 과정을 이수하고 대학 연구팀 근무, 한식 메뉴 컨설팅 등 요리인으로서 필요한 소양이라고 판단되면 분야를 가리지 않고 닥치는 대로 파고들었습니다.

윤 대표는 스스로를 '경주마'라고 칭한다. 경주마의 전력질주처럼 그녀의 20대는 오롯이 요리에 집중됐다. 덕분에 이론과 실습을 가리지 않고 성적을 매기는 분야에서는 늘 1등을 차지할 수 있었다. 주변에서 '독하다'는 부러움 반, 시기 반의 평가를 받았던 것도 이 때문이다.

그렇게 요리인을 향한 10여 년의 세월이 쌓여 결국 윤 대표는 26세의 어린 나이에 모든 요리인들이 바라 마지않는 대사관 조리장, 그것도 세계적으로 유명한 셰프들의 나라인 프랑스 주재 한국대사관에 입성할 수 있었다. 소위 '엘리트 요리인'으로서 마련된 코스를 착실히 밟아나간 것이다.

하지만 반전 없는 삶은 없다고 했던가. 윤 대표는 대사관 근무 1년여 만에 돌연 한국행을 선택했다. 많은 사람이 "왜?"라는 의구심을 내비쳤고, 혹자는 "역시 젊은 사람들은 끈기가 없어."라는 성급한 판단을 내리기도 했다. 남들이 그토록 바라던 엘리트 요리인의 삶을 포기한 배경은 무엇이었을까?

요리를 시작한 이후 누구보다 빨리 성공하고 싶어서 정말 코피를 쏟아가며 공부하고 늘 경쟁에서 이기려 애쓰며 살았습니다. 마음의 여유가 없었고 가족이나 친구보다 일이 우선순위에 있었죠. 평일 초과근무는 물론이고 쉬는 날에도 전화를 받으면 당연하다는 듯 일터에 나가서 일했습니다. 성공하고 싶은 마음이 너무나 절박했기 때문입니다. 대사관 발령을 받은 후에도 마찬가지였습니다. 누구보다 열심히 일했죠. 그런데 매일 틀에 박힌, 보다 직설적으로 얘기하면 정해진 음식만을 만들다 보니 어느 순간 요리에 대한 열정이 희미해짐을 느꼈습니다. 그렇게 주방 구석에서 기계의 한 부품처럼 움직이는 무표정한 얼굴의 나 자신을 마주하는 순간 뭔가 잘못된 길을 가고 있다는 확신을 갖게 됐고, 그날로 미련 없이 사표를 내고 한국으로 돌아왔습니다.

요리인으로서 평생의 목표를 달성했다는 짜릿함은 생각보다 길지 않았다. 그전까지는 배우는 과정이라는 구실에 모든 일상보다 요리를 우선했지만 정작 대사관 입성 후 요리인으로서 얻은 만족감은 작은 레스토랑 견습생으로 일했던 20세 때보다 턱없이 작았다. 이미 기존의 틀이 확고한 곳에서 그저 시키는 요리를 정해진 레시피에 따라 할 수밖에 없었던 까닭이다. 자신만의 요리 세계를 만들어나가고 싶었던 윤 대표에게 대사관 조리실은 '꿈의 직장'이 아닌 '파랑새가 갇힌 새장'과 다름 아니었다.

그런 느낌을 받은 순간, 윤 대표는 누구나 인정하는 최고의 요리사를 향한 화려한 행보를 뒤로하고 자기 자신이 만족할 수 있는 요리를 만들 공간을 마련하기로 했다. 물론 많은 요리인들이 그녀의 선택에 고개를 저을 것이다.

"아직 젊잖아요." 그녀의 호기로운 웃음 속에 지금 선택에 대한 만족이 엿보인다. 대한민국 대다수가 바라는 '일반적인 성공'을 버리고 '자신만의 성공'을 만들어가고 있는 만 30세 젊은 요리사의 기분 좋은 무모한 도전은 여전히 현재 진행 중이다.

주어진 인프라를 최대한 활용하라

윤 대표는 대사관 퇴직 후 창업을 결심했다. 물론 창업 아이템은 요리. 다른 건 생각조차 하지 않았다. 허나 업종 하나만 확정됐을 뿐 할 일이 첩첩산중이었다.

가장 현실적 요소인 창업 자금이 마련되지 않은 상황. 이른바 '저임금 강노동'으로 유명한 요리업계에서 정식 셰프로 일한 경력이 몇 년에 불과한 터라 충분한 창업 자금을 모을 수 없었던 것이다. 서울을 비롯한 지방 광역시급 도시에서 번듯한 레스토랑을 열기 위해서는 그야말로 천문학적인 금액이 필요했다.

이에 윤 대표는 지금 자신이 갖고 있는 인프라를 적극 활용하기로 했다. 그동안 모은 저금을 몽땅 털어 고향에서 아버지가 퇴직 후 소일거리 삼아 운영하던 시장의 작은 점포를 인수한 것이다. 물론 가족 찬스를 사용한 덕분에 시세보다 제법 싼 가격에 점포를 마련했지만, 그마저도 자신의 전 재산을 투자한 까닭에 이후 인테리어부터 조리 기구 및 집기 구입까지 모든 과정을 직접 발로 뛰어야 했다.

옛 어른들이 입버릇처럼 하던 말씀이 있죠 돈이 없으면 몸으로 때워야 한다고요 그 말을 실감하겠더라고요 인테리어에만 무려 5개월이 걸렸고 밤에는 레시피를

짓다부엌은 100퍼센트 예약제로 운영되고 있다.

개발하느라 하루 24시간이 부족하게만 느껴졌습니다. 직접 창업을 해보니 딱 한 가지는 확실히 알겠더라고요 "창업이 취업보다 어렵다."라는 사실이요

무엇보다 짓다부엌만의 독창적인 레시피를 완성하는 게 가장 힘들었다. 윤 대표는 예부터 먹거리가 풍부한 장흥 지역의 특산물을 이용한 '로컬 푸드'를 기본으로 지역 주민뿐만 아니라 관광객에게도 어필할 수 있는 새로운 형태의 레스토랑을 목표로 다양한 시도를 계속해왔다. 현재 판매되는 주력 메뉴에 표고버섯이나 장흥 한우, 각종 남해산 수산물 등을 사용하는 것도 이 같은 이유에서다.

저희처럼 작은 레스토랑이야말로 고객들이 "딱 이거다."라고 떠올릴 수 있는 특색이 있어야 한다고 생각했습니다. 때문에 어디에서나 판매하는 흔한 메뉴는 처음부터 고려 대상이 아니었죠. 만약 제가 그동안 배웠던 대로 만든 메뉴를 그대로 선보였다면 그저 '비싸기만 한 요리'에 불과했을 겁니다. 다행히 제 고향 장흥은 식재료가 풍부한 곳이었기에 창업 준비 과정 중 이를 활용한 요리를 개발하는 데 중점을 뒀습니다. '장흥의 특산물을 사용한 새로운 지역 명물'을 목적으로 했죠. 예를 들어 '향이 좋은 표고버섯의 장점은 살리되, 그 강렬한 향이 부담스러운 사람들에게도 설득력 있게 제시할 수 있는 메뉴'(지금 당장 인스턴트 파스타를 사서 거기에 표고버섯을 듬뿍 넣어보라, 차마 맛있다는 말이 안 나올 것이다), 이런 디테일을 잡는 부분이 쉽지 않더라고요. 이제 와서 하는 얘기지만 사실 레시피 개발 때문에 레스토랑을 오픈하기도 전에 망할 뻔했어요. 재료 자체가 비싸고, 대중적이면서도 그동안 없던 새로운 요리를 만들려고 하다 보니 셀 수 없을 정도로 실패를 많이 했거든요. 레시피 개발하다가 실패작들 버리기 아까워 주워 먹다 보니 살이 제법 쪘어요(웃음).

반년 가까운 고생을 어찌 몇 줄의 글로 요약할 수 있을까. 재료가 아까워 실패한 요리들로 끼니를 때우다 보니 10킬로그램 가까이 체중이 늘었다는 설명이면 윤 대표가 새로운 요리를 만들기 위해 얼마만큼 실패를 반복했는지 미뤄 짐작할 수 있을 것이다. 무엇보다 기준이 너무 까다로웠다. '고객'이 아닌 '자신'이 만족할 만한 음식을 목표로 했기 때문이다. 나이는 어리지만 전 세계 내로라하는 최고 셰프들의 음식들을 접하며 높아질 대로 높아진 윤 대표의 혀가 자신의 발목을 잡은 모양새였다.

한편으로는 "까짓거 창업 못 하면 또 어떻냐."라는 생각을 하기도 했어요. 제 스스로 만족하는 요리를 하겠다고 대사관까지 팽개친 마당에 적당히 타협한 메뉴를 내놓는다는 게 더 자존심이 상하더라고요. 아예 문을 안 열면 안 열었지 레시피가 완성되기 전에 오픈은 없다고 못 박았죠. 정말 창업을 못하는 거 아닌가 싶을 때도 있었지만 발등에 불이 떨어지니 낮에는 인테리어 작업을 하고 밤에는 날을 꼴

딱 새워가며 레시피를 완성해나가는 등 어떻게 꾸역꾸역 문을 열게 되더라고요.

윤 대표의 예상은 보란 듯이 적중했다. 짓다부엌만의 독특한 메뉴들이 각종 언론과 SNS를 통해 유명세를 타며 '지역 특산물의 재해석을 이뤘다'는 평가를 받기에 이르렀다. 주요 고객층 상당수가 관광객이 차지할 만큼 이제는 장흥의 또 다른 명물로 자리매김했다고 표현해도 무방할 터다.

그렇게 대사관을 뛰쳐나온 지 1년 반 뒤인 2015년 7월 31일, 마침내 '짓다부엌'이 정식 출항을 알렸다. 어엿한 자신만의 브랜드를 내건 마스터 셰프인 윤 대표의 새로운 꿈이 열매를 맺은 순간이었다.

돈 좀 덜 벌면 어떻습니까?

다시 처음으로 돌아가보자. 1만 원 후반대인 파스타와 리소토, 4만 원이 넘는 한우스테이크 등 짓다부엌이 내놓는 주력 요리들의 가격은 분명 다소 부담스러운 게 사실이다. 전통시장에서는 보기 힘든 아기자기한 분위기에 끌려 가게를 찾은 고객이 정작 메뉴판을 본 후에 그냥 나가는 일도 비일비재했다. 음식을 다 먹은 후에 가격이 비싸다고 항의하는 경우도 있었다. 지금은 가게 밖에 아예 그날의 주요 메뉴와 가격을 명시한 판넬을 설치한 것도 이 때문이다.

사실 고객들의 이러한 불만을 잠재우기 위한 뾰족한 수가 있는 건 아니다. 그저 왜 이런 가격이 책정될 수밖에 없었는지 자세히 설명하고 그들을 납득시킬 만한 맛을 보여주는 수밖에. 때문에 윤 대표는 식후에 손수 다기로 차를 내리며 손님들과 자연스럽게 대화를 나누면서 피드백을 들었다. 역설적이게도 8인석이 전부인 짓다부엌의 작은 규모 덕분에 고객과 꾸준히 대화를 나누고 부족한 부분을 보완하는 방식이 가능했다.

테이블이 수십 개가 넘는 대형 레스토랑을 운영했다면 손님들이 어떤 불만을 갖고 있는지조차 몰랐을 거예요. 섬심시간이면 수백인 분의 요리를 해야 할 테니까요.

그런 점에서 보면 손님들의 즉각적인 반응을 눈앞에서 확인할 수 있는 현재 규모가 제가 처음 꿈꿨던 이상적이고 적정한 레스토랑의 형태라고 생각합니다. 가게를 늘릴 계획이요? 적어도 지금은 없어요 아마 먼 미래에도 마찬가지일 거고요.

100퍼센트 예약제로 운영 중인 짓다부엌은 1시간 30분 단위로 예약을 받고 있다. 쉽게 말하면 정오에 두 테이블 모두 예약이 들어왔다면 다음 고객은 오후 1시 30분이 돼서야 예약을 할 수 있다는 것이다. 소위 '테이블 회전률 제고'를 목표로 별별 꼼수(불편한 의자 배치, 요리 재료 사전 준비 등)를 부리는 다른 가게와는 완전히 다른 운영 철학이다.

저는 소스를 미리 만들어두거나 면을 삶아놓는 등 요리에 대한 사전 준비를 전혀 하지 않습니다. 미리 해놓으면 요리하는 시간이 빨라지고 편하기야 하겠지만 맛에서 엄청난 차이가 생겨요 요리하는 데 시간이 많이 걸리니 식사 시간을 1시간 30분으로 잡는 것도 당연하다고 생각합니다. 그래서 예약제 메뉴도 많아요 무엇보다 제 스스로가 다음 예약 시간에 쫓기며 요리하는 게 싫고요. 돈이요? 뭐, 당장 돈 좀 덜 벌면 어떻습니까? 몇만 원, 몇십만 원 더 버는 것보다 손님들이 '진심으로' 만족하고 저 스스로도 착실하게 요리 내공을 쌓는 것이 훨씬 중요한 가치입니다.

세상에 돈 싫어하는 장사꾼이 어디 있으랴마는 윤 대표의 말이 진심이라는 사실은 한눈에 알 수 있었다. 사실 아직 책임져야 할 가족도, 무언가 대단한 꿈을 이루기 위한 자금을 모을 필요도 없는 그녀의 입장에서 짓다부엌은 단순히 음식을 파는 공간이 아닌 진정한 요리인으로서 발돋움하기 위한 또 다른 공부의 과정인 것이다.

물론 현실적인 이유도 있다. 요리의 A부터 Z까지 모든 과정을 홀로 하는 짓다부엌의 특성상 요리를 너무 많이 했을 때 신체적으로도 과부하가 걸리기 때문이다. 자칫 무리를 하다가 몸이 아프기라도 하면 아예 가게 문을 닫을 수밖에 없는 구조상 작은 욕심이 오히려 큰 손해로 되돌아올 수 있는 것이다. 자신의 한계를 정확히 파악하고 그에 맞는 균형을 찾아가는 일, 짓다부엌의 적절한 운영 방식은 '100퍼센트 예약제, 1시간 30분 배정'이었던 것이다.

짓다부엌을 짓기까지 걸린 시간 '10년'

"가게 옆 채소 점포에서 신선한 채소를 사고, 모퉁이를 돌면 나오는 수산시장에서 해산물을 들이며 상인들과 상생하는 식당을 꾸려가야지."

윤 대표가 전통시장에서 창업하기로 결심하며 가졌던 이러한 생각들이 하나하나 투영돼 탄생된 짓다부엌은 지금까지 처음의 기획 의도를 완벽하게 충족하며 음식 그 이상의 감동을 주는 공간으로 자리매김했다. 처음에는 어린애가 버텨봤자 얼마나 버티겠느냐고 생각하던 선배 상인들도 이제는 그녀를 어엿한 동료 상인으로 인정해준다.

집보다 더 오랜 시간을 보내는 게 바로 제 일터인 시장입니다. 너무나 당연하게 시장 상인분들은 모두 지역 주민들이고요. 지금 창업을 준비하고 계신 분들에게 이 점을 꼭 당부하고 싶어요. 바로 내 이웃, 나아가 지역 주민들과 상생하고 소통하는 데 많은 노력을 기울여야 한다는 것입니다. 당신이 속할 사회의 구성원들과 원활한 인간관계를 유지한다는 건 사업을 지속시키는 데 굉장히 중요한 요소입니다. 예컨대 저 같은 경우 재능기부를 통해 매월 12명의 저소득층 청소년들과 쿠킹 클래스를 진행하고, 지역 보건소와 협업해 고혈압 당뇨 질환자들이나 노인들을 대상으로 '찾아가는 요리 교실'을 열고 있습니다. 이렇게 생성된 인간관계가 자연스럽게 짓다부엌의 고객으로 연결되기도 하고, 소위 '입소문'의 근원지가 돼 최고의 가게 홍보 수단이 되기도 합니다. "장사도 결국 사람이다."라는 말이 하나 틀린 게 없다는 결론을 내리기까지 불과 3개월도 걸리지 않았습니다.

윤 대표는 이 작은 레스토랑에서 매일 다양한 손님들을 만난다. 진국 곳곳에서 신문과 방송 등을 통해 그녀의 이야기를 들은 손님들은 특별한 날, 설레는 마음으로 짓다부엌을 방문한다. 손님들의 귀한 걸음에 윤 대표가 할 수 있는 최고의 보답은 재료에 대한 타협 없이 철저하게 최상의 식재료를 사용해 만든 음식이다.

아직 새파랗게 젊다는 표현이 어울리는 그녀의 실력에 의구심을 갖던 고객들이 열이면 열 요리를 맛 본 후 단골로 자리매김하는 것도 짓다부엌의 철학을 마음, 아니 혀에서부터 공감하기 때문이다.

음식과 예술의 나라 프랑스의 으리으리한 대사관에서 높다란 조리장 모자를 쓰고 인정받았던 셰프가 소도시 전통시장 한 편에 작디작은 레스토랑 사장이 되기까지 걸린 시간은 꼬박 10년이다. 바꿔 말하면 창업 준비에 소모된 시간이 10년이라는 뜻이다.

짓다부엌의 짓다는 '밥을 짓다'에서 따 왔다. 시간과 공을 들여 밥을 짓는 부엌, 즉 요리를 만드는 공간이라는 뜻을 품고 있는 것이다.

오늘도 향긋한 밥 짓는 냄새로 가득한 맛깔나는 짓다부엌의 하루가 특별하게 다가온다.

당신의 하루에 공감합니다

같은 시대를 살아가는 청년의 입장으로 지금까지 당신의 인생을 응원하고 당신의 노력을 존중하며 당신의 하루에 공감한다고 말하고 싶습니다. 고향 또는 지역으로 돌아오는 것 또한 당신이 도시 생활의 경쟁에서 살아남지 못했기 때문이 아니라 추구하고자 하는 삶을 위한 하나의 선택이라고 말하고 싶습니다. 도시에서 치열하게 쌓아올린 당신의 전문성을 바탕으로 지역에 돌아와서 소신 있는 삶을 살아간다면 그 또한 의미 있는 일이 아닐까요. 매일매일 북적이는 시장 속, 사람 냄새 나는 따뜻한 에피소드로 가득한, 맛있는 제 인생처럼 말입니다. 힘내세요.

윤지아_짓다부엌 대표

03.
한 사람 한 사람을 위한 과일 '오빠네 과일가게'

"인생만 타이밍이냐?
과일이야말로 타이밍이다!"

> 조선시대 손꼽히는 거상으로 유명한 김만덕은 "이문이 아닌 사람을 남기고 싶다."라는 말을 남겼다. 그녀가 무려 200년 전에 남긴 말은 개인 사업, 보다 직설적으로 표현하면 '장사꾼'이 지향해야 할 곳이 어디인지를 깨닫게 한다. 현대판 김만덕을 꿈꾸는 '신뢰의 장사꾼' 김건우 오빠네 과일가게 대표의 거상 성장기를 함께한다.

과일은 살아 숨 쉰다

아직 짙은 어둠이 깔린 새벽 다섯 시, 김건우 오빠네 과일가게 대표의 이른 하루가 시작된다. 어느새 10년. 21세였던 지난 2007년부터 시작된 그의 이른 아침기상은 규칙적인 움직임을 반복하는 괘종시계처럼 이제는 너무나 당연한 일상이 돼버렸다.

당구 선수로 활약하던 김 대표가 개인 사정으로 취업 전선에 뛰어든 것은 고등학교 3학년 여름방학 때였다. 당시 우연한 기회에 지인의 권유로 일을 시작한 곳이 바로 과일 전문점이었다. 오빠네 과일가게 신화의 시작이었던 셈이다.

사실 김 대표가 처음부터 창업을 계획한 것은 아니었다. 물론 언젠가는 자신의 가게를 가지리란 목표를 세우고 현장 경험을 중심으로 관련 공부를 계속해나갔지만, 어디까지나 먼 미래의 일이었다. 그런 김 대표가 본격적으로 창업을 결심하게 된 것은 그에게 새로운 '가족'이 생긴 후였다.

그렇게 그는 결혼 후 시흥 삼미시장(이하 삼미시장)에서 작은 과일점포를 열며 장사꾼으로서 첫발을 내디뎠다. 이후 김 대표는 소위 강산도 변할 만큼 오랜 시간 동안 자신의 사업을 성공적으로 이끌어오며 이제는 당당한 중견 상인으로 자리매김했다. 2년 여간 일하며 모은 월급에 대출을 더해 마련한 자본금 4500만 원으로 시작해 지금은 직영점 다섯 개를 운영하며 연매출 50억 원의 중소기업급 점포로 성장한 오빠네 과일가게의 속내가 궁금해졌다.

　가게에서 몇 걸음 떨어진 곳에 자리를 잡고 지켜본 지 두 시간. 그동안 정확히 127명의 고객들이 과일을 구입해갔다. 1분에 한 명꼴로 가게를 찾은 셈이다. 이렇듯 많은 손님이 널찍한 대로변에 번듯하게 늘어선 수많은 과일가게를 뒤로하고, 시장 좁은 골목 한편에 위치한 그의 가게를 찾는 이유는 무엇일까?

　글쎄요 손님들께 일일이 물어보지는 않았지만 단골손님들께서 늘 "오늘도 과일 물이 좋네."라는 말씀을 하시곤 합니다. 제가 손님의 입장에서 생각해봐도 특정 가게를 자주 찾아간다는 건 판매하는 제품이 좋기 때문이 아닐까요?

　특히 김 대표는 '과일은 타이밍'이라고 강조한다. 어떤 과일은 아주 짧은 시간 안에도 날씨의 영향을 크게 받기 때문에 상태가 나빠지는 것을 눈으로 확인한 뒤에는 이미 늦었다는 설명이다. 판매가 어려운 과일은 결국 재고(라고 쓰고 '손해'라고 읽는다.)로 처리할 수밖에 없기 때문에 장사꾼으로서는 낙제점을 받는 것과 마찬가지다.

　명색이 과일 전문점인데 상태가 나쁜 과일을 내놓으면 손님들이 뭐라고 생각할까요? 제가 10년 동안 과일 장사를 하며 배운 것 중 하나는 '손해를 안 보려고 할수록 더욱 큰 손해를 본다'는 사실입니다. 쉽게 말해 과일 상태가 눈에 보이게 나빠질 때까지 제값에 팔려고 하다 보면 결국 100퍼센트 자기 손실이 되는 식이죠. 예를 들어 오늘은 사과가 잘 나가지 않는다고 가정했을 때, 오후쯤에 가격을 확 낮춰서 판매하는 것이 역설적이게 손해를 보지 않는 가장 좋은 방법입니다. 물론 과일의 상태를 정확하게 파악하는 눈썰미와 제품의 판매 현황을 파악하는 센스 등은 오랜 경험을 쌓아야만 생기는 것이죠. 때문에 과일 전문점을 창업하려는 예비 창업자분들은 다른 가게에서 직원으로 일을 하는 동안에도 자신의 가게리는 마음으로 '재고 소진'을 위한 다양한 노력과 시도를 병행해봐야 할 것입니다. 잊지 마십시오 과일 장사는 매일 문을 닫을 때 단 하나의 재고도 없어야 합니다.

영화 <록키>의 주인공처럼 늘 도전자의 마음으로 장사에 임한다는 김 대표는 여전히 개업 첫날처럼 가게 운영의 모든 부분을 직접 담당하고 있다. 시시각각 상태가 변하는 생물(生物)인 과일과 채소의 특성상 제품을 일일이 확인하고 나서야 비로소 판매대에 올릴 수 있기 때문이다. 결국 생물 취급 점포의 성패를 좌우하는 요소는 제품의 품질이라는 설명이다. 김 대표는 고품질을 확보하기 위해 매일 새벽 과일과 채소를 구입하는 이른바 '사입(장사꾼들이 물건을 구입하는 행위)'에 나서고 있다. 물론 10년 동안 반복돼온 그의 당연한 일과 중 하나다.

과일과 채소는 공산품과 달리 아주 짧은 시간 판매해야만 하는 생물(生物)입니다. 며칠은커녕 날씨에 따라 시간 단위로 품질이 나빠지기 마련이죠. 때문에 제품의 초기 품질이 매우 중요한 요소입니다. 매일 도매시장을 찾아가 직접 눈으로 제품을 확인하고 구입하는 이유도 바로 여기에 있습니다. 생물 장사꾼에게 게으름만큼 큰 죄악은 없다고 생각합니다. '노력은 결과를 배신하지 않는다'는 속담처럼 한겨울에도 생물 장사꾼의 얼굴에 땀방울이 맺힌다면 반드시 좋은 성과로 이어진다는 사실을 기억해야 합니다.

준비와 성공은 정확히 비례한다

지금은 그저 제품을 한 번 쓱 훑는 것만으로도 품질의 좋고 나쁨을 판단할 수 있을 정도로 날카로운 눈썰미를 갖게 됐지만, 초창기 김 대표의 모습은 수십 년 베테랑 주부들이 보기에 이제 막 걸음마를 뗀 젖먹이와 다름없었다. 2년여의 과일 점포 직원 경험이 전부인 그가 품질을 정확하게 판단하기란 어찌 보면 말도 안 되는 일이었다.

아이고, 말도 마십시오. 점포에서 직원으로 일했던 경험은 물론 인터넷이다 책이다 갖은 방법으로 공부까지 하고서 자신만만하게 도매시장에서 과일을 구입해왔는데 정작 고객들이 고개를 절레절레 젓고 가더라고요. 품질도 품질이었지만 고객들이 원하는 품목이 무엇인지 제대로 파악하지 못한 점도 있었죠. 돌이켜 생각해보면 매일이 위기였습니다. 어떤 날은 1톤 트럭 가득 과일을 내다버리기도 할 정도였으니까요. 일주일 내내 밥 대신 재고 과일을 먹기도 했죠. 그때는 하루하루가 너무 힘들었습니다. 남몰래 가게 구석에서 운 적도 여러 번이었고요. 하지만 쉽게 무너질 수 없었습니다. 전 아내와 아들을 책임져야 하는 가장이었으니까요.

한편으로는 오기도 생겼다. 자신의 점포가 부진한 이유를 분석하고 미흡점을 보완해나가기를 수없이 반복했다. 각종 창구를 통해 관련 이론을 습득하는가 하면 무작정 선배 상인을 찾아가 질문 공세를 퍼붓기도 했다.

여기까지는 다른 상인들과 비슷한 수순일 터. 하지만 김 대표는 단순히 기존의 지식을 배우는 데서 끝내지 않았다. 온갖 고생을 하며 배운 수많은 지식들을 실제 현장에서 적용해가며 자신만의 기준을 만들어나간 것이다. 특히 변화를 위한 각종 시도와 그 결과를 기록한 자신만의 '오답노트'를 만들어 고객들이 원하는 바가 무엇인지 짚어내려는 노력을 게을리하지 않았다. 물론 그 과정에서 발생되는 손해는 스스로 감수할 수밖에 없었다. 이러한 경험을 바탕으로 김 대표는 무엇보다 '조급한 창업'을 극도로 조심해야 한다고 강조한다. 단순히 자본금의 유무만으로 창업을 결정하는 것이야말로 절대로 해서는 안 될 그릇된 방향이라는 설명이다.

다시 정리를 하면 예비 창업자들은 창업 아이템에 대한 지속적인 사전 공부 및 특성 파악, 관련 직종 업무 종사(1년 이상), 현황 및 지속성, 성장 가능성에 대한 냉정한 판단이 필수적이라는 것이다.

예비 창업자에게 '조급함'이란 독과 같다. 충분한 자금과 막연한 장밋빛 미래에 대한 기대감만으로 창업을 강행하는 경우, 자칫 세계 최고 수준을 사랑하는 '청년 창업 폐업률'을 더욱 높이는 꼴밖에 되지 않을 터다.

김건우 대표는 하루에 수백 상자에 달하는 제품을 직접 옮긴다.

'준비 기간과 창업 성공률은 비례'한다는 김 대표의 말을 기억해야 하는 이유다.

지루한 일상의 무게를 견디는 자만이 성공을 맛본다

오빠네 과일가게가 닻을 올리고 본격 출항한 지 10년, 3,650일, 8만 7,600시간 동안 김 대표는 단 하루도 문을 닫은 적이 없다. 한겨울에 폭설이 내린 영하 20도의 월요일(월요일이 가장 장사가 안 되는 날이라고 한다.)에도 떨어지지 않는 발걸음을 억지로 옮겨 가게에 도착한 뚝심으로 무장한 이가 바로 김 대표다.

만약 당신이 "날도 추운데 손님이 오겠어? 그냥 하루 쉬자."라고 생각했다면 이쯤에서 창업 준비를 접길 바란다. 장사꾼의 기본에 대한 이야기다.

손님들이 어느 가게를 갈 때 문을 열었는지 미리 확인하고 가는 경우는 없습니다. 가게 자체적으로 미리 정한 정기휴일을 제외하고는 언제든 문을 열어야 하는 것이 손님과 장사꾼 간의 '보이지 않는 약속'이기 때문이죠. 특히 개인적인 이유로 빈번하게 문을 닫는다면 어떤 손님이 그 가게에 가고 싶겠습니까? 스스로 손님의 입장에서 생각해봐도 그다지 믿음이 가지 않을 것입니다.

지금도 김 대표는 당시 정한 자신만의 원칙을 우직하게 지켜나가고 있다. 자신의 입에 맞이 없는 제품은 "이건 맛이 없다, 다른 걸 구입해라."라고 권하는가 하면 먹는 데 아무 문제가 없어도 제품 상태가 조금이라도 나빠지면 미련 없이 진열대에서 빼버린다. 제품 가격에 거품을 최대한 걷어내려는 노력 덕분에 이미 인근 지역에서는 최상품 과일을 최저가에 판매하는, 믿을 수 있는 점포로 유명세를 타며 매일매일 손님들로 북새통을 이루고 있다.

장사는 고객들이 제품을 구입할 때 비로소 완성됩니다. 좀 더 냉정하게 말하면 고객들이 찾아오지 않는 가게는 아무 의미가 없고, 결국 폐점을 선택할 수밖에 없겠죠. 자신의 점포에 손님이 없다면 손님의 입장에서 문제점을 찾고 해결하려는 노력을 기울여야 합니다. 변화와 도전을 두려워하는 장사꾼은 그저 고인 물과 같이 썩을 뿐이기 때문이죠.

김 대표는 아직 멀었다는 말을 되풀이한다. 장사꾼에게 성공은 그저 평생을 걸고 다다르기 위해 노력해야 하는 '도달할 수 없는 목표'와 같다는 설명이다.

저 스스로도 이제 제법 자리를 잡았다고는 생각하지만 '성공'이란 단어를 붙이는 것은 언감생심입니다. 개인적으로 장사꾼에게 '성공'이란 단어는 평생 사용하면 안 된다는 게 제 철학입니다. 장사꾼이 "이만하면 충분하니 쉬엄쉬엄 해볼까?"라고 생각하는 순간, 어떤 분야든 발전과 성장이 멈출 수밖에 없습니다. 다시 말해 고객에게 더 나은 제품과 서비스를 제공하지 못하게 된다는 뜻이죠. 고객들의 눈높이는 하루가 다르게 변화하고 높아지기 마련입니다. 장사꾼이라면 이러한 고객들의 니즈(Needs)를 누구보다 빠르게 깨닫고 그에 맞게 늘 변화하려는 노력을 게을리하면 안 됩니다. 다시 한 번 강조하지만 장사꾼에게 성공은 항상 멀찌감치 보이는 목표점이라는 마음가짐을 가져야 합니다.

이쯤에서 중요한 사실 한 가지를 짚고 넘어가야겠다. 10년, 3,650일 동안 매일 새벽 다섯 시에 일어나 15시간 이상 일하는 일상을 반복해야 했던 김 대표의 '생고생'은 단순히 글자 몇 개로 표현될 수 없다는 점이다. 김 대표가 수십 억 원에 달하는 매출을 기록할 수 있었던 까닭은 '가족'에 대한 책임감과 고된 매일매일을 이겨낼 수 있는 '우직한 뚝심'이 있었던 것이다.

비록 작은 가게지만 지금의 저를 부러워하는 분도 여럿 계신 것이 사실입니다. 일을 가르쳐달라고 찾아오는 경우도 적지 않죠. 물론 전 그런 분들 모두에게 제가 알고 있는 노하우를 아낌없이 가르쳐드립니다. 실제로 저희 가게를 거쳐 창업을 하신 분도 수십 명에 이를 정도입니다. 하지만 같은 노하우를 배운 그들 중 성공적으로 창업을 한 경우는 절반에 지나지 않습니다. 저도 처음에는 이유를 잘 몰랐지만 나중에 보니 창업에 실패하신 분들의 경우 저희 가게에서 일을 배울 때도 근무 태도가 썩 좋지 않았던 것을 확인할 수 있었습니다. 장사꾼에게 성실함이란 너무도 당연한 덕목입니다. 저 역시 가장 먼저 그 부분을 강조하죠 내 몸이 힘들고 귀찮아서 문을 닫고 일을 대충한다? 그렇다면 장사할 생각하지 마시라고 전해드리고 싶습니다.

한 가지만 기억하자. "장사꾼은 모든 것을 항상 고객의 입장에서 생각해야 한다."라는 사실을.

'장사의 4요소',
장사꾼·제품·손님 그리고 바로 '이것'

"장사란 무엇인가?"
이 밑도 끝도 없는 질문에 대한 답은 각자 모두 다를 것이다. 그렇다면 김 대표의 대답은 무엇일까. 그는 '장사란 결국 사람'이라고 말한다.

> 장사꾼은 어떤 물건을 손님에게 판매하는 행위로 이익을 창출하는 사람입니다. 즉 장사가 성립되기 위해서는 '장사꾼', '제품', '손님'이란 세 가지 요소가 반드시 필요한 것이죠. '나'라는 예비 장사꾼이 특정 아이템을 정해 제품을 구입하는 데까지는 자신의 노력만으로도 얼마든지 가능합니다. 결국 사업의 성패를 결정하는 요소는 '손님'입니다. 하지만 장사의 필수 3요소 중 하나에 해당하는 손님이 결코 마음먹은 대로 되지 않는다는 게 문제입니다. 때문에 장사꾼은 손님이란 요소를 충족시키기 위해 그들이 원하는 바가 무엇인지 정확히 파악하고 적용해야 하는 의무와 책임이 있는 것입니다. 나는 할 일 다 했다는 안일한 생각으로 언제 올지 모르는 손님을 마냥 기다린다면 날아다니는 파리나 잡겠다는 거죠.

그의 말대로 결국 상인의 목적은 어떤 제품을 '고객에게 판매하는 것'으로 귀결된다. 여기서 한 발 더 나아가 김 대표가 꼽는 장사의 또 다른 요소는 '고객의 신뢰'다.

> 간단한 공식입니다. 장사꾼에게 고객의 신뢰가 더해진다면 곧 매출 증대로 이어진다는 것이죠. 가족의 입으로 들어가는 과일과 채소를 구입하는 고객의 입장에서는 제품에 대한 믿음이 깨진다면 두 번 다시 가게를 찾아오지 않겠죠. 누구나 알고 있지만 실제로 얻기는 힘든, 그렇지만 반드시 필요한 장사의 네 번째 요소이자 핵심이 바로 고객의 신뢰인 것입니다.

김 대표의 보물 제1호는 바로 1,000여 명의 고객 명단이 빼곡히 적힌 낡은 노트다. 노트 속에는 고객들의 이름부터 주소, 전화번호, 주로 구입하는 품목 등이 자세히 담겨 있다. 오랜 단골손님의 경우에는 아예 가게를 찾아오지 않고 원하는 제품 구입을 김 대표에게 일임해 배달시키기도 한다. 김 대표가 강조하는 '고객의 신뢰', 특히 오빠네 과일가게에 대한 두터운 믿음의 명백한 증거인 것이다.

전통시장에서는 보기 드문 '배달 서비스'를 시작한 것도 같은 맥락으로 해석할 수 있다. 평소 전통시장의 취약점으로 꼽히는 것이 바로 주차와 쇼핑 편의성이다. 한 공간에서 모든 물건을 구입해 이동이 편리한 카트를 이용하는 대형마트와는 달리 전통시장의 경우 개별 점포에서 산 제품들을 들고 이동해야 하는 불편함이 있다. 오빠네 과일가게를 찾는 대다수 고객들 역시 양손 가득 물건을 들고 힘들어하는 경우가 많았다.

여전히 김 대표는 오빠네 과일가게에서 구입한 제품은 물론 삼미시장과 인근에서 장을 본 물건들까지 구분 없이 일괄 배송해준다. 많은 고객들이 장을 보는 마지막 코스로 오빠네 과일가게를 찾는 이유가 바로 여기에 있다. 단골고객의 경우 아예 물건의 배송을 맡겨놓고 다른 볼일을 처리하곤 한다. 낮은 쇼핑 편의성 탓에 삼미시장을 잘 찾지 않던 고객들의 발길이 늘어난 것도 어느 정도는 김 대표의 이러한 고객 서비스가 긍정적으로 작용한 덕분이다.

고객들은 참 변덕스럽습니다. 작은 부분에 실망해 발길을 끊는 반면, 별거 아닌 서비스에 감동해 단골을 자처하곤 하죠. 처음에는 그저 남는 시간에 가까운 고객들에게 잠깐 배달해주기 위해 시작한 배송 서비스가 이렇게 좋은 결과로 돌아올지는 예상치 못했던 것처럼요. 어떤 고객들은 아파트 출입카드까지 주는 경우도 있습니다. 물론 뿌듯하죠. 그만큼 저를 믿는다는 의미인데요 반대로 말하면 그러한 고객들을 대할 때면 더욱 조심스러워집니다. 이제는 작은 실수 정도는 덮어줄 정도로 두터운 신뢰가 쌓였지만, 그렇기에 그분들을 실망시켜드리고 싶지 않기 때문입니다. "있을 때 잘해."라는 어느 유행가 가사처럼 손님들이 자신의 가게를 찾아오는 매 순간순간 바짝 긴장해야 한다는 걸 명심해야 합니다.

"신뢰를 쌓는 것은 한평생이지만 신뢰가 무너지는 데는 한순간이면 충분하다."라는 말마따나 고객들의 신뢰를 얻는 일보다 유지하는 게 더욱 어렵다. 때문에 장사꾼은 늘 겸손해야 한다.

고객에 대한 감사의 마음이 옅어지는 그 순간, 힘겹게 쌓아올린 신뢰라는 탑이 와르르 무너질 수 있는 까닭이다.

매일 반복되는 일상, 상대적으로 높은 노동 강도, 장사꾼의 삶을 살아간다는 것은 생각만큼 녹록치 않다. 하지만 장사꾼만이 느낄 수 있는 쾌감은 이러한 모든 난제를 이겨낼 수 있게 해준다. 장사꾼으로서 맞이하는 최고의 순간, 바로 손님과의 만남이다.

손님에 대한 불친절, 불호령으로 되돌려준다

김 대표의 이야기를 전해들은 많은 사람들이 제2, 제3의 오빠네 과일가게 신화를 꿈꾸며 그를 찾아오곤 한다. 실제로 그의 가게에서 일하며 노하우를 배운 뒤 창업한 사례가 20여 건 이상에 달한다. 김 대표는 자신을 찾아오는 모든 이들에게 공평하고 아낌없이 노하우를 전수해준다. 어떤 면에서 보면 미련할 정도다.

그리 대단한 것도 아닌데 까다롭게 굴 게 뭐가 있겠습니까(웃음)? 제 작은 도움으로 성공적으로 창업을 한다면 오히려 제가 고마울 따름이죠. 사실 뭐 숨겨야 할

천기누설급 비법이 있는 것도 아니고요. 물론 무조건적으로 제 밑천을 보여주지는 않습니다. 오랜 대화를 거친 후 저희 가게에서 함께 일하는 이에 한해 제 나름의 노하우를 공유하고 있습니다.

현재 오빠네 과일가게에서 일하는 직원은 총 30여 명. 김 대표와 가족 몇 명을 제외한 나머지 25명의 인원 모두가 이른바 '예비 창업자'다. 갓 군대를 제대한 뽀송뽀송한 20대 초반부터 세월의 풍파가 역력한 30대 중반까지 각양각색의 사연을 품은 이들이 오빠네 과일가게와 동고동락하고 있는 것이다. 김 대표가 이들에게 강조하는 것은 단 하나, 역시 '손님'이다.

전 직원들이 어떤 실수를 하더라도 그냥 무던하게 넘기는 편입니다. 예를 들어 상품 진열대를 아예 뒤집어엎어서 과일이 몽땅 상하더라도 절대 책임을 묻지 않습니다. 일을 하다 보면 그런 실수는 얼마든지 할 수 있다는 생각이죠. 하지만 단 한 가지, 손님에게 불친절한 모습을 보이면 나이 고하를 막론하고 다소 심하다고 할 정도로 지적을 합니다. 과일을 보는 법, 계절과 날씨에 맞는 과일을 고르는 법, 재고를 줄이는 법 등 이러한 방법론적인 부분은 스스로의 의지와 시간만 있다면 얼마든지 배울 수 있습니다. 하지만 손님에 대한 인식과 마인드는 한 번 정착되면 쉽게 바뀌지 않습니다. 저희 가게에서 일하는 동안 단 한 가지만 배우면 충분합니다. 바로 '손님에 대한 예의'가 그것이죠.

장사를 시작한 이후 김 대표는 수많은 유혹에도 불구하고 술과 담배를 하지 않는다. 물론 스스로가 자제한 것도 한 이유지만, 매일 손님을 마주해야 하는 장사꾼으로서 일부러 이들을 멀리했다는 게 더 적절한 표현이다. 손님과 대화하면서 담배 냄새를 풍기지 않고 술로 인해 업무에 지장을 주지 않기 위해서라는 설명이다. 김 대표가 직원들에게 강조하는 부분 역시 이와 다르지 않다.

좋은 제품을 저렴한 가격에 판매하는 것, 이보다 훌륭한 장사의 비법은 없다.

창업을 원하는 사람이라면 자신의 삶에서 일정 부분을 포기해야만 합니다. 국민 MC 유재석은 <무한도전>에서 "시청자들이 추격전을 재미있게 보려면 내가 상대방보다 더 빨리 뛰면서 아슬아슬한 거리를 유지해야 하기 때문에 평생 피워오던 담배를 끊었다."라고 말했습니다. 같은 맥락에서 장사꾼이라면 늘 손님이 중심인 삶을 살아야 합니다. 따라서 창업을 원하시는 분이라면 자신의 삶 중 일부를 희생할 수 있는지, 또 평생 손님이 중심인 삶을 살 각오가 돼 있는지 다시 한 번 스스로를 돌아보길 바랍니다.

어느새 10년. 스스로는 극구 사양했지만 김 대표는 이미 성공이란 땅에 굳건하게 뿌리를 내린 상태다. 하지만 늘 변화하고자 노력하는 그는 벌써 또 다른 10년을 준비하고 있다. 앞으로 10년 후, '아빠네 과일가게'라는 이름으로 재개장을 계획하고 있는 것이다. 처음 상호를 정할 때, '오빠가 아빠가 될 때까지 오랫동안 가게를 이끌어가자'는 뜻에서 현재의 이름을 선택했다는 설명이다.

그 다짐 그대로 김 대표는 강산도 변한다는 10년 동안 과일에 미친 상인으로 살아왔다. 전통시장에서 발견한 가능성을 믿고 오직 한 길만을 걸어온 김 대표의 우직한 뚝심이야말로 오빠네 과일가게의 현재를 만들어낸 원동력이었던 것이다.

기회를 기다리고만 있을 것인가!

1. 과일은 수명이 짧은 생물(生物)이다
상태가 나빠지기 전에 가격을 낮춰서 먼저 팔아라. 과일 장사꾼이 끝까지 손해를 보지 않기 위해 시간을 끄는 것만큼 멍청한 행동도 없다.

2. 현장에서 1년 이상 근무해라
머릿속으로 상상하는 것과 실제 일선 현장의 현실은 하늘과 땅만큼 큰 차이가 있다. 자신이 창업하려는 분야에서 1년 이상 근무 경험을 쌓아야 한다.

3. 가게 문은 항상 열어놔라
손님은 예고 없이 찾아온다. 미리 공지한 정기휴일을 제외하고 개인적인 이유로 가게를 쉰다면 어렵게 쌓아올린 신뢰가 한순간에 무너진다.

김건우_오빠네 과일가게 대표

04.

팔지 않던 것은 만드는 수밖에 '멸치삼촌 콩이언니'

> **매일 자신에게 주어지는 미션을 클리어하라**

> 실패를 전제로 창업을 하는 이는 없다. 모두가 경제적 성공, 보다 노골적으로 말하면 '더 많은 돈'을 벌고자 치열한 자영업의 세계에 출사표를 던진다. 하지만 한해 평균 70만 명 이상의 자영업자들이 폐업을 결정한다는 통계는 창업의 미래가 결코 장밋빛만은 아님을 말해준다. 일반적으로 말하는 성공 창업의 시간적 기준은 5년. 아무것도 모르는 '초짜 장사꾼'에서 이제는 완숙한 '프로 상인'으로 거듭난 멸치삼촌 콩이언니의 거북이 행보를 되짚어본다.

무작정 버티기는 아무런 의미 없다

이유 없이 가슴이 답답하고 매사에 의욕이 생기지 않는 원인불명의 병. 부산의 정을 느낄 수 있는 부산 구포시장(이하 구포시장)에서 건어물 전문점 '멸치삼촌 콩이언니'를 운영하는 최예준 대표가 창업 직후부터 2년간 앓던 병의 증상이다. 발병 이후 이 병은 점점 심해져 어떤 날은 숨조차 제대로 쉬어지지 않았을 정도였다. 부산에서 내로라하는 병원을 찾아갔지만 도통 병의 실체를 알 수 없었다. 일상생활에도 악영향을 끼칠 정도로 병의 증상은 깊어졌지만 최 대표는 '목구멍이 포도청'이라는 말마따나 가족들의 생계를 위해 이를 악물어야만 했다. 가장의 어깨에 얹어진 무게는 생각보다 무거웠던 탓이다. 병이 극적으로 완쾌된 것은 창업 만 2년차에 접어들었을 무렵, 아이러니하게도 매출이 완연한 상승 곡선을 그리기 시작한 시기와 정확히 맞아 떨어졌다.

나중에 주변 상인분들에게 물어보니 다들 한 번씩은 그런 병을 앓으셨더라고요. 저희 상인들 사이에서는 '장사꾼 증후군'이라고 부르고 있습니다. 오직 자영업자에게만 나타나는 특수한 병이죠(웃음). 이 병은 장사가 잘 안 되면 나타났다가 장사가 잘되기 시작하면 언제 그랬냐는 듯이 사라지곤 합니다. 장사꾼에게는 반갑지 않은 숙명적 병인 셈이죠.

모든 창업자가 그렇듯, 최 대표와 아내 박서연 씨 역시 '창업=성공'이란 공식을 당연하게 여겼다. 창업만 하면 금세 다른 대박 점포들처럼 자신들도 장사가 잘돼 돈을 많이 벌 수 있으리라 생각했던 것이다. 하지만 사업은 '장사꾼 증후군'이 나타날 정도로 잘되지 않았고 하늘을 찔렀던 자신감은 어느새 방향을 돌려 땅으로 파고들었다.

흑역사로 표현되는 창업 초창기였던 처음 1년 동안 최 대표는 오만 가지 변화를 시도했다. 제품 종류를 늘리는가 하면 고급 건어물을 집중적으로 판매하기도 했다. 하지만 제조가 아닌 판매가 주를 이루는 업종의 특성상 가시적인 성장은 요원하기만 했다. 손님을 기다리는 지루한 날이 반복되던 어느 날, 가게 문을 연 지 반나절이 지나도록 손님 한 명 찾아오지 않자 역설적이게도 최 대표의 마음은 오히려 편안해졌다.

아예 바닥을 찍었다고 생각하니까 차라리 속이 편하더라고요. 하루 종일 노려보던, 팔리지 않는 건어물 더미를 향해 "어디 네가 이기나 내가 이기나 한번 해보자."라고 소리를 빽 질러버렸습니다. 장사를 접을 때 접더라도 끝까지 달려보기로 결심했던 거죠.

뭔가 대단한 반전을 기대했다면 미안하지만, 이후로도 최 대표가 크게 달라진 것은 없었다. 그저 매일 똑같은 시간에 문을 열고, 손님이 오면 물건을 팔고, 정해진 시간에 문을 닫았다. 이쯤에서 드는 의문 하나가 있을 터다.

"과정은 그대로인데 결과가 변한 이유는 무엇인가?"

창업 이후 최악의 매출을 기록한 다음 날부터 최 대표가 선택한 방법은 '버티기'였다.

저희 같은 건어물 전문점의 작동 시스템은 간단합니다. 좋은 물건을 최대한 싸게 구입해 적절한 마진을 붙여서 판다는 순환구조의 반복이죠. 그 속에서 지속적인 발전을 위한 세세한 노력이 더해질 뿐, 많은 창업자들이 꿈꾸는 이른바 '로또급 대박'과는 거리가 먼 업종입니다.

다른 창업자들과 마찬가지로 빠른 성공을 꿈꿨던 최 대표가 이러한 현실을 받아들이기까지 걸린 시간이 꼬박 2년이었다. 결국 장사꾼 증후군의 치료법이란 바로 진정한 장사꾼으로 거듭나는 것이었던 셈이다.

다만 여기서 반드시 기억해야 할 것이 있다. 단순히 가게에 '죽치고 앉아서' 시간만 죽이는 게 버티기라고 생각한다면 천만의 말씀 만만의 콩떡이라는 사실이다. 많은 사람이 착각을 한다. 그저 오래 버티는 것만으로도 어느 정도 장사가 성공할 수 있으리라는 막연한 혹은 허황된 기대 말이다.

때문에 최 대표는 그만의 버티기 기준을 만들었다. 바로 매일매일 자신에게 숙제를 내주는 것이다. 예컨대 오늘 가게를 찾아온 손님이 소포장된 견과류를 사고 싶어 했다고 가정하자. 하지만 현재 가게는 소포장 제품을 팔지 않는다. 이에 최 대표는 정중하게 손님께 사과의 뜻을 전하고 다음 날 즉시 소포장한 제품을 새롭게 출시하는 식이다.

물론 최 대표가 스스로에게 주는 '미션'의 근원은 역시 고객이다. 고객의 말 속에 숨은 그들의 요구를 찾아내 즉각적으로 반영함으로써 '고객이 원하는 변화와 발전'을 이끌어낼 수 있었던 것이다.

현재 저희 가게의 모습은 모두 고객들의 요구에 따라 지속적으로 변하고 발전시키려 노력을 거듭한 결과입니다. 소포장 제품 제작부터 인터넷 및 택배 판매 시행, 제품 이력 표시제 도입, 자체 브랜드 개발 등 모두 고객들이 원하는 부분을 적극 반영한 것입니다. 위생과 제품 진열 등 가장 기본적인 건 말할 필요도 없습니다. 장사가 바닥을 찍은 후 저는 퇴근 전 매일매일 작은 미션이라도 스스로에게 숙제를 냈습니다. "내일은 푹 파인 바닥을 보수해야지.", "선반이 낡았으니 새로

현재 멸치삼촌 콩이언니에서 판매하는 소포장 제품은 고객의 요구를 적극 반영해 탄생된 것이다.

사다 갈아야겠다.", "천정에 거미줄이 쳐지니 너무 보기 안 좋네. 내일은 천정 청소를 해야겠다." 등 하루하루 매 시간 의미를 부여하기 위한 나 자신과의 약속이었습니다. 그저 버틴다는 명목으로 매일 똑같은 날만 보냈다면 결국 문을 닫았을 겁니다. 의미 없이 보내는 시간은 정말 아무 의미 없이 흘러가기 마련입니다. 가게 변화의 근본과 이유가 이 고객이라면 그러한 변화를 주도하는 것은 오직 자신뿐이라는 사실을 기억해야 합니다.

흔히 공부에는 왕도가 없다고 한다. 이 말은 장사꾼에게도 고스란히 적용된다. 특히 유행에 따라 흘러가는 아이템이 아니라 생활 속에서 흔히 볼 수 있는, 특색은 없지만 늘 필요한 제품을 선택한 창업자라면 결코 빠른 성공은 없다는 사실을 인정하는 것부터 시작해야 한다. 장사꾼의 길을 선택했다면, 답답할 만큼 느리지만 한 걸음 한 걸음 확실히 땅을 딛고 나아가는 거북이의 자세가 필요하다는 것이다.

장사꾼도 사람인데
가끔 콧바람 정도는 쐬야죠

빠른 성공에 대한 집착을 버리자 매일 반복되는 장사꾼의 똑같은 일상도 그럭저럭 받아들일 만했다.

최 대표는 여기서 한 발 더 나아가 아예 한 달에 두 번(둘째, 넷째 주 월요일)의 정기휴일까지 정했다. 한 푼이라도 더 벌기 위해 매일 문을 열던 창업 초기에는 상상도 할 수 없었던 일이다.

무엇보다 최 대표는 현재의 멸치삼촌 콩이언니가 가능했던 건 절반 이상은 아내 박서연 씨(공동 대표)의 공이라고 말한다. 육아에 지친 아내에게 남편이 주말에 대신 아이를 돌보며 자유 시간을 주는 것처럼 박 씨는 그에게 종종 가게 밖으로의 일탈을 허락해준 것이다.

창업하고 1년쯤 지났을 무렵이었을 거예요. 어느 날 아내가 불쑥 가게를 찾아와 등

산이라도 다녀오라고 하더군요. 두 아이의 육아를 도맡다시피 하는 아내에게 가게까지 지키게 하는 게 못내 미안했지만 그때는 스스로 한계를 느꼈던 탓에 못 이기는 척 저만의 시간을 가졌습니다. 그래봤자 겨우 몇 시간 외유할 뿐이었지만 깜짝 놀랄 만큼 생기가 돌아오더군요. 진부한 표현이지만 '이보 전진을 위한 일보 후퇴'라고 할까요? 더욱 열심히 장사에 집중할 수 있는 연료를 얻은 느낌이었습니다.

창업 당시만 해도 한두 살 젖먹이였던 두 아이도 어느새 제법 자라 이제는 어린이집을 다닐 나이가 됐다. 덕분에 평일에는 부부가 돌아가며 가게를 볼 수 있게 됐고, 일이 바쁘지 않은 날이면 등산이나 배드민턴 등 가벼운 취미 생활도 즐길 정도로 여유를 찾았다. 그렇게 일상에 활력이 생기니 장사꾼으로서 보내는 시간 역시 크게 달라졌다. 길거리를 방황하는 사춘기 청소년처럼 그저 시간 때우기에 불과하던 예전의 무기력한 모습은 온 데 간 데 없어지고 항상 서글서글한 미소로 능청스럽게 손님들과 마주하게 된 것이다.

달라진 것은 단 하나, 그의 마음가짐뿐이었지만 결과는 놀라웠다. 활기차게 손님을 대하는 최 대표의 모습이 쌓여 하나둘 단골손님이 늘어났고, 이는 곧 매출 증대로 이어졌다. 우리가 발을 딛고 선 땅과 들이마시는 공기처럼 창업 2년 만에 비로소 장사를 위한 본격적인 토대가 마련된 것이다.

장사꾼도 사람이라는 너무나 당연한 사실, 때때로 숨 돌릴 창구는 만들어둬야 하는 이유다.

창업, '첫째도 안정성, 둘째도 안정성, 셋째도 안정성'

두말하면 입 아프지만, 소위 잘 나간다는 점포에는 한 가지 공통점이 있다. 바로 양질의 제품을 저렴한 가격에 판매한다는 것이다. 고객 입장에서야 좋은 제품을 싸게 구입할 수 있으니 그저 고마울 터. 멸치삼촌 콩이언니 또한 같은 공통분모를 갖고 있다. 대형마트는 물론 다른 점포와 비교해도 10~20퍼센트 정도 저렴한 가격에 동일한 제품을 판매하고 있으니 고객이 몰리는 것은 자명했다. 이 같은 멸치삼촌 콩이언니의 가격 경쟁력의 비밀은 바로 '가족 경영'에서 찾을 수 있다.

최 대표 부부가 구포시장에 건어물 전문점포를 창업하기로 결심한 것은 아내 박 씨의 영향이 크다. 박 씨의 어머니는 구포시장에서 20년이 넘도록 건어물 점포를 운영해왔다. 때문에 박 씨는 어린 시절부터 수시로 일손을 거들며 자연스럽게 운영 노하우를 습득할 수 있었다. 또한 건어물 도매업에 종사 중인 이모를 통해 저렴하게 제품을 납품받고 삼촌이 운영하는 유통회사를 이용함으로써 원가를 절감하고 있다.

다시 말해 어머니로부터 건어물에 대한 전반적인 지식과 운영 노하우를, 이모로부터 저렴한 가격에 제품 구입을, 삼촌에게 제품 유통을 맡기는 가족 경영이 멸치삼촌 콩이언니만의 강점인 셈이다.

> 운동을 그만두고 회사를 다니던 중 여러 이유로 창업을 준비하면서 다양한 업종을 놓고 고민했습니다. 사실 건어물 전문점은 아예 생각도 안 했었죠. 최종적으로 건어물 전문점을 택한 까닭은 다름 아닌 '안정성'이었습니다. 아내의 집안 어르신들도 누누이 대박은 없다고 말씀하시면서 '열심히 한 만큼 반드시 결과는 나온다'고 덧붙이시더군요. 이제는 분명히 확신하는 사업의 가장 중요한 요소는 첫째도 안정성, 둘째도 안정성, 셋째도 안정성이라는 사실입니다.

하지만 늘 한 곳에 머물러만 있었다면 멸치삼촌 콩이언니의 현재는 조금 달랐을 것이다. 보다 직설적으로 말하면 '지금보다 매출이 낮았으리라'는 합리적인 예측이 가능하다는 의미다. 30대 젊은 부부가 운영하는 멸치삼촌 콩이언니는 늘 긍정적인 변화를 위한 노력을 계속해왔다.

가장 먼저 시도한 변화는 자체 브랜드를 만드는 일이었다. 일단 들으면 쉽게 잊히지 않는 독특한 상호와 함께 주요 취급 제품인 건어물과, 견과류의 대표 품목인 멸치와 콩을 캐릭터화한 로고를 자체 개발·제작해 고객이 점포를 보다 쉽게 인식할 수 있게 한 것이다. 특히 브랜드 로고를 적용한 상품을 중심으로 온라인과 각종 SNS를 통한 판매를 병행하고 있는데, 이미 점포 매출의 큰 비중을 차지하고 있는 것은 물론 꾸준한 성장세를 보이고 있다.

아울러 최 대표 부부는 멸치삼촌 콩이언니의 브랜드 로고를 사용한 개별 및 소포장 상품을 새롭게 출시했다. 다양한 고객들의 니즈(Needs)를 반영해 제품의 중량을 다르게 한 제품을 선보인 것이다. 특히 이 같은 변화는 핵가족 혹은 1인 가구 손님들의 요청을 적극 반영한 것으로, 고객과 소통한 내용을 그대로 현장에 적용하는 유연한 사고가 얼마나 중요한지 방증해주는 사례다.

또한 대형마트와 백화점식 진열 방식을 도입해 한눈에 제품의 구성과 가격, 원산지를 알아볼 수 있도록 했으며 각 제품에 간단한 설명과 유례 등을 적은 간판을 설치해 소소한 재미까지 챙기는 세심함을 보여준다.

이처럼 최 대표 부부는 고객 중심 운영을 기본으로 한다. 다른 점포에서는 상온에서 진열하는 각종 반건조 제품을 일부러 냉장 시설에 보관하는 것 또한 고객들에게 보다 신선한 제품을 판매하겠다는 운영 방침의 일환이다. 반건조 제품의 특성상 날씨와 온도에 따라 자칫 상품이 변질될 수 있기 때문에 냉장 보관은 필수라는 설명이다.

최 대표 부부가 무엇보다 강조하는 부분은 바로 '기본'이다. 고객에게 목청 높여 인사를 하고 위생에 신경을 쓰는 등 상인으로서 '너무나 당연한 기본'이야말로 가장 중요한 성공의 요소라는 것이다.

현재 최 대표 부부는 또 다른 도약을 위한 준비에 한창이다. 자체 상품 개발을 비롯해 다양한 방향으로 사업 확장을 도모하는 한편 판매 제품을 확대하고 점포를 리모델링하는 등 기존 점포의 내실 다지기에 돌입한 것이다.

땀 흘리는 노력의 가치를 누구보다 잘 알고 있는 구포시장 멸치삼촌 콩이언니의 최예준·박서연 부부 상인이 열어갈 전통시장의 새로운 미래가 새삼 기대되는 이유다.

즐거움에는 힘이 있다!

1. 매일 자신만의 미션을 만들어라
장사꾼의 첫 번째 덕목은 '버티기'다. 하지만 그저 의미 없이 시간만 죽인다면 차라리 문을 닫느니만 못하다. 지금 당신의 가게에 파리만 날아다니고 있다면, 그 무엇보다 먼저 고객의 말에 귀를 기울여야 한다. 그 말 속에 가게가 나아질 수 있는 방법이 숨어 있는 까닭이다. 고객의 요구를 캐치했다면 즉각적으로 수정하라. 매일 스스로에게 숙제를 냄으로써 가게의 변화와 발전을 주도해야 한다. 버텨라. 하지만 의미 없는 시간 죽이기는 버티기가 아니라 버리기라는 사실을 기억해야 한다.

2. 장사에 지친 몸과 마음을 재충전하라
장사꾼도 사람이다. 매일 똑같은 일상이 반복되는 상황이 달가울 리 없다. 고된 장사에 지친 몸과 마음을 재충전할 수 있는 취미를 갖자.

최예준·박서연_멸치삼촌 콩이언니 공동 대표

05.

당신의 그 마음, 한 줄에 담았습니다
'마음한줄'

> " 최연소 김밥 교수를 꿈꾼다 "

'똥개도 자기 집 앞마당에서는 반은 먹고 들어간다'는 우스갯소리처럼 어느 곳이든 해당 지역 주민들보다 그 동네를 잘 아는 사람은 없다. 새롭게 사업을 시작하는 사람들이 대부분 자신의 터전에서 창업하는 것도 같은 맥락이다. 시시각각 달라지는 지역 상권의 변화를 꼼꼼히 확인하고 그에 맞는 가장 적합한 사업 아이템을 선정해 승승장구를 거듭하고 있는 하경윤 마음한줄 대표의 창업 스토리를 조명한다.

26살 제주 토박이 청년, 창업 준비 기간 '10년'

제주도를 대표하는 전통시장인 '제주 동문시장'의 어느 골목 끝자락쯤에서는 특별한 김밥을 맛볼 수 있다. 제주산 재료들로 말아낸 프리미엄 김밥을 판매하는 '마음한줄'이 바로 그곳이다.

지난해 11월 문을 연 마음한줄의 열린 주방(오픈 키친)에서는 올해 26세인 제주 토박이 청년 상인, 하경윤 대표가 하루 평균 200줄의 김밥을 만들고 있다. 비록 빈말로도 아직은 능숙하다고 표현할 수 없지만 세심하게 김밥을 말아내는 그의 모습은 사뭇 진지하기까지 하다.

마음한줄이 정식으로 문을 연 것은 아직 채 1년이 되지 않았지만, 그가 창업을 준비한 시간만은 무려 10년 이상에 이른다. 보다 자세히 설명하자면 학창 시절부터 공부에는 별다른 취미가 없어 대학교 졸업 후에는 바로 장사를 할 계획을 갖고 있었던 것이다.

물론 하 대표가 10년 전부터 창업에 대한 실질적인 준비(예컨대 자금 마련 같은)를 해온 것은 아니다. 자신이 평생을 살던 제주, 그중에서도 지역 상권의 중심이라고 할 수 있는 동문시장의 상권 변화를 분석하며 끊임없이 향후 창업 계획을 수정해나갔다.

사실 학창 시절의 저는 그다지 공부를 잘하지 못했어요. 문제아는 아니었지만 그렇다고 모범생이라고 할 수도 없었죠. 그래서인지 어린 나이부터 막연하게나마 장사를 하고 싶다는 생각을 했던 것 같아요. 특별히 사업 관련 전문 지식을 쌓거나 자금을 준비하는 실질적인 행동까지는 하지 않았지만 늘 머릿속은 창업에 대한 생각으로 가득했습니다.

하 대표가 10년 동안 창업과 폐업을 반복했던 횟수는 수백, 수천 번에 이른다. 어떻게 이런 일이 가능했을까? 바로 실질적 창업이 아닌 머릿속으로 한 이른바 '상상 창업'이었기 때문이다. 예컨대 소위 '대박집'을 방문한 날이면 그 가게의 특징과 장점을 기억해 "나라면 이렇게 장사를 해 보겠다."라는 세부적인 운영 계획을 세워보거나, "어디 동네에 그런 가게가 없던데 거기에 하면 잘되지 않을까?"라며 나름대로 상권을 분석해보는 식이다.

사실 하 대표가 평범하기 그지없는 요식업 아이템인 '김밥'으로 승부를 걸겠다고 선언했을 때, 가족은 물론 주변 지인들까지 차라리 다른 특별한 메뉴로 하는 것이 어떻겠느냐고 말할 정도였다. 하지만 하 대표는 자신의 결정을 우직하게 밀고 나갔다. 주변의 시선이 어떠하든 김밥을 창업 아이템으로 선정하기까지 그가 알아보고 분석한 과정과 고민이 있었던 것이다.

주변 사람들이 하나같이 김밥만은 하지 말라고 말리는데 저는 그게 참 이상하더라고요. 왜 사람들은 '김밥'이란 아이템 자체만으로 제 사업의 성패를 섣불리 판단하는지 모르겠어요. 정작 '왜 김밥을 선택했는지?', 이 '왜'라는 근본적인 이유는 아예 묻지도 않더라고요. 처음에는 일일이 설명하며 설득하려고도 생각해봤는데 그게 무슨 의미가 있을까 싶어 그만뒀습니다. 저 스스로가 김밥이란 아이템에 대한 확고한 믿음이 있었기에 창업을 위해 대학교를 휴학한 이후에는 별다른 얘기를 하지 않고 본격적인 준비에 들어갔습니다.

마음한줄에서는 '내 가족이 먹는다'는 마음으로 정직한 재료를 사용해 김밥을 만든다.

　그의 말마따나 하 대표가 김밥 전문점을 자신의 첫 사업 아이템으로 선정한 것은 10년 동안 정립한 '하경윤의 독자적 상권 분석 이론'에 따른 결정이었다.
　제주 토박이인 하 대표는 26년 동안 살던 동문시장 상권의 변화를 오랫동안 지켜봐왔다. 그가 창업 장소로 선정한 동문시장은 전통시장의 개념을 넘어 제주를 찾는 관광객이라면 반드시 들르는 관광명소 중 하나로 자리매김한 지 오래다. 즉 '동문시장=관광객이 많이 찾는 관광지'라는 공식이 성립되는 것이다. 여기서 하 대표는 한 발 더 나아가 동문시장의 관광지 순위에 대해 오랜 고민을 거듭했다. 예컨대 성산일출봉이나 섭지코지, 협재 해수욕장 등 제주도에서 인기가 높은 관광지들은 당연히 관광객의 방문 우선순위에서 상위를 차지하는 반면 제주공항 바로 옆에 위치한 동문시장은 관광 일정 중 첫날의 아주 이른 오전 혹은 마지막 날 비행기 탑승 전에 주로 찾아온다는 사실에 주목한 것이다. 하 대표가 분석한 동문시장의 상권은 이렇다.

첫째, 동문시장은 제주도에서 관광객이 반드시 들르는 관광지다.

둘째, 대개 관광 첫날 혹은 마지막 날에 들른다.

셋째, 관광객은 시장 구석구석에 숨은 맛집이나 명소를 찾아다니기를 꺼리지 않는다.

이 세 가지가 바로 제주 토박이의 눈으로 사계절 시시각각 변하는 동문시장의 하루를 10년 이상 직접 확인한 후 내린 결론인 것이다.

물론 전문적인 상권 분석과는 비교할 수 없는 조악한 수준임이 사실입니다. 하지만 중고등학교 시절부터 창업을 염두에 둔 제가 직접 판단했기에 적어도 저에게는 그 어떤 상권 분석보다 정확한 자료라는 확신을 가질 수 있었습니다.

이후 하 대표는 자신만의 상권 분석을 기반으로 창업 방향을 수정해 나갔다. 먼저 일부러 동문시장을 찾은 관광객의 경우 가게 접근성이 다소 떨어지더라도 맛만 있으면 찾아올 것이라는 데 초점을 맞춰 상대적으로 임대료가 저렴한 가게 터를 구했다. 현재 마음한줄이 동문시장의 작은 골목 끝자락에 위치해 있는 것은 이 같은 이유에서였다.

제 사업의 주요 고객 중 한 분야가 바로 '여행 첫날과 마지막 날 동문시장을 찾은 관광객'입니다. 쉽게 말해 여행을 시작하기 전 혹은 집으로 돌아가기 전 간단하게 식사를 해결하기 원하는 고객들을 잡기 위해 부담 없이 선택할 수 있는 김밥을 선택했습니다. 실제로 저희 가게를 찾는 고객의 상당수가 이러한 관광객들이 차지하고 있습니다. 또 다른 한 분야는 바로 '포장 고객'입니다. 저희 가게에 테이블이 10여 개 정도밖에 되지 않기 때문에 그리 많은 인원을 수용할 수 없다는 단점은 창업 준비 당시부터 알고 있었습니다. 테이블 회전이 곧 매출이라는 요식업의 기본 공식에 따르면 그리 높은 수익을 기대할 수 없는 구조였죠. 때문에 테이블 이외의 매출을 창출하기 위한 창구가 필요했습니다. 포장 판매가 바로 그 답이었죠. 이런 점에서 관리만 잘한다면 김밥이야말로 가장 적합한 아이템이었습니다. 지금은 매장과 포장 매출이 거의 5대 5에 가까울 정도로, '제멋대로 한 상권 분석'이 결과적으로는 제법 맞아떨어지고 있다고 생각합니다(웃음).

한 동네에서 수십 년을 살았다고 가정해보자. 조금 과장해보면 눈을 가리고도 동네 구석구석 어디든 찾아갈 수 있을 정도로 그 공간에 대해 누구보다 익숙할 것이다. 바꿔 말하면 수시로 변하는 지역 상권의 흐름 역시 어느 정도는 체감할 수 있었을 것이다. 하 대표는 동네의 이러한 변화를 간과하지 않았다. 어린 시절부터 명확했던 자신의 목적, 즉 장사를 위한 준비를 무려 10년 전부터 시작했던 셈이다. 그만의 상권 분석으로 레드오션 속 블루오션을 발견한 하 대표의 기분 좋은 고집이 결국 하루 200줄 이상의 김밥을 판매하는 마음한줄의 초석을 쌓았던 것이다.

흔한 김밥에 특별함을 부여하라
'제주 김밥'의 새로운 분야 개척

이쯤에서 한 가지 분명히 짚고 넘어가야겠다. (아마도) 우리나라 대다수 김밥 전문점 사장들도 하 대표와 비슷한 분석을 통해 현재의 가게를 창업했으리라는 사실을 말이다. 다시 말해 창업 갓 1년째를 맞이한 마음한줄이 나름대로 동문시장의 핫한 맛집으로 입소문을 타며 지속적인 매출 상승을 기록하고 있는 이유를 단순히 '꽤나 적절한 상권 분석'에서만 찾으면 안 된다는 것이다.

하 대표 역시 김밥을 창업 아이템으로 결정한 이후 이를 가공하고 꾸미기 위한 다음 절차에 들어갔다. 흔하디흔한 음식의 대명사와도 같은 김밥을 '흔하지 않은 음식'으로 재탄생시키는 것이야말로 그가 구상한 창업의 핵심이었다.

하 대표가 평범한 음식의 대표 주자인 김밥을 가공하기 위해 선택한 방법은 바로 '제주색(色) 입히기'였다. 제주를 상징하는 식재료를 중심으로 완전히 새로운 메뉴를 개발하겠다는 게 해당 계획의 골자였다. 가장 먼저 선택한 재료는 평소 자신이 가장 즐겨 먹는 '흑돼지'였다. 예전에 다른 지역에서 먹어봤던 제육김밥을 모티브로 쫄깃한 흑돼지구이를 넣은 김밥을 생각해낸 것이다. 하지만 역시 메뉴 개발과정은 녹록치 않았다. 육즙이 풍부한 제주 흑돼지는 불에 구워먹을 때와는 달리 김밥에 넣으면 밥과 다른 재료가 금세 눅눅해지는 단점이 드러난 것이다. 10년에 걸친 하 대표의 첫 창업 프로젝트가 예상치 못한 암초에 부딪힌 순간이었다.

당시 하 대표는 아이템 선정부터 자금 마련, 상권 분석에 따른 가게 터 마련까지 창업을 위한 주요 준비를 모두 마친 상태였지만 아이러니하게도 정작 '김밥 만드는 법'을 배우기 위해 창업을 두 달 가까이 미뤄야만 했다. 창업을 목전에 두고 이를 미룬다는 것은 곧 예산 초과를 의미한다. 한 푼이라도 아껴야 하는 예비 창업자에게 이보다 더 큰 일은 없을 것이다. 하 대표 역시 '김밥을 아예 못 만드는 것도 아닌데 일단 개업부터 하고 상황을 좀 볼까?'라는 안일한 생각을 잠시나마 하기도 했었다.

두 달 가까이 시쳇말로 '생돈'이 나가다 보니 정말 창업 자체를 접고 싶더라고요 그래도 여기까지 왔는데 어쩌겠어요, 정말 말 그대로 두 달 내내 김밥만 말면서 살았습니다. 처음에는 '일단 창업하고 볼까?'라는 생각도 있었지만 이내 마음을 고쳐먹었습니다. 제가 손님 입장이라면 김밥 전문점이라는 간판을 내걸고 있는 곳에 갔을 때는 일정 수준 이상의 김밥을 기대할 텐데 정작 나온 음식이 형편없으면 기분이 어떨지 역지사지로 생각해봤습니다. 당연히 매우 화가 날 테지요 관광객을 주요 고객층으로 설정한 저희 같은 가게에서 그런 일이 발생한다면 자칫 여행 자체가 틀어지는 최악의 경우도 예상되더라고요. 급할수록 돌아가라고 하죠. 그 말대로 좀 더 여유 있고 완벽하게 창업을 준비하기로 결심했습니다."

고객이 음식점을 선택할 때 '프로'의 솜씨를 기대하는 건 너무나 당연하다. 김밥 전문점이란 글씨가 뚜렷한 마음한줄을 찾는 손님들이 맛있는 김밥을 원하리라는 사실은 명명백백할 터. 때문에 하 대표는 두 달 동안 하루 평균 수백 줄의 김밥을 만들며 마음한줄만의 레시피를 만드는 데 집중했다.

마음한줄에서 가장 고가의 김밥은 6,000원 상당의 전복김밥이다. 이외 제주산 흑돼지구이를 넣은 제주흑돼지쌈김밥이 4,600원, 우도땅콩 참치김밥이 4,000원, 가장 저렴한 기본 김밥도 2,900원이라는 가격이 책정돼 있다. 1,500원에서 3,000원 내외의 일반 프랜차이즈 김밥 전문점에 비해 상대적으로 비싼 편이다. 일부 고객들은 "김밥이 왜 이렇게 비싸?"라며 불만을 토로하는 경우도 있지만, 100명 중 99명은 "김밥 한 줄로도 든든하다."라며 충분히 만족스러운 한 끼 식사라고 평가한다.

"김밥 단독 메뉴로도 훌륭한 식사가 될 수 있다."

하 대표가 지향하는 마음한줄의 정체성에 대한 압축이다. 이를 위해 하 대표는 다른 곳보다 재료를 보다 많이 넣는 데 중점을 둔다. 재료가 풍성하다는 것은 자연스럽게 밥의 양까지 늘어난다는 뜻으로, 실제로 마음한줄의 메뉴들은 성인이 한 입에 넣기 다소 버거울 정도로 큰 사이즈를 자랑한다. 질과 양 모두를 만족시키기 위한 하 대표의 넉넉한 인심이 반영된 셈이다.

마음한줄의 명함 한가운데에는 '내 가족이 먹는 김밥'이라는 문구가 적혀 있다. 김밥을 만드는 과정을 직접 눈으로 볼 수 있도록 가게 입구에 '오픈 키친'을 조성한 것도 마음한줄의 사업 철학을 대변하기 위함이다. 주문과 동시에 눈앞에서 김밥을 말아내는 조리 시스템은 자연스럽게 고

하루 평균 200줄의 김밥을 만드는 하경윤 대표의 목표는 우리나라 최고의 김밥 교수다.

객의 신뢰로 이어진다. 먼지 한 톨 없이 깨끗한 가게 구석구석, 창업 과정에서 "만약 내가 고객이라면……."이라는 말을 입에 달고 산 하 대표의 세심한 배려가 느껴진다.

현재 휴학 중인 하 대표는 사업이 어느 정도 궤도에 오르면 공부를 새롭게 시작할 계획이다. 물론 기존의 학교로 돌아가는 것은 아니다. 자신이 직접 만든 '김밥학과'의 교수를 목표로 오직 김밥 관련 공부에 전념하겠다는 새로운 목표를 세운 것이다. 우리나라 최연소 김밥 교수를 꿈꾸는 순박한 제주 소년의 다부진 포부에 응원의 박수를 보낸다.

장사 우습게 생각하지 좀 마!

먼저 저 역시 나이가 아직 많지 않음을 말씀드리고 시작하고 싶습니다.
제게 장사 혹은 창업에 대해 물어보는 젊은 친구들이 제법 많습니다. 그런데 하나같이 장사를 너무 쉽게 생각하더라고요. 예를 들어 25살인 한 친구는 "사업 자금은 부모님께 부탁해서 마련할 건데 내가 신경 쓰지 않아도 일정 매출이 나올 만한 장사가 무엇이 있겠느냐."라고 묻더군요. 소위 '오토(직원들만으로 가게를 돌리는 시스템)'로 장사를 하고 싶다는 뜻이죠. 순간 화가 울컥 치밀더군요. 청년 실업률이 사상 최악인 데는 이런 철딱서니 없는 젊은 층 때문이라는 생각까지 들 정도로요. 물론 싸우지는 않았지만 제게 상담을 청하는 사람들이 대부분 그런 생각을 갖고 있어서 새삼 놀랐던 기억이 생생합니다.
저도 학창 시절부터 창업을 목표로 나름대로는 철저히 준비해왔다고 자신했지만, 정작 가장 중요한 요소는 배제했었더라고요. 쉽게 말해 체계적으로 창업 준비를 하지 못했다는 뜻이죠. 그런데 그저 "취업이 어려우니 창업이나 해볼까?"라는 식의 뜨뜻미지근한 마음이라면 차라리 그 돈으로 여행이나 다녀오는 편이 나을 수도 있다는 것을 분명히 말씀드립니다.
창업에 대한 정보는 제가 아니더라도 얼마든지 접할 창구가 많습니다. 인터넷만 이용해도 주옥같은 정보들이 쏟아지겠죠.
창업을 준비한다면, 특히 사회생활의 첫발을 내딛는 청년이라면 스스로가 정말 장사 이외에는 다른 길은 생각도 해보지 않았을 만큼 확고한 의지가 우선이어야 한다는 점을 말씀드리고 싶어요.
창업은 말할 것도 없고 개인 시간조차 포기해야 하는 장사는 그보다 더욱 힘듭니다. 1년 365일 쉬는 날 없이 하루 12시간 이상씩 가게를 지켜야 합니다. 혹시 지금 겨우 이 정도로 겁을 먹었나요? 그렇다면 지금 당장 창업을 포기하세요. 당신은 장사를 할 가장 기본적인 준비조차 돼 있지 않은 상황입니다.

하경윤_마음한줄 대표

06.

좋은 것은 변하지 않습니다
'평화건어물'

> "젊은이의 특권, 무모한 도전을 두려워하지 말라"

> "범죄 현장을 100번 가면 범인이 보인다." 범죄의 최전선에서 활동하는 형사들 사이에서 내려오는 오랜 격언이다. '답은 현장에 있다'는 해당 격언의 숨은 뜻처럼 창업을 준비하는 이들이 필수적으로 갖춰야 하는 장사꾼의 덕목 역시 이른바 '체험 삶의 현장'에서 찾을 수 있다. "젊은 게 한 밑천"이라는 어느 유행가 가사처럼, 가진 게 없어 몸으로 때워가며 실전형 장사꾼으로 거듭나고 있는 청년의 하루를 조명한다.

현장에 답이 있다

처음 그를 만났을 때, "정말 이 사람이 내가 만나기로 한 그 사람이 맞나."라는 의문이 들었다. 사전 전화 통화를 하며 이제 갓 30세가 넘은 '어리바리'한 초보 청년 상인의 모습을 상상했지만, 정작 서글서글한 미소로 두툼한 손을 불쑥 내미는 모습에서 영락없는 '베테랑 상인'의 포스가 물씬 풍겼던 까닭이다.

윤장우 평화건어물 대표는 이제 5년차 상인으로 통영 중앙시장에서 건어물 전문점을 운영하고 있는 몇 안 되는 청년 상인 중 하나다. 전통시장, 특히 지방 중소도시의 오랜 역사를 가진 시장에서 청년 상인의 존재는 그 자체만으로도 특별하다.

전국 팔도로 발송되는 택배가 가득 쌓인 점포 한 구석. 따뜻한 차 한 잔을 사이에 두고 마주 앉은 윤 대표는 수더분한 인상만큼이나 사람을 편하게 했다. 마치 오랜 친구를 만난 듯, 두서없는 이야기가 오고가는 것만으로도 충분히 즐거운 시간이었다.

사실 그의 성격이 처음부터 외향적인 것은 아니었다. 오히려 불필요한 말을 하지 않는 과묵한 성격이었다. 바꿔 말하면 능글능글(20년 경력의 50대 상인을 떠올리면 된다.)하기까지 한 현재 그의 모습은 상인이라는 길을 걷기 시작한 이후 새롭게 형성된 것이다. 뭔가 극적인 계기 없이 수십 년이나 고정된 성격이 바뀌기는 무리가 있는 법. 말인즉슨 5년 전 선택한 창업이 그의 인생에서 매우 중요한 터닝 포인트가 된 셈이다.

무엇보다 창업에 앞서 부모님과 함께 일하며 일선 현장에서 착실하게 경험을 쌓아나간 것이 큰 힘이 됐다. 부모님 가게에서 정식 직원으로 3년간 전반적인 운영을 직접 담당해본 것이다. 소위 '맨땅에 헤딩'과 마찬가지인 다른 대다수 예비 창업자에 비해서 상대적으로 좋은 조건이었음은 분명하다.

윤 대표가 부모님의 뒤를 따라 시장에 들어온 것은 20대 중반의 일이었다. 학업에, 솔직하게 말하면 공부에 별다른 관심이 없던 그는 이미 오래전부터 자신의 진로를 '창업'으로 설정했던 터였다.

사실 부모님이나 지인들은 그의 창업을 그다지 반기지 않았다. 우리나라 저변에 자리 잡고 있는 장사에 대한 편견 혹은 성공에 대한 불확실성 등 창업 반대의 이유는 차고 넘쳤던 탓이다. 그럼에도 불구하고 윤 대표는 자신의 결정을 꿋꿋하게 밀고 나갔다. 이미 내친걸음, 되돌리기엔 남자의 오기가 허락지 않았던 것이다.

> 사실 공부에 큰 관심이 없었던 학창 시절을 보내며 "난 나중에 무엇을 해야 하나."라는 생각을 하곤 했습니다. 부모님의 영향을 많이 받는 다른 이들처럼 저 역시 장사를 하시는 부모님의 뒤를 따르기로 결심하게 됐습니다. 처음에는 반대하시던 부모님께서도 제가 뜻을 꺾지 않자 정 그렇게 하고 싶으면 자신의 가게에서 직접 손님들과 부대껴볼 것을 권하셨고, 그렇게 3년 동안 일선에서 경험을 쌓았던 게 큰 도움이 됐습니다.

하지만 어린 시절 가끔 부모님이 가게를 비우시면 잠깐씩 손님들에게 물건만 팔던 그만이었던 때와는 달리, 창업을 목표로 정하고 가게 운영을 책임지기 시작하자 머릿속이 복잡해졌다. 물건 사입(경매장에서 제품을 구입해오는 행위) 및 관리, 진열, 판매, 택배 배송 등 예상보다 신경 써야 할 부분이 너무 많았던 것이다. 전반적인 운영이 처음인 그에게 실수가 뒤따르는 건 어찌 보면 당연한 결과였다. 윤 대표는 당시의 경험에서 '장사꾼에게 실수는 곧 손해'라는 절대 공식을 뼈에 새길 수 있었다. 공부할 때는 그렇게 돌아가지 않던 머리가 몸으로 겪은 실수는 마치 돌에 정으로 글을 새긴 듯 또렷하게 각인돼 같은 일을 두 번 다시 반복하지 않았다. 그가 누누이 강조하는 "최고의 창업 준비는 경험이다."라는 명제의 증명인 것이다.

제 주위에도 지금 창업을 준비하는 선·후배, 친구들이 제법 많습니다. 한발 앞서 사업을 시작한 제게 많은 부분을 물어보곤 하죠. 전 그때마다 딱 한 가지만 얘기합니다. 어떤 분야에 대한 창업을 준비하든 지금 당장 그만두고 밖으로 나가서 그 업종에서 최소 2~3년은 구르다 오라고요. 안타까운 게 요즘 사람들은 창업을 참 쉽게 생각한다는 겁니다. 자신이 뭘 잘하는지도 모르고 그저 현재 있는 금액에 맞는 창업을 준비하면서 대박을 꿈꾸니, 어찌 잘될 수 있겠습니까? 여기서도 그렇게 장사를 시작한 친구들이 많은데 열이면 열, 3개월을 넘기지 못하더군요. 빨리 창업을 해서 돈을 벌고 싶은 마음이야 잘 알겠지만 제발 급하게 생각하지 말고 미리 실패를 경험한다는 생각으로 관련 업종에서 꼭 일해보길 바랍니다. 그런 준비 없이 창업해서 성공하겠다는 마음가짐은 중고등학교 내내 공부 한 자 안 하다가 수능 당일에 대박이 나서 서울대에 가겠다는 것과 마찬가지로 허황된 목표일 뿐이니까요.

인맥 활용을 부끄러워하지 마라

미국의 명배우 케빈 베이컨(Kevin Bacon)의 이름을 딴 '케빈 베이컨의 6단계 법칙'은 인간관계의 의외성을 잘 보여주는 사례로 손꼽힌다. 미국의 한 토크쇼에 출연한 케빈 베이컨이 두세 단계만 거치면 할리우드의 모든 배우들과 연결된다는(심지어 록의 황제 엘비스 프레슬리와도 2단계 만에 관계가 연결됐다!) 이 법칙은 "누구나 소중한 사람이 250명은 된다."

라는, 전설적인 자동차 세일즈 왕 조 지라디의 법칙과 이어진다.

　위에 언급한 인간관계 중심의 두 법칙(물론 과학적으로 증명된 것은 아니다.)은 본인과 타인과의 관계, 즉 인맥의 중요성을 말한다. 이른바 '사회적 동물'로 불리는 우리는 살아가는 동안 수많은 타인과 관계를 맺게 되는데, 바로 이 인맥이 장사꾼에게는 그 무엇보다 소중한 자산인 것이다.

　창업을 결심한 윤 대표에게 장사의 초석인 '경험치'를 획득할 수 있도록 튼튼한 거푸집을 만들어준 이 역시 그의 가까운 친구였다. 가게에서 판매하는 제품을 사입하는 경매장에서 일하던 친구 덕분에 남들은 수년 이상의 경험이 필요한 관련 노하우를 보다 손쉽게 배울 수 있었다.

　닳고 닳은 노련한 경매꾼들 사이에서 살아남는 일은 차라리 군대를 한 번 더 다녀오는 게 나을 거란 생각이 들 정도였습니다. 어리바리 초보 경매꾼 티를 벗어나지 못하던 제게 돌파구를 제시해준 이가 바로 제 절친(절친한 친구) 중 한 명이었죠. 친구 좋다는 게 뭐겠습니까? 남들이 경매에 대해 이해하기까지 걸리는 시간의 10분의 1도 안 되는 짧은 기간 만에 그 녀석 밑천까지 탈탈 털어버렸죠(웃음). 이제는 어디 가서 초짜 취급받지 않을 정도는 됩니다.

　무엇보다 윤 대표는 친구를 통해 흔히 말하는 '네트워크'를 만들 수 있었다. 같은 경매장에 모였다는 것은 결국 비슷한 업에 종사한다는 뜻이었기에 그들에게 다양한 정보를 듣고 어깨너머로나마 노하우를 배울 수 있었던 것이다. 예컨대 금어기인 4~6월 사이에 판매할 물건을 미리 저장해놓는다든지 각 제품 생산지에서 발생하는 부정적인 이슈들을 취합해 해당 지역의 물건은 구입하지 않는 등 인맥을 알뜰하게 활용할 수 있게 된 것이다.

　경매장은 저같이 도매로 제품을 구입해 소매로 판매하는 입장에서는 장사의 출발역이자 종착역이라고 할 만큼 매우 중요한 곳입니다. 특히 모든 제품을 경매장

제품 사입부터 포장, 관리, 판매까지. 윤장우 대표는 점포 운영의 모든 과정을 직접 처리해야 직성이 풀리는 성격이다.

좋은 것은 변하지 않습니다 '평화건어물'

에서 구입하는 건어물 분야에 종사하는 경우에는 시시각각 변하는 이슈를 정확히 캐치하는 게 중요하죠. 예를 들어 "요즘 날씨가 안 좋아서 죽방멸치 생산량이 당분간 줄어들 것 같다."라고 하면 해당 제품을 미리 선점해서 저장해놓는 식이죠. 결국 네트워크, 인맥을 통한 나름의 장사 노하우인 셈입니다.

가는 말이 고와야 오는 말이 곱다고 한다. 즉 상대방에게서 좋은 반응을 얻기 위해서는 나부터 긍정적인 메시지를 보내야 한다. 서로 주고받는 것이다. 물론 크게 보면 같은 업종에서 일하는 모든 사람들은 '잠재적 경쟁자'라고 할 수 있다. 하지만 서로 악감정을 갖고 제 살 깎아먹기 식의 치킨게임을 한다면 양측 모두 파멸의 길을 걸을 수밖에 없다. 상대방을 인정해주고 선의의 경쟁을 통해 동반 상승을 꾀하기 위해서는 부드럽고 말랑말랑한 관계 설정이 우선돼야 한다는 사실을 기억하자. 그렇게 쌓인 '좋은 인맥'이 모여 발생한 시너지 효과는 결국 매출 상승이라는 긍정적인 결과로 되돌아올 것이다.

전통 위에 현재를 얹다

평화건어물의 현재 수익 구조를 자세히 살펴보면 현장 판매 비중이 70퍼센트에 택배 판매 비중은 30퍼센트를 형성하고 있다. 많은 전통시장 상인들이 판매 창구를 꾸준히 늘릴 필요를 깨달은 덕분에 이제는 제법 다양한 제품이 택배로 판매되고 있지만, 평균 60세에 이르는 전국 시장 상인들의 높은 연령이 대변하듯 여전히 현장 판매를 중심으로 장사를 이어가고 있는 실정이다.

윤 대표 역시 초창기에는 주로 관광객을 중심으로 한 현장 판매에 집중했다. 통영 중앙시장의 특성상 관광객이 지역 특산품인 각종 건어물을 많이 구입해갔기 때문이다. 변화의 불씨는 아주 작은 계기에서 시작됐다. 경매장에서 일하는 '친구 찬스'를 통해 양질의 제품을 다수 구비한 덕분에 품질에 만족한 고객들의 재구매 문의가 이어진 것이다. 서울, 경기도 등 수도권은 물론 멀리 강원도 내륙에서도 건어물 구입 전화가 꾸준히 늘어나자 윤 대표는 '감'을 잡게 됐다.

처음에는 원하시는 분들 몇몇에 한해서 개별적으로 택배 발송을 해주는 수준이었는데 어느 날 문득 포장을 마친 제품의 수량을 확인해보니 50여 개가 넘어가더라고요. 그리 많은 건 아니었지만 그렇다고 무시할 만큼 적은 수치는 분명 아니었죠. 그때 '감이 빡' 하고 오더라고요. 품질에는 자신이 있으니 먼 지역에 사는 고객들도 제품에 만족한다면 택배비 몇천 원 정도는 기꺼이 부담하더라도 재차 구입할 것이라고 확신했던 것입니다. 그 이후부터 아예 명함에 '택배 전문'이라는 문구를 넣기 시작했습니다. 긴가민가하며 망설이는 고객들에게 '우리도 택배 판매를 한다'는 메시지를 정확하게 전달한 거죠. 결과요? 왜 진작 저렇게 못했나 싶을 정도로 택배 문의가 눈에 띄게 늘더군요. 다행히 건어물이 택배 판매에 '딱'인 제품인 덕도 봤죠. 아직은 현장 판매량이 많지만 조만간 역전되지 않을까 할 정도로 지속적인 성장세를 보여주고 있습니다.

물론 모든 제품이 택배 판매에 적합한 것은 아니다. 즉 윤 대표의 사례만을 보고 업종에 상관없이 택배 판매를 선택해서는 곤란한 경우가 생길 수 있다는 뜻이다. 예컨대 수산물이나 과일 등 각종 생물(生物)의 경우 아무리 꼼꼼하게 포장하더라도 제품의 변질을 100퍼센트 막을 수 없기 때문에 택배 판매를 시작하려면 그만큼 철저한 준비가 필요하다. 그런 부분에서 변질의 위험성이 낮은 건어물은 택배 판매에 안성맞춤이었다. 고객의 작은 요구를 놓치지 않고 판매 창구 확대라는 긍정적인 변화를 주도한 '빠릿빠릿한 젊은 감각'이 이끌어낸 쾌거였다. 참고로 윤 대표의 택배 판매 전략을 접한 이후 주변 동종 업계에서도 적극적으로 택배 판매를 도입하고 있다는 후문이다.

반면 이러한 다각적인 변화와는 달리 윤 대표가 고집스럽게 고수하고 있는 부분은 바로 '저장법'이다. 보통 어촌 지역에는 4~6월 사이에 금어기가 있다. 이처럼 1년 중 3개월 동안 어업 활동이 중단되기 때문에 건어물을 포함한 수산물 관련 업종의 경우 이에 대비해 물량을 확보·저장해야 한다. 윤 대표 역시 금어기에 앞서 각 제품당 일정 수량 이상을 저장해놓고 있는데 바로 여기서 기존의 냉동 보관법을 적용하고 있는 것이다. 냉동 보관법은 우리가 흔히 알고 있는 냉장고의 냉동실과 유사하다고 생각하면 된다. 최근 널리 사용하고 있는 '팬 냉각 방식'과는 달리 기존의 냉동 보관법은 수시로 냉동 창고 안의 얼음을 제거해야 한다는 불편함이 있다. 각 방식마다 일장일단이 있어 어떤 게 더 좋다고 단언할 수는 없지만 제품의 수분 보존 측면에서 봤을 때 기존 냉동 보관법 효과가 더 좋다는 게 정설이다. 참고로 팬 냉각의 경우 냉동 창고에 얼음이 생기지 않아 관리가 수월하다는 장점이 있지만 상대적으로 제품 수분이 빨리 증발하는 탓에 품질이 다소 변질될 수 있다는 단점도 함께 갖고 있다.

냉동 창고 운영비로만 한 달 200만 원을 지출하는 윤 대표는 하루에도 시장 한 편에 위치한 창고를 수시로 찾아가 얼음을 제거하고 제품 상태를 확인하곤 한다. 금어기에는 기존 저장 물량을 판매하기 때문에 그 어느 때보다 제품 상태를 꼼꼼하게 확인하고 보다 철저하게 관리해야 하는 까닭이다. 물론 윤 대표가 팬 냉각 방식을 택했다면 이러한 수고의 상당 부분이 절감될 것이 분명하다. 하지만 그는 스스로의 수고로움보다 고객에게 판매하는 상품의 품질 유지를 우선순위에 올려놨다. '작은 차이가 만들어내는 긍정적인 결과'에 대한 확신이 있었기 때문이다.

중앙시장에서는 특별할 것 없는 건어물 점포 중 하나인 평화건어물만의 강점이자 특징은 바로 여기에 있다. 제품의 품질을 타협하지 않는 '전통적인 냉동 보관법 적용'과 이 방식을 통해 어렵게 유지한 고품질의 상품을 판매할 새로운 판매 창구, '택배 판매 도입'의 적절한 조화인 것이다. 즉 올바른 전통은 지키되 시시각각 달라지는 시대적 흐름에 발맞추기 위한 유연한 변화가 긍정적인 시너지 효과를 발휘한 셈이다.

윤 대표는 오늘도 평화건어물의 또 다른 발전을 위한 발판을 다지고 있다. 평화건어물이 위치한 통영 중앙시장은 외지 손님들이 많이 찾는, 지역의 대표 관광지 중 하나로 쉽게 말해 고객의 상당 부분을 관광객이 차지하고 있다. 윤 대표는 이 같은 지역적 특성을 반영해 지난 5년간의 데이터를 토대로 관광객이 선호하는 제품을 중심으로 건어물 선물세트 출시를 구상하고 있다. 물론 택배 판매도 병행할 예정이다.

물론 윤 대표의 이러한 끊임없는 도전이 항상 성공하는 건 아니다. 수치로 따져보면 열에 여덟, 아홉은 실패할 정도로 성공률은 형편없다. 하지만 변화를 위한 노력이 뒷받침되지 않는다면 장사꾼으로 성장할 내일을 장담할 수 없다는 사실을 기억해야 한다. 조금 더 위로 올라가려는 백조의 발버둥이야말로 장사꾼이 가져야 할 가장 중요한 덕목인 것이다.

널리널리 각자의 브랜드를 퍼뜨리자!

1. 장사꾼에게 경험만큼 중요한 창업 준비는 없다
장사꾼에서 실수는 곧 손해다. 반드시 자신이 준비한 창업 아이템 관련 업종에서 최소 1년 이상 일하며 경험을 쌓아야 한다는 사실을 기억하자.

2. 인맥 활용을 부끄러워하지 마라
장사꾼에게 체면은 사치다. 자신의 인맥이 사업에 긍정적으로 작용할 수 있다면, 때로는 그들에게 피해가 가지 않는 선에서 최대한 활용하는 '뻔뻔함'도 필요하다.

3. 바꿀 것은 과감하게 바꿔라
이것저것 고민만 하다가 시기를 놓치면 죽도 밥도 안 된다. 필요하다고 생각하면 과감하게 행동으로 옮겨라. 비록 실패하더라도 '장사꾼 경험치'가 누적될 것이다.

윤장우_평화건어물 대표

07.

그냥 호떡이라면 여러분을 기다리게 하지 않았습니다
'삼맛호오떡'

> **"** 음대 나온 오빠 미대 나온 여동생의 환상 콜라보레이션 **"**

> 호떡은 대표적인 서민의 음식이다. 어린 시절 엄마를 따라 종종걸음으로 시장을 찾을 때면 손에 들려주는 호떡을 먹는 즐거움에 먼 거리도 마다하지 않았던 기억이 생생하다. 그렇다. 호떡은 우리에게 가장 친숙하고 반가운 음식이자 대표적인 서민 주전부리다. 이렇듯 '만만한' 호떡이 귀한 대접을 받는 곳이 있다는 소문을 접한 것은 한여름 문턱을 막 지날 때였다. 여름이면 호떡의 인기가 다소 시들해진다는 일반적인 상식을 비웃듯 30도가 넘는 날씨에도 뜨거운 호떡을 호호 불며 먹는 사람들로 인산인해를 이루는 곳, '삼맛호오떡' 방화범 남매의 일상을 함께한다.

왜 호떡은 꼭 저렴해야 해?
한 끼 식사로도 충분한 '요리'라고!

"중국식 떡의 한 종류로 찹쌀가루를 반죽해 설탕으로 소를 넣고 번철이나 프라이팬 따위에 둥글넓적하게 구워낸 요리."

우리나라 최대 포털 사이트에 명시된 '호떡'의 정의다. 호떡은 중국에서 흔히 먹던 간식의 한 종류가 전파돼 지금까지 명맥을 이어왔다는 것이 정설로 받아들여진다. 그러나 우리에게 호떡은 어린 시절 추억의 음식이자 주머니 사정이 넉넉지 않은 서민들의 전용 주전부리인 '신토불이 향토음식' 정도로 여겨진다. 서울 왕십리 행당시장에 위치한 '삼맛호오떡'은 이렇듯 대한민국 국민이라면 떼려야 뗄 수 없는 대표적 소울 푸드인 호떡의 새로운 지평을 열었다고 평가받으며, 가장 핫한 맛집으로 입소문을 타고 있다. 호떡집의 비수기라는 여름철에도 제법 긴 줄을 기다려야 할 만큼 삼맛호오떡의 인기는 그야말로 명불허전이다.

삼맛호오떡에서는 가장 기본적인 꿀과 견과류가 들어간 '씨월드 호떡'부터 달콤한 단팥이 가득한 '아이팥 호떡', 모차렐라 치즈와 토마토소

이은영 대표는 '호떡도 요리'라는 신념으로 사시사철 뜨거운 불판 앞을 지킨다.

스로 맛을 낸 '이태리 호떡', 더운 여름철을 겨냥해 개발한 '아이스 호떡'까지 각양각색의 호떡을 맛볼 수 있다. 이곳의 호떡은 대체 무엇이 다르기에 말 그대로 '호떡집에 불이 날 만큼' 장사가 잘 될까? 같은 업종에 종사하는 사람들이라면 수억 원을 주고서라도 삼맛호오떡의 비법을 알아내고 싶을 것이다. 하지만 정작 질문을 받은 삼맛호오떡의 공동 대표인 이종만·이은영 남매는 '정성'이란 케케묵은 단어를 꺼낸다.

(이종만 대표) 호떡을 만드는 데 뭐 별다른 비법이 있을까요? 오히려 저희가 물어보고 싶네요(웃음). 굳이 저희 가게만의 특징을 꼽는다면 주문과 동시에 만들어내는 '슬로 푸드'를 지향한다는 점일까요? 그렇기에 손님들이 좋은 평가를 해주신다고 생각합니다. 미리 만들어놓은 호떡을 데워서 파는 다른 곳과는 달리 저희 삼맛호오떡에서는 손님들의 주문과 동시에 조리에 들어갑니다. 조리 시간에만 10분 정도가 걸리는데, 처음 방문하신 손님들은 너무 오랫동안 호떡이 안 나오니까 주문이 들어는 갔는지 묻기도 하시더라고요. 사실 호떡이야말로 가장 대표적인

슬로 푸드인데 말이죠. 대부분의 음식이 그렇듯 호떡도 즉석에서 만들어 손으로 잡기도 어려울 만큼 뜨끈뜨끈한 놈이 맛있는 거 아니겠어요?

물론 단순히 '정성'만으로 삼맛호오떡 성공의 이유를 모두 설명할 수는 없다. 실제로 다른 곳에서는 보기 힘든 모차렐라 치즈와 토마토소스가 어우러져 독특한 맛을 내는 이태리 호떡이나 시원함과 뜨거움이 공존하는 아이스 호떡 등 삼맛호오떡만의 독창적인 메뉴들을 개발해내기 위해 두 남매가 내다버린 재료들만 수레로 한 가득이다.

(이은영 대표) 같은 사물도 바라보는 각도에 따라 달리 보이듯이 별것 아닌 호떡도 어떤 마음으로 만드느냐에 따라 그 가치가 달라진다고 생각합니다. 사실 처음 2,000원 안팎의 호떡을 판매한다고 했을 때 주변 지인들의 반응은 극과 극이었습니다. 쉽게 정리하면, '아무리 맛있고 고급스럽게 만들어도 호떡은 저렴해야 한다' VS '이 정도면 고급 커피숍에서 파는 1만 원짜리 디저트 못지않다' 정도였죠. 저 역시 많은 고민이 있었지만 '호떡은 저렴한 음식'이라는 오랜 고정관념을 바꾸겠다는 목표에 충실하기로 했습니다. 호떡이 간단하지만 충분히 만족스러운 한 끼 식사 혹은 한국식 토종 디저트로 인식될 수 있도록 앞으로도 메뉴 개발에 박차를 가할 계획입니다.

직접 만든 리어카 노점에서 시작
수천 번 강제 시식으로 레시피 완성

이제는 당당한 호떡 전문점으로 유명세를 타고 있는 삼맛호오떡의 물꼬를 튼 것은 동생 은영 씨였다. 미술을 전공한 은영 씨는 대학 졸업 후 일본으로 훌쩍 워킹홀리데이를 떠났다. 1년간 워킹홀리데이를 마치고 한국으로 돌아온 은영 씨는 잠시 아버지 사업을 도우며 자신의 미래를 고민하기 시작했다. 여러 가지 방향으로 진로를 고민했지만 단 하나, 틀에 박힌 회사 생활만은 사양하고 싶었다.

(이은영 대표) 대학교 졸업 후 진로에 대해 고민을 하던 중 일본으로 1년간 워킹홀리데이를 떠나기로 결정했습니다. 보다 다양한 경험을 쌓고자 함이었죠. 당시 일본 생활 중에도 '나만의 일을 하고 싶다'는 막연한 목표가 생겼습니다.

귀국 후 은영 씨는 오빠와 함께 제주도로 여행을 떠났다. 별다른 목적이 있었던 것은 아니다. 그저 평소 친하게 지내던 오누이끼리 떠난 일종의 '귀국 축하여행'이었던 셈이다. 제주도를 여행하며 밀린 이야기를 실컷 나눈 두 사람은 자연스럽게 미래에 대한 고민을 털어놓기 시작했다. 다소 무겁지만 더없이 진지한 이야기. 은영 씨는 문득 오랫동안 머릿속에서만 머물던 자신의 계획을 불쑥 던졌다.

(이종만 대표) 여행 마지막 날쯤이었던 것 같아요. 가벼운 술자리 중에 동생이 "오빠 나 장사 한번 해보고 싶어."라는 말을 꺼내더군요. 일본에서 워킹홀리데이를 하면서 오랫동안 생각했던 듯 '아직 돈이 많지는 않으니 경험 삼아 리어카(노점)에서 장사를 시작하겠다'는 제법 구체적인 계획도 세워놨더라고요. 저 역시 동생의 도전적인 성향을 잘 알기에 "그래, 그럼 해봐."라고 흔쾌히 대답해줬습니다. 그 당시에는 몰랐는데 그 말이 동생에게는 꽤 힘이 됐던가 봐요. 그날 밤 스마트폰으로 중고물품 거래사이트에서 50만 원 정도를 주고 중고 리어카를 구입해버렸습니다. 삼맛호오떡의 시작이었죠.

창업 과정은 만만치 않았다. 자금도 기술도 없었고, 사업 경험도 전무했던 것이다. 하지만 '젊다는 게 한 밑천'이라 했던가! 두 사람은 '몸으로 때우자'는 데 뜻을 모았다. 당장 돈이 하늘에서 떨어지는 것도 아니고 그럴 듯한 기술도 없으니 부족한 부분은 결국 젊고 튼튼한 몸을 움직여 채워나가기로 했던 것이다. 사업 아이템은 은영 씨의 제안을 따라 '호떡'으로 정했다. 호떡에 특별한 애정이 있거나 구상이 있었던 것은 아니다. 그저 남녀노소 누구나 즐겨 먹었던 호떡에 대한 은영 씨의 어린 시절 기억에 따른 결정이었다.

창업을 준비하기 시작하고서는 두 남매의 일상은 예전과는 비교도 할 수 없을 만큼 분주해졌다. 종만 씨는 하던 음악 활동을 지속하며 틈틈이 리어카 점포 인테리어를 도왔다. 목공부터 페인트칠, 주방용품 설치 등 '노가다꾼'이라는 담당 역할에 충실했던 것이다. 은영 씨 역시 정신없는 시간을 보냈다. 은영 씨가 만사를 제쳐두고 가장 집중한 부분은 당연히 '호떡 공부'였다. 하루에도 수백 장의 호떡을 직접 만들어가면서 은영 씨는 삼맛호오떡만의 레시피를 만들어갔던 것이다.

(이종만 대표) 아이고, 말도 마세요. 노점 인테리어를 하던 곳이 저희 음악 작업실 바로 앞이었는데 두 달 내내 동생이 하루에도 몇십, 몇백 번씩 호떡을 구워서 저와 멤버들에게 맛 좀 봐달라고 들이미는 게 일상이었습니다. 나중에는 호떡이 신물 나서 아예 작업실에 안 나오는 멤버까지 있을 정도였으니까요(웃음). 그래도 저희 '호떡 검증단'의 희생 덕분에 삼맛호오떡만의 레시피를 완성할 수 있었으니 만족합니다.

그렇게 음대생 오빠의 감성으로 틀을 잡고 미대생 동생의 감각을 덧씌우길 두 달, 마침내 아기자기한 노점 '삼맛호오떡'이 완성됐다.

아기자기한 소품들로 채워진 삼맛호오떡의 내부는 고객들에게 어린 시절 추억을 떠오르게 한다. 삼맛호 오떡 남매는 음식 전문 채널에서 자신들만의 비법을 공개하기도 했다(오른쪽 아래).

음대 오빠의 감성+미대 동생의 센스
독특한 분위기로 호떡 맛까지 UP!

두터운 점퍼를 뚫고 들어오는 칼바람이 기승을 부리던 12월의 한복판, 오랜

　준비 끝에 삼맛호오떡이 닻을 올렸다. 창업 결심부터 준비까지 꼬박 4개월, 밖에서 잠시도 서 있기 힘들 정도로 추운 날씨였지만 꽃피는 춘삼월까지 기다릴 여유 따위는 없었다. 그나마 삼맛호오떡의 주요 메뉴인 호떡의 성수기가 겨울이라는 사실은 유일한 위안거리였다. 두 남매는 입김이 펄펄 나는 추운 겨울, 손에 손에 호떡을 쥔 손님들의 모습을 상상하며 장사를 시작했다.

　'사람에게는 살면서 세 번의 기회가 온다'고 했던가. 삼맛호오떡의 창업은 두 남매가 살면서 찾아온 기회 중 하나임이 분명했다. 삼맛호오떡은 예상 이상으로 순풍에 돛단 듯 성장을 거듭했다. 작은 노점이었지만 왕왕 제법 긴 줄까지 만들 정도로 매출이 연일 증가세를 기록했다. 두 남매 역시 전혀 예상치 못한 결과였다.

　이후 두 남매는 창업 3개월 만에 정식 점포로 이전하기로 결정했다. 맛에 대한 확신이 생긴 만큼 이제는 손님들이 보다 편하게 호떡을 즐길 수 있는 공간을 마련하기로 한 것이다. 충분하지는 않았지만 한 푼도 허투루 쓰지 않고 모았던 지난 3개월의 매출과 약간의 대출을 더해 노점 바로 앞에 위치한 작은 점포에 새롭게 간판을 올렸다.

　독특한 모양의 노점 인테리어를 직접 진행했던 두 남매의 센스는 두 번째 터전, 삼맛호오떡 점포에서 그 꽃을 피웠다. 깔끔한 원목 테이블과 의자를 비롯해 어린 시절 추억을 떠올리게 하는 각종 소품들로 가게를 채운 것이다. 호떡을 기다리는 시간 동안 가게를 배경으로 사진을 찍는 손님들의 모습도 이제는 익숙한 장면이다.

　　현재 삼맛호오떡은 행당시장 본섬을 비롯해 잠실과 일산의 분점까지 총 세 곳이 성업 중에 있다. 전통시장 한 편에서 작은 노점에서 시작해 이제는 지점 두 곳 포함 총 세 곳의 '삼맛호오떡'을 세우며 어엿한 프랜차이즈 본사로 거듭나게 된 것이다.

　　(이종만 대표) 저희도 이렇게 다른 곳에 지점까지 내게 될 줄은 몰랐습니다. 물론 처음부터 프랜차이즈를 목적으로 하지는 않았습니다. 다만 저희 호떡의 가치를 인정해주신 다른 분들이 부탁해오니 지점을 내게 됐고, 그것이 성장해 많은 면에서 부족하지만 삼맛호오떡 본사로 자리매김할 수 있었습니다. 최근 사회적으로 프랜차이즈 업계에 대해 부정적인 시각을 갖고 있다는 사실은 잘 알고 있습니다. 하지만 저희는 프랜차이즈 사업을 시작한 수년 전부터 중개업체를 통해서 본사가 과한 가맹 사업으로 이윤을 남기는 행위를 하지 않기로 결정했습니다. 쉽게 말해 '통행세'에 대한 부담을 없앤 것입니다. 지금도 갑을 관계가 아닌 동행하는 관계로 상호 존중과 배려를 바탕으로 협력하고 있습니다. 또한 본점에서 한두 달 정도 실제 업무를 포함한 각종 교육을 시행하는 것을 기본으로 하고 있습니다. 실제로 호떡이란 음식을 쉽게 생각하고 도전하셨다가 교육 과정 중 백기를 든 분도 있을 정도로 모든 노하우를 아낌없이 전수해드리려고 노력하고 있습니다. 지금도 가맹 점주와 본사가 직접 1대 1로 계약하고 인테리어부터 영업 방식까지 챙겨드리는 슬로 프랜차이즈를 진행하고 있습니다.

　　4년 전 겨울, 노점으로 시작한 삼맛호오떡을 처음 찾아온 손님은 20대 여성 손님이었다. 그 첫 손님은 이듬해 오랫동안 연애를 한 지금의 남편과 결혼했고, 이제는 세 살 아들의 손을 잡고 한 살배기 아들을 품에 안은 채 삼맛호오떡을 찾아온다. 특히 큰아이가 가장 좋아하는 간식이 삼맛호오떡인 까닭에 제법 먼 곳으로 이사를 간 지금까지도 자주 가게를 찾아오고 있다. 두 아이의 어머니인 그녀는 '믿고 먹을 수 있는 음식'이라는 확신이 있기에 아직 어린 아이들에게도 아무 걱정 없이 삼맛호오떡을 간식으로 내주곤 한다.

손님들이 인정하는 정직한 음식. 어린 아이들이 한 입 가득 호떡을 넣고 맛있게 먹는 장면이야말로 이종만·이은영 공동 대표가 세운 삼맛호오떡 만의 사업 철학을 대변해주는 것이다.

삼맛호오떡에 별다른 기교나 비법은 없다. 만약 당신이 이들처럼 한여름 불이 지글거리는 번철 앞과 한겨울 칼바람 몰아치는 노상에서도 기꺼이 수천, 수만 장의 호떡을 구워낼 수 있다면 성공이란 달콤한 열매를 맛볼 수 있다.

가능성 있는 한방

삼맛호오떡은 각각 작곡과 디자인을 전공한 저희 남매가 처음으로 함께 시작한 일입니다. 처음 장사를 결심하고 이곳저곳 소위 '핫'하다는 동네에 가게 터를 알아봤는데 상상도 할 수 없을 만큼 비싸더라고요. 그래서 결국 "고향이 최고지."라고 서로를 위로하며 왕십리로 돌아왔습니다. 어릴 적부터 살아온 왕십리와 행당시장은 저희 남매에게는 익숙한 공간입니다. 물론 저희가 시장에 터를 잡을 지는 예상하지 못했지만요.(웃음)

처음에는 아이들 장난이라고 여기시며 그리 좋게 생각하시지 않던 동네 어르신도 시간이 지나고 저희가 열심히 하는 모습을 보시고는 기특하다고 생각되시는지 먼저 찾아와 이것저것 챙겨주시기도 하셨습니다.

왕십리 역사가 들어서기 전에는 행당시장 골목이 왕십리의 중심이었을 정도로 활성화됐던 곳인데 안타깝게 지금은 다소 상권이 침체된 상황입니다. 앞으로 저희를 비롯해 젊은 층이 보다 많이 행당시장에 자리를 잡아 동네 경제 활성화를 이끌고 싶은 바람입니다.

이종만·이은영_삼맛호오떡 공동 대표

Part 2

전통시장의 변화와 혁신 위해
대한민국 팔 걷어붙였다
(전통시장 창업 정부 지원 사례)

정부·지자체 청년 상인 육성 '올인'

08.
대한민국 청년창업 지원 사업의 정석
'울산 톡톡스트리트'

"각양각색의 꿈이 영그는 창업 인큐베이터"

> 어느 누구도 곧 망할 것을 예상하고 창업을 하지는 않는다. 가능한 한 오랫동안 꾸준한 이윤을 창출할 수 있는 안정된 사업체. 창업을 하려는 이라면 누구나 바라는 일이다. 그렇다면 사업의 지속성을 확보하기 위해서는 어떤 요소가 필요할까? 다양한 답변이 돌아오겠지만, 사업자 본인의 경쟁력 확보를 첫째로 꼽아야 할 것이다. 하지만 장사꾼의 역량을 강화하기 위한 왕도는 딱히 제시하기 어렵다. 그저 시간이 흐르면서 그에 따라 경험이 쌓이고, 노하우가 생겨야만 가능한 일이다. 아직 모든 일에 서툰 청년 상인들에게 '경험'이라는 최고의 자산을 지원해주는 '대한민국 최고의 창업 인큐베이터', 울산 톡톡스트리트를 들여다본다.

조건 없는 무료 지원은 없다
국내 최고의 '창업 인큐베이터'

울산 중앙전통시장(이하 울산시장)을 관통하는 젊음의 거리에 한 건물이 있다. 이 건물 2층에 들어선 '톡톡스트리트'는 이제 갓 창업한 청년 상인들이 각자의 역량을 키워가는 열정의 공간이다. 톡톡스트리트는 울산광역시청이 시비로 해당 사업 예산을 지원하고 울산경제진흥원 청년창업센터에서 기획 및 시행을 주관하고 있다. 창업을 원하는 지역 내 청년들에게 새로운 도전의 기회를 제공해주고자 마련된 톡톡스트리트가 내건 목표는 '창업 인큐베이터'란 슬로건으로 압축할 수 있다. 쉽게 말해 창업에 대한 각종 지원은 물론 이후 사업을 지속할 수 있도록 개개인의 역량을 강화하는 다양한 정책을 시행하는 것이다.

톡톡스트리트를 총괄하고 있는 송봉란 울산경제진흥원 창업일자리팀장은 "자신들의 미래와 진로에 대한 고민으로 힘겨워하는 청년들에게 새로운 기회를 제공하기 위해 톡톡스트리트를 기획하게 됐다."라며 "단순한 1회성 자금 지원이 아닌 지속 가능한 개인 경쟁력 제고를 이끌어냄으로써 청년들이 떳떳한 상인으로 거듭나도록 다각적인 지원을 시행하고 있다."라고 말했다.

톡톡스트리트의 주요 내용으로는 ▲임대료 지원 ▲인테리어 및 시설 유지·보수 비용 지원 ▲창업에 대한 전반적인 행정처리 관련 상담 ▲컨설팅 및 마케팅 지원 등을 꼽을 수 있다.

창업 과정 중 가장 큰 비용을 차지하는 임대료와 인테리어 비용을 지원함으로써 예비 청년 상인들의 부담을 덜어주고 이후 교육을 지속하여 개인 역량을 강화하는 것이 톡톡스트리트의 핵심이다.

톡톡스트리트가 조성된 울산 중앙시장 내 건물 2층에는 현재 18명의 청년 상인이 입점해 있다. 매년 새롭게 심사를 거쳐 해당년도 지원자를 선정하는 톡톡스트리트는 2013년 사업 출범 이후 지금까지 약 80명에 달하는 청년 상인들의 창업 인큐베이터 역할에 충실해왔다. 톡톡스트리트 입점자들은 자신이 원하는 경우 관련 심사를 통과하면 최대 3년까지 이곳에서 장사를 할 수 있다. 물론 이 기준에 부합되지 못하면 지원 대상에서 제외된다.

송 팀장은 "정부가 무조건적인 지원을 해줄 거란 기대를 하지 말아야 한다."고 잘라 말하며 "아무리 좋은 정책이라고 하더라고 그것을 받아들이는 당사자에 따라 성과가 확연하게 차이가 나는 만큼 주 40시간 이상 근무, 일정 수량의 제품 생산 등 최소한의 책임과 의무를 부여하고 있다."고 말했다.

톡톡스트리트는 입주 청년 상인들을 중심으로 협의체를 구성하고 있다. 이를 통해 청년 상인들은 정기적으로 서로 의견을 교환한 후 건의사항이나 기타 자신들에게 필요한 지원 내용이 있다면 이를 정리해 청년창업센터에 전달한다. 쉽게 설명하면 '사용자가 직접 느끼는 미흡점을 건의하는 시스템'인 셈이다. 톡톡스트리트를 담당하는 송 팀장과 윤기헌 행정매니저는 청년 상인들의 의견을 조합해 새로운 행정적 기반을 마련하는 근거 자료로 삼는다. 아래에서 자세히 언급할 '톡톡 팩토리' 역시 이러한 과정을 거쳐 새롭게 탄생한 지원 사업이다.

청년의 목소리에 귀를 기울이고 그들의 의견을 가장 중요하게 생각하는 일, '대한민국 청년창업 1번지' 톡톡스트리트의 기분 좋은 고집이 그저 반가울 따름이다.

각양각색 아이디어 가득
청춘들의 꿈이 영그는 공간

톡톡스트리트에는 청년 상인들의 톡톡 튀는 아이디어가 돋보이는 점포들이 즐비하다. 특히 단순한 제품 판매에 그치는 것이 아닌 해당 제품의 제작 과정을 중심으로 각각의 교육 활동을 병행하고 있다. 실제로 방문 고객들이 수제 비누, 캘리그래피, 비즈 공예, 향초 제작 등 다양한 관련 교육을 받는 모습을 확인할 수 있다. 각 점포마다 '원데이 클래스(당일 교육)'을 실시하고 있는 것도 같은 맥락이다.

이러한 현황에서 알 수 있듯 톡톡스트리트의 지향점은 청년들의 젊고 독특한 아이디어로 채워지는 공간이라고 정의할 수 있다. 단순히 완제품을 판매해 일정 수준의 마진을 남겨 이익을 내는 것이 목표가 아니다. 자신의 재능을 기반으로 관련 역량을 키움으로써 톡톡스트리트를 졸업하고 나서 자신만의 사업을 제대로 해나갈 수 있는 경쟁력을 키우고 있는 것이다.

톡톡스트리트가 들어선 공간 중 약 30퍼센트 정도에 해당하는 제법 넓은 면적에는 '고객 쉼터'가 마련돼 있다. 세련된 커피 전문점을 연상시키는 고객 쉼터는 톡톡스트리트의 가게를 이용하지 않아도 누구나 편하게 이용할 수 있도록 완전 개방돼 있다. 이 역시 일종의 고객 유인 정책 중 하나다.

이와 함께 톡톡스트리트는 입주 점포 및 관련 아이템에 대한 지속적인 홍보 활동을 병행하고 있다. 톡톡스트리트는 그간 '정부3.0 국민체험마당' 행사를 비롯해 '울산 중앙전통시장 야시장', '지역희망박람회', 울산

청년 상인들의 패기 넘치는 아이디어로 가득한 울산 톡톡스트리트는 지역의 새로운 명소로 자리매김했다.

의 각종 축제 및 행사, 전시·박람회 참여 등 다양한 창구를 통한 인지도 상승을 모색해왔다. 그 결과 일부 점포가 서울의 동대문 패션시장과 MOU를 맺고 도매시장 진출에 성공했는가 하면 또 다른 점포는 롯데백화점 울산점과 협약을 통해 입점 일정을 조율하는 등 가시적인 성과가 나타나고 있다.

자, 이제 집중하자. 지금까지 설명한 톡톡스트리트에 대한 내용은 사실 기타 다른 청년창업 지원사업과 큰 차이가 없다.

톡톡스트리트의 가장 큰 특징으로는 '승급제 운영 방식'을 꼽을 수 있다. 톡톡스트리트에서 일정 기간 사업을 유지한 사람에 한해 기간 만료 후 또 다른 지원 사업의 혜택을 받을 수 있게 해준다. 쉽게 말해 톡톡스트리트에서 쌓은 경험으로 다른 공간에서 창업하기로 선택한 경우 새로운 지원사업 대상에 해당되는 것이다. 지난해 5월 '톡톡 팩토리'라는 이름으로 새롭게 출범한 제조업특화 창업 지원사업이 바로 그것이다.

송 팀장은 그간 정부 혹은 지자체의 지원사업이 '성과 위주'로 시행되고 있다는 비판을 수없이 많이 접했다며 안 그래도 자신의 진로에 힘겨워하는 청년들이 그런 부정적인 느낌을 받지 않을 수 있도록 '처음부터 끝까지 책임지는' 정책 내용을 구성하기 위해 많은 노력을 쏟았다고 설명했다.

'톡톡스트리트'를 통해 첫 창업 및 사업에 대한 경험을 쌓은 청년 상

울산 톡톡스트리트의 실무를 책임지고 있는 윤기헌 매니저는 청년 상인과의 소통을 가장 중요하게 생각한다.

인들은 졸업 후 '톡톡 팩토리'에 새롭게 입학함으로써 오롯한 개인 사업가로서 거듭나기 위한 이른바 '제2차 창업 교육'을 받게 된다. 쉽게 말해 '창업 심화' 혹은 '창업 실전' 등에 해당하는 각종 지원을 받게 되는 것이다. 단, 톡톡 팩토리는 현재는 '제조업'으로 지원 대상을 한정하고 있다. 톡톡스트리트를 거쳐 톡톡 팩토리에 선정돼 자신만의 가게를 갖고 있는 '크리스티앙 단디만주'가 해당 지원사업의 첫 사례다.

어떤 일이든 과정 없이 결과가 나올 수는 없다. 사업 역시 마찬가지다. 어엿한 사업가로 인정받기 위해서는 그에 상응하는 과정, 즉 노력이 반드시 동반돼야 한다. 톡톡스트리트는 초보 청년 사업가들이 보다 빠르고 체계적으로 경험을 쌓을 수 있게끔 각 상황에 맞는 지원을 전달함으로써 이러한 과정을 최소화하고자 하는 것이다.

튼튼한 초석 위에 지어진 집은 천년을 간다는 말처럼 초보 청년 상인들이 사업가로서의 토대를 단단하게 만들고 있는 톡톡스트리트의 가치가 더욱 특별하게 여겨지는 이유다.

인생역전을 꿈꾼다면 톡톡스트리트로 가자!

〈사례1〉
일러스트 작가를 향한 역량 강화 중! 내가 가장 잘 하는 일 찾아야 해

톡톡스트리트에서 비언아트러버(Be An Atr Lover, 이하 아트러버)라는 아트 브랜드를 운영하고 있는 송선주(작가명 SUN) 대표는 독특한 그림체를 가진 일러스트 작가로 유명하다. 아트러버는 말 그대로 "미술애호가가 되다."라는 뜻을 가지고 있으며, 누구나 그림을 좋아하고 가깝게 느끼기를 바라는 송 대표의 마음을 담았다. 아트러버의 주요 아이템은 아크릴화를 기반으로 한 초상화와 일러스트 제작, 각종 디자인 작업, 자체 브랜드 상품 판매다. 여기에 아크릴화 및 일러스트 수업 등을 병행하고 있다.

대학에서 시각디자인을 전공했던 송 대표는 졸업 후 곧바로 서울의 한 디자인 회사에 그래픽디자이너로 취업해 평범한 회사 생활을 했다. 하지만 오랜 꿈이었던 디자이너와 현실의 차이는 생각보다 매우 컸다. 잦은 야근과 밤샘 작업은 당연한 일상이었고 업무 또한 그녀가 하고 싶은 그림과 디자인의 방향과는 전혀 다른, 그저 위에서 내려오는 일방적인 지시만 수행해야 했던 것이다. 게다가 정신적 스트레스와 함께 불규칙한 식습관과 잦은 야근으로 만성위염이 생기는 등 건강까지 악화돼 어쩔 수 없이 회사를 그만두고 고향인 울산으로 내려오게 됐다.

송 대표는 다시 회사를 다녀야 하나, 아니면 아예 다른 분야로 나아가야 하나, 하루에도 수십 번씩 생각이 바뀔 만큼 고민에 고민을 거듭하던 와중에 기분 전환 삼아 개인 블로그를 시작하게 됐다. 일 때문에 하는 것이 아니라 그리고 싶어 그린 작품들을 하나둘 올리는 동안 블로그가 제법 유명세를 탔다. 2012년부터는 꾸준하게 Top100 블로거에 선정되었고, 여러 곳에서 강의 요청을 비롯해 각종 사업 제의가 들어왔다고 한다.

당시의 긍정적인 반응은 이후 자신이 그리고 싶은 그림을 그리겠다는 생각으로 이어졌다. 특히 친구의 권유로 지원한 '2011년 울산청년CEO 육성사업'에 합격한 것이 결정적이었다. 그 전까지는 그저 프리랜서 작가·디자이너에 가까웠던 송 대표가 본격적인 창업을 준비할 수 있게 된 것이다.

이후 송 대표는 해당 사업을 통해 재정적인 지원과 함께 창업에 관련된 각종 교육을 받았으며, 모든 과정을 수료하고 울산 청년 상인들의 공간인 '톡톡스트리트'에 입점했다. 온라인 의뢰 및 판매 위주였던 기존 사업의 반경이 오프라인 판매와 수업으로까지 넓어진 것이다.

송선주 비언아트러버 대표.

송 대표는 "직장 생활도 어렵기는 마찬가지지만 사실 지금은 그때보다 몇 배로 더 많이 일을 하고 있다."고 말하며 스스로가 대표이자 일러스트레이터이자 알바생인, 홀로 모든 일을 책임져야 하는 1인 기업이다 보니 개인 시간이 거의 없어졌다고 덧붙였다.

본격적인 사업은 그녀의 예상보다 훨씬 힘겨웠다. 출퇴근 개념도 흐려지고 잠자리에 누워 잠들기 전까지 모든 일상이 업무의 연장선에 있는 느낌마저 들 정도였다.

송 대표는, 냉정하게 말하면 이렇듯 치열하게 살아야 하는 이유는 바로 '돈'에 있다고 밝히며, "고군분투하며 이리저리 뛰어다니지 않으면 옛 회사 연봉조차 되지 않을 정도로 매출이 적기 때문이다."라고 전했다.

아직 회사를 다니는 친구들은 송 대표가 그리고 싶은 그림을 그리면서 돈까지 버는 게 부럽다고, 또 때로는 멋지다고 말하곤 한다. 하지만 송 대표의 실상은 그리 화려하지 않다. 그저 치열한 하루하루를 살고 있을 따름이다.

'정말 좋아하는 일은 일이 아닌 취미로만 가시라'고 했던가. 송 대표 또한 그 말에 어느 정도 공감한다. 어린 시절부터 그림을 좋아했고 오직 디자이너만을 꿈꿔왔지만 막상 그 일이 직업이 됐을 때 느꼈던 현실적인 회의감과 좌절감에 모든 것을 포기하고 다른 일을 찾으려고 했다. 다행히 퇴사 후 고향으로 돌아와 다시 취미로 그림을 접하고 블로그로 여러 사람들과 소통하면서 취미가 다시 즐거운 일, 나아가 사업이 될 수 있었다.

송 대표는 "좋아하는 일을 하면서 돈도 벌 수 있다는 것은 큰 축복이라고 생각한다."라며 "때론 이 일이 자신을 너무 힘들게 해 다 내려놓고 싶게 만들기도 하지만 그래도 견딜 수 있는 이유는 내 자신이 정말 좋아하는 일인 동시에 가장 잘하는 일이기 때문이다."라고 말했다.

'청년취업 암흑기'인 요즘, 송 대표는 자신과 같이 미래에 대해 많은 고민을 하는 청년들을 자주 만나곤 한다. 그럴 때마다 그녀는 좋아하는 것뿐만 아니라 본인이 정말 잘할 수 있는 일이라는 확신이 든다면 그때는 망설이지 말고 창업에 도전해봐도 좋을 것이라는 조언을 전한다. "이 시대를 함께 살아가는 청년분들 모두에게 좋은 결과가 있기를 희망한다, 파이팅~!"이라는 그녀의 마지막 메시지가 희망차다.

〈사례2〉
창업에 대한 심화교육을 받고 있는 '달콤한 그녀'
성장은 여전히 완만

김지혜 대표가 운영하는 '크리스티앙'은 울산 지역의 멋스러운 자연과 문화를 세계에 알리고자, 지역 문화를 모티브로 다양한 문화 콘텐츠를 개발하는 회사다. 현재 크리스티앙의 시그니처 메뉴인 '단디만주'는 울산을 상징하는 동물인 '귀신고래' 형태를 띠고 있으며, 몸에 좋은 호두와 무화과로 속을 가득 채운 새로운 특산빵으로 유명세를 타고 있다.

대학교에서 정치외교학을 전공한 김 대표는 다소 억지스럽게 이유를 붙이면 예전부터 내 고향인 울산을 알리는 일이야말로 진정한 외교라고 생각해왔다. 처음에는 그저 전공의 연속선상으로 울산을 알리기 위한 여러 가지 아이디어를 내놓고 일부를 실행에 옮겼는데, 캐릭터 상품과 단디만주 등에 대한 구매 요청이 지속적으로 들어오는 것을 보며 자연스럽게 창업을 결심하게 됐다고 한다.

김지혜 크리스티앙 대표.

하지만 창업은 예상보다 훨씬 어려웠다. 자금부터 시작해 행정적 절차까지 뭐 하나 쉬운 게 없었다. 그러던 중 졸업과 동시에 지인의 추천으로 '2011년 울산청년CEO 육성사업'에 지원을 했는데 운이 좋게도 덜컥 합격해 많은 지원을 받게 됐다. 이후 2013년에는 톡톡스트리트에 정식으로 입주해 자신만의 영역을 넓혀나갔고, 3년을 모두 채운 후 새롭게 신설된 제조업특화 지원사업인 '톡톡팩토리'를 통해 더욱 넓은 공간으로 새롭게 이주를 할 수 있었다.

김 대표는 "울산청년창업센터의 지원 덕분에 머릿속에만 머물던 아이디어를 실제 사업화했으며, 이후 실질적 공간 지원을 통해 단디만주를 고객님께 판매할 수 있게 됐다."라며 "사실상 창업의 모든 과정을 도맡아 준 정부 및 지자체 관계자에게 이 자리를 빌려 다시 한 번 감사의 뜻을 전하고 싶다."라고 말했다.

창업에서 김 대표가 가장 중점을 뒀던 부분은 '사업 비전'에 맞는 완성도 있는 아이템을 만드는 것이었다. 정확한 사업 비전을 세우고, 차별화된 가치를 품은 제품과 서비스는 오랫동안 많은 고객들의 사랑을 받을 수 있을 것이란 확신이었다. 그렇게 오랜 고민 끝에 탄생한 크리스티앙의 목표는 지역의 문화를 알리고 나아가 지역 경제의 활성화에 기여하는 기업이 되고자 하는 것이었다. 특히 이를 반영한 제품을 만드느라 많은 시간과 노력이 필요했다.

김 대표는 긴 시간동안 치열하게 연구해서 어렵게 개발한 크리스티앙만의 독창적인 제품을 무단으로 복제해서 유사 캐릭터와 유사 제품을 만드는 경우가 발생하고 있어 참 속상하다고 한다. 하지만 그럴 때면 '더욱 열심히 해서 고객분들께 진정으로 인정받는 울산 대표 명물이 되어야겠다'라고 다짐하며 스스로 이겨내려 노력하고 있다.

사업을 하려면 쉬이 흔들리지 않는 가슴속 굳은 심지가 있어야 한다는 사실을 새삼 깨닫게 된 사건이었다. 물론 무단으로 타인의 아이디어를 '훔쳐가는' 행위는 당연히 큰 비난을 받아야 한다.

아직 어린 나이지만 어느새 7년차 중견 상인인 김 대표이기에 제법 많은 예비 창업자가 그녀에게 조언을 구하곤 한다.

김 대표는 조언이란 게 늘 조심스러운 부분이지만, 창업을 결정하기에 앞서 '자신이 하는 일의 본질에 대한 고찰'이 우선시돼야 한다는 생각을 갖고 있다고 한다. "본인이 생각하는 성공한 사업가는 일에서의 성공과 동시에 개인적인 삶에서의 행복도 함께 얻는 것이라고 생각하기 때문에 자신이 하고 싶은 일의 단기적, 장기적 목표를 세우고 목표가 이뤄졌을 때의 사회적 영향력까지도 깊이 생각해볼 줄 알아야 진정 성공한 사업가라고 생각한다."고 강조했다.

일은 하고 싶지만 취업이 어려운 수많은 청년들은 취업의 대안으로 창업을 고려하곤 한다. 하지만 창업은 취업에 비해 더욱 장기적인 계획이 있어야 하며 그에 따른 책임을 100퍼센트 본인 스스로가 감당해야 한다. 창업은 곧 그들의 삶 자체이기 때문이다. 본인의 확고한 비전과 단기적·장기적 목표가 세워졌을 때만이 비로소 창업에 도전할 수 있는 기본 자격이 갖춰졌다는 사실을 기억해야 한다.

〈사례3〉
톡톡스트리트 제1기 졸업생의 새로운 도전
창업은 결코 취업의 돌파구가 아니다

톡톡스트리트 1기 졸업생인 전창호 DAMP 대표는 현재 톡톡스트리트에서 보낸 3년을 뒤로하고 인근 지역에 새로운 매장을 운영하고 있다. 전 대표가 운영하는 DAMP(Don't Ask My Plan)는 울산 지역을 기반으로 하는 의류 브랜드 전문 매장으로 직접 제작한 자체 브랜드를 전국은 물론 전 세계로 판매하고 있을 만큼 품질을 인정받고 있다. 특히 '울산 관광의 해'인 올해에는 하루에도 수십, 수백 명에 달하는 관광객들이 매장을 찾아와 제법 높은 인지도를 확인하는 뜻깊은 한 해가 됐다.

전 대표는 돌이켜 생각해보면 참 '공부하기 싫어하는 학생'이었다고 회상한다. 어찌어찌 남들과 비슷한 학창 시절을 보냈지만 졸업 후 토익 같은 소위 '취업 스펙'을 쌓는 데 인생을 소모하고 싶지 않아 창업을 결심하게 됐다고 말했다.

그의 목표는 이른바 '종합의류 전문기업'이었다. 단순히 한 가지 아이템에만 매달리는 것이 아닌 다양한 분야, 이를테면 브랜드 개발, 의류 제작, 유통, 마케팅, 영상 및 사진, 해외 수출 등 의류라는 아이템의 모든 부분을 자체 소화할 수 있는 시스템과 역량을 갖추고자 노력했고 지금은 어느 정도 전문성을 인정받고 있다.

전 대표는 처음 청년창업센터에서 창업 관련 교육을 들으며 사업가가 지녀야 할 기본 소양을 키웠고 이후 톡톡스트리트에 입점하면서 오랫동안 구상해온 사업을 본격적으로 시작하게 됐다. 특히 청년창업센터에서 만난 여러 멘토들의 조언은 지금도 사업의 기본철학으로 삼을 만큼 큰 도움이 됐다.

전 대표는 톡톡스트리트에서 약 2년간 사업의 현실을 직접 경험한 뒤 친구와 함께 또 다른 제2의 창업을 준비하기로 결심했다고 밝혔다. 주

전창호 DAMP 대표.

변 사람들은 '뭘 빚까지 내서 장사를 하려고 하느냐'며 말렸다. 그는 "오랫동안 준비한 자신만의 브랜드에 대한 확신이 있었고 무엇보다 현실적인 성장, 즉 꾸준한 매출증가를 눈으로 확인했기에 새로운 도전을 결심하게 됐다."라고 설명했다.

하지만 막상 아무런 지원 없이 사업을 시작해보니 자금이 적은 청년 사업자가 버티기는 매우 힘이 들었다. 친구와 조금씩 돈을 모아 시작했던 사업인지라 여유 자금이 없던 탓에 성장 속도도 예상보다 훨씬 느렸다. 전 대표는 친구와의 논의 끝에 보다 점진적인 성장 계획을 세우고 이를 시행해나가기로 결정했다.

전 대표는 처음 목표했던 전국 규모의 사업화는 중장기계획으로 돌리고 우선 울산 지역 내에서 인정받는 브랜드를 만들기로 결심했다. 그 당시 울산에서는 로컬 의류 브랜드가 전혀 없었기 때문에 자신들이 그 안에서 최고가 되는 것은 어렵지 않을 수 있다는 판단으로 울산이란 로컬 브랜드화를 강조해 사업을 진행했던 것이 긍정적으로 작용했다고 말했다.

이후 DAMP는 지역 청년들을 중심으로 입소문을 타며 소위 '패셔니스타'들의 발길이 이어졌다. 이러한 성장에 힘입어 전 대표는 점차 영업 및 유통망을 확장하기 시작했고 지금은 전국을 아우르는 거래처를 가지게 됐다. 수많은 시행착오를 거듭하며 시시각각 들이닥치는 위기를 하나씩 넘는 좌충우돌 끝에 거머쥔 값진 성과였다.

전 대표는 '창업은 매 순간이 위기'라고 생각한다고 강조한다. "그 모든 장애물들을 하나하나 직접 부딪혀가며 해결해야 하기 때문에 굳건

한 의지와 책임감이 없다면 결코 성공이란 달콤한 열매를 맛 볼 수 없을 것이다."라고 강조한다.

전 대표가 제2의 창업을 시작하며 가장 아쉬웠던 부분은 조언을 구할 의류 관련 선배 사업자가 없었다는 점이다. 물론 스스로도 아직 부족다고 느끼지만 그래도 조금 먼저 시작한 입장이기에 의류 브랜드 또는 옷을 만들고 싶어 하는 후배 예비 창업자들에게는 작은 도움이라도 전해주고자 자신의 노하우를 아낌없이 전수하는 것도 이 같은 이유에서다.

전 대표는 다만 창업을 선택한 이유가 '먼저 성공한 창업자들을 보고'와 같은 것이라면 부디 창업에 대해 재고해보길 바란다며 요즘 성공한 창업자들만 보고 창업을 쉽게 결정하고 하는 이들을 예로 들며, 그들과 조금만 이야기해봐도 얼마나 큰 오판을 하고 있는지 알 수 있다고 말했다.

사업을 너무 쉽게 생각하고 '나도 저들과 비슷하게 한다면 똑같은 결과가 있겠지?'라는 안일한 생각은 예비 창업자들에게는 결코 하지 말아야 할 독과 같은 오판이다. 그들의 노력과 그 과정에서 쌓인 노하우, 직접 체험하며 확립한 사업 철학은 깡그리 무시하고 오직 하드웨어적인 부분만 비슷하게 하면 성공할 것이라 착각하는 경우가 대부분이기 때문이다. 그냥 '스펙 쌓기식 창업'이라면 더더욱 할 이유가 없다. 그건 오히려 정말 열심히 창업을 하는 친구들에게 방해만 될 뿐이라는 설명이다.

전 대표는 창업은 절대 취업 실패를 겪은 청춘들의 또 다른 돌파구가 아니라고 당부한다. "본인이 하고 싶은 일이 확실하고 그에 대한 오랜 준비, 지루한 과정, 현실에서의 힘겨움을 모두 감수할 거란 각오가 생긴다면 그때서야 비로소 창업을 고민해봐도 좋을 것이다."라며 다소 쓰지만 몸에 좋은 마지막 조언을 전했다.

09.

뚝도시장 청년들의 무한 도전 '뚝도청춘'

"촌스러운 시장 패기 넘치는 도전, '뚝도청춘호' 닻을 올리다"

> 최근 몇 년 사이 뜨겁게 떠오르고 있는 '골목 신드롬'은 여전히 유효하다. 수제화 골목의 재평가와 함께 세월의 풍취가 가득한 옛 공장터에 수많은 예술가들이 들어서며 새롭게 주목받고 있는 '성수동 골목' 역시 이러한 흐름과 궤를 같이한다. 서울의 새로운 명물거리, 성수동 골목 부활의 마침표를 찍겠다는 다부진 목표를 선언한 뚝도시장 청년 상인들의 도전이 그저 반가울 따름이다.

진로에 고민하는 청춘들의 새로운 기회
상인공단의 창업 지원사업에 주목하라

지난 1962년 정식 등록을 마친 뚝도시장은 여전히 1970년대 영화 속 풍경을 고스란히 간직하고 있다. 좋게 말해 고풍스러운, 좀 더 사실적으로 표현하면 '촌스러운' 이미지의 뚝도시장은 최근 시장을 관통하는 도로가 '성수동 골목길'이라는 이름으로 재편성되며 새삼 주목을 받고 있다. 이에 골목을 찾는 인구가 크게 늘어남에 따라 지역 경제는 새로운 반전의 계기를 맞이하게 됐고, 이러한 가운데 뚝도시장 역시 사람들을 자연스럽게 시장으로 끌어들일 수 있는 근거가 필요하다는 결론에 이르렀다.

지난해 8월 문을 연 '뚝도청춘'은 이러한 뚝도시장의 고민을 해결하는 수많은 방안 중 단연코 첫 손가락에 꼽힌다. 소상공인시장진흥공단(이하 상인공단)에서 시행한 '2016년 청년 상인 창업 지원사업'에 선정된 청년 상인 일곱 명으로 구성된 뚝도청춘은 시장을 찾는 고객들에게 색다른 즐거움을 선사하며 뚝도시장을 넘어 성수동 골목의 새로운 활력소로 자리매김했다. 참고로 뚝도청춘은 창업 지원사업을 통해 선정된 일곱 개 청년 점포의 대표 명칭이다.

뚝도시장에서의 창업을 지원해주는 해당 사업에는 약 40여 명의 신청자가 몰렸다. 대략 6대 1의 경쟁률이었다. 상인공단은 서류 및 면접 심사를 거치며 청년들이 창업을 원하는 이유와 목표, 포부 등을 확인했고 그들 중 일곱 명의 청년을 최종 대상으로 선정해 지원하기로 했다.

이후 상인공단은 사업에 선정된 청년 상인들에게 1년 동안 임대료를 면제해주고 일정 금액의 창업 준비금을 지원함으로써 보다 수월하게 창업할 수 있도록 힘을 보탰다. 창업 과정 중 가장 중요하고 어려운 요소인 '자금 문제' 해결만으로도 창업의 절반 이상은 준비됐다고 할 수 있다.

뚝도청춘호에 탑승한 청년 상인들을 이끌어가고 있는 김강 뚝도청춘 단장은 해당 지원사업이 최악의 청년 실업에 힘겨워하는 청춘들에게 새로운 기회이자 계기가 되리라는 기대감에서 시작됐다며 상인공단의 지원을 받은 모든 청년들이 실제로 진로 문제로 고민하고 있었던 상황이었다고 말했다.

해당 사업이 단순한 창업 자금만 지원하는 것으로 그쳤다면 그 실효성에 의문이 제기됐을지도 모른다. '사업은 시작보다 유지가 중요하다'는 말마따나 무조건적인 창업보다 청년 상인 개개인의 경쟁력을 확보함으로써 지속 가능한 사업으로 발전해나갈 수 있는 지원 내용이 필요했던 것이다.

이에 상인공단은 선정 인원에 대해 40시간에 이르는 창업 및 경영역량 강화교육을 필수적으로 이수하도록 했다.

또한 창업을 전후해 지속적인 마케팅 및 홍보 활동을 병행했으며 청년 상인들이 본격적으로 장사를 시작한 이후에는 지자체와 각종 기관·단체와 MOU를 체결해 '선데이마켓', '플리마켓', '성동 디자인 위크' 등 다양한 행사에 참여하며 인지도를 높였다.

기존 상인과의 융화에 중점
상인-청년 연결하는 1대 1 멘토링

뚝도청춘 점포들의 구성을 자세히 살펴보면 뭔가 특이한 점이 눈에 띈다. 남부시장 청년몰을 비롯해 전국 각지에 새롭게 형성된 청년몰처럼 청년 상인들이 한 공간에 모여 있는 것이 아닌, 시장 곳곳에 퍼져 있다는 점이다. 쉽게 말하면 인위적으로 청년 상인들의 공간을 만들지 않고 다른 '개별 창업자'와 마찬가지로 기존의 시장 내 빈 점포에 창업을 했다.

김 단장은 '해당 사업에 선정된 청년 상인들과 지속적인 논의 끝에 결정한 사항'이라며 단순히 한 시장 내 청년 상인들의 집합체가 아닌 장기적으로 어엿한 뚝도시장 상인으로 거듭나겠다는 목표로 별도의 공간이 아닌 당시 시장 내 빈 점포에 정식으로 입점하게 됐다고 설명했다.

다른 시장의 청년 상인 육성 사례처럼 청년 상인들을 한데 모은다면 단기적인 이슈를 만들 수 있음은 분명하다. 반면 시장과 별도의 공간에 위치해 있다는 물리적 한계 또한 명확하다는 단점이 있다. 쉽게 말해 기존 상인과 소통하고 융화하기가 어려워 자칫 시장에서 도태될 수 있다는 뜻이다. 뚝도청춘은 이를 해결하기 위해 전통시장이란 특성을 십분 반영해 수십 년 경력을 지닌 기존 베테랑 상인들의 협조를 얻어 '1대 1 멘토링 시스템'을 새롭게 개발·적용시켰다. 해당 시스템은 쉽게 말해 뚝도 청춘의 청년 상인들에게 '개인 교사'를 붙여준 셈이다.

청년 상인들은 자신과 비슷한 업종에 종사하고 있는 선배 상인들과 1대 1 멘토링을 이어가며 상인으로서 알아야 할 실무와 노하우를 자연스럽게 배울 수 있는 기회를 제공받아 '실무적인 측면'에서 개인 역량을 제고시킨 것이다. 실제로 청년 상인들이 입을 모아 말하는 '가장 도움이 되는 지원'이 바로 이 멘토링 시스템이다. 처음에는 다소 부정적인 시각으로 바라보던 기존 상인들도 청년 상인들의 뜨거운 열정을 접하고 자발적으로 멘토를 자처하기도 했다.

김 단장은 기성 상권에 피해를 주지 않고 점포별 특징을 살릴 수 있는 최적의 입점 위치를 찾기가 생각보다 훨씬 어려웠다고 회상하며 기존 상인들의 배려와 양보 덕분에 당초 예상보다 훌륭한 공간에서 도전을 시작할 수 있어 모두 만족하고 있다고 말했다.

그간 뚝도시장에 없었던 슈퍼 푸드를 주제로 하는 '호호건강마을'의

뚝도청춘의 청년 상인들은 매주 정기적으로 열리는 회의를 통해 지속적으로 미흡점을 보완해나가기 위해 노력하고 있다.

경우 멘토가 운영하는 건어물 점포 근처에 자리를 잡았다. 슈퍼 푸드 역시 큰 범주에서는 건어물로 분류되는 품목이 많은 까닭에 기존 점포와 유기적인 연계를 하기가 좋았고, 멘토에게 보다 직접적인 조언을 들을 수 있는 최적의 장소이기도 했던 것이다.

손맛 좋은 어머니를 주방장으로 고용한 돼지요리 전문점인 '전주식당'은 음식점이 밀집한 골목에 입점, '뚝도시장 먹자골목'의 본격적인 출발을 알렸다. 야식의 제왕으로 불리는 치킨 전문점 '감닭 5900'은 시장 입구에 자리를 펼쳤고, 맞은편 골목 초입에는 수제 맥주를 판매하는 '슈가맨'이 고객들의 자연스러운 시장 유입을 이끌어내고 있다.

예스러운 분위기를 간직한 시장의 가장 안쪽 골목의 양 끝으로는 국민 간식 떡볶이와 각종 분식을 판매하는 '삼삼오칠 즉석떡볶이'와 뚝도시장에서 취급하는 모든 제품의 인터넷 쇼핑몰 판매를 목적으로 관련 시스템 구축에 한창인 'e시장'이 들어서 있다.

각자의 독특한 아이템으로 지난해 8월 뚝도청춘호에 승선한 일곱

뚝도시장의 새로운 활력소, 뚝도청춘호에 탑승한 청년 상인들의 도전은 앞으로도 계속될 것이다. 쭈~욱.

명의 청춘들은 이제 꼭 창업 1년째를 맞이했다. 다시 말하면 창업 후 1년 동안 문을 닫은 가게가 한 곳도 없다는 뜻이다. 창업 1년 후 폐업률이 35퍼센트 이상에 달한다는 암울한 통계를 정면으로 반박하는 기분 좋은 결과다.

　김 단장은 뚝도청춘의 청년 상인들이 많은 돈을 벌기 때문에 가게를 유지하고 있는 것은 아니라고 말한다. 다만 정부의 지원으로 인한 유지비 절감과 시장 및 지자체, 각종 단체와의 지속적인 협업 등으로 꾸준한 매출 상승을 기록하고 있어 지금보다는 '미래에 대한 기대감'을 가질 수 있는 상황이라고 설명했다. 이러한 청년 상인들의 다부진 목표의 배경은 그들이 발견한 전통시장의 잠재력과 가능성에 대한 확신일 터. 패기만만한, 하지만 이웃과의 상생을 먼저 생각하는 '참 착한' 뚝도청춘 7인의 도전이 이제 막 시작됐다.

뚝도청춘들의 패기만만 도전은 계속된다!

〈사례1〉
시장에서 수제맥주를 마신다? '슈가맨'

올해 36세인 김성현 슈가맨 대표는 듬직한 외모와는 달리 세심한 손놀림과 기술의 소유자다. 대학교에서 미술(조소)을 전공한 김 대표는 이를 살려 인테리어 분야에서 일을 하게 됐다. 이후 수많은 건물과 공간의 인테리어를 직접 시공해온 김 대표는 약 5년 전 인사동에서 새롭게 개업하는 맥줏집 '슈가맨'의 내부 인테리어를 담당하게 됐다.

김 대표는 지금 뚝도시장 내에서 운영하고 있는 '슈가맨'의 상호를 따온 곳이 예전에 직접 인테리어를 해준 인사동 맥줏집이라고 설명하며 많은 인테리어 시공 사례 중 하나였는데 정작 그 당시 인연이 나를 창업으로 이끌 줄은 예상치 못했다고 말했다.

인사동 슈가맨의 인테리어를 담당했던 김 대표의 서글서글한 말투와 야무진 행동은 당시 시공을 맡겼던 가게 대표의 전폭적인 호감을 받는 이유가 됐다. 실제로 당시 인사동 슈가맨 대표의 끈질긴 권유로 김 대표는 결국 기존의 인테리어 관련 일을 정리하고 가게 매니저로서 제2의 인생을 시작했다.

김 대표는 조건이 좋았다기보다 시기가 맞아떨어졌다는 표현이 적절할 것 같다며 3년간 인테리어 분야에서 일하며 느꼈던 막막함으로 인해 나 스스로가 변화에 대한 갈망이 간절했는데, 이때 당시 인사동 슈가맨 대표의 제안으로 새로운 도전을 결심하게 됐다고 말했다.

전혀 다른 분야로의 전직이었지만 걱정과는 달리 새 일은 김 대표에게는 맞춤옷과 같은 느낌이었다. 딱딱한 콘크리트 벽면과 대화해야 했던 인테리어 시공과는 달리 매일 다른 사람들과 부대끼며 기쁨과 슬픔, 화남과 즐거움 등 각종 감정이 교차하는 맥줏집 매니저 업무는 김 대표의 적성에 딱 들어맞았던 것이다. 처음에는 그저 자신의 변화를 위한 선택이었지만 일에 만족감을 느낀 김 대표는 점차 자신의 미래를 현재에 맞춰 그려가기 시작했다.

김성현 슈가맨 대표.

언젠가 자신만의 맥줏집 창업을 목표로 우직하게 일하던 김 대표에게 새로운 기회가 찾아온 것은 지난해 초였다. 평소처럼 창업 관련 자료를 검색하던 중 김 대표는 우연히 상인공단에서 시행하고 있는 '청년 상인 창업 지원사업'을 접하게 됐다. 처음에는 전통시장이란 공간에 대한 낯섦과 부족한 창업 준비 등을 이유로 지원을 망설였지만 이내 '기회는 잡아야 기회지.'란 마음가짐으로 해당 사업에 지원을 결심했다.

이후 지원 사업에 정식으로 선정된 김 대표는 본격적으로 창업 준비에 들어갔다. 가게의 상호는 그가 맥주의 모든 것은 배웠던 인사동의 '슈가맨'에서 따왔다. 한편으로는 자신의 새로운 가능성을 열어준 슈가맨 대표에 대한 오마주의 의미도 있었다.

전통시장과는 전혀 어울릴 것 같지 않았던 슈가맨은 등장과 동시에 뚝도시장의 새로운 명소로 떠올랐다. 특히 김 대표가 내세운 '뚝도시장 상생 메뉴'가 고객들은 물론 시장 상인들에게도 호평을 받으며 승승장구를 거듭하고 있다. 뚝도시장 상생 메뉴는 시장 내에 있는 그 어떤 음식을 가져와도 된다는 뜻으로, 쉽게 말해 '외부음식 반입허용'으로 이해하면 된다. 비록 크지는 않을지라도 어느 정도 시장 전체의 대승적인 상생 발전을 위한 김 대표만의 '착한 사업 철학'이라고 할 수 있다. 김 대표의 좋은 뜻을 전달받은 선배 시장 상인들의 도움으로 상생 메뉴는 이제 슈가맨

소상공인시장진흥공단의 청년창업 지원사업을 통해 새로운 기회를 잡은 김성현 슈가맨 대표가 맥주를 정리하고 있다.

만의 독특한 아이덴티티로 자리매김했다.

자신뿐만이 아닌 주변 동료들과의 상생을 생각하는 김성현 슈가맨 대표의 착한 사업 철학이 던지는 메시지에 예비 창업자들이 주목해야 하는 이유다.

〈사례2〉
내가 원하는 양, 딱 그만큼만 주문한다 '감닭 5900'

뚝도시장 정문 바로 옆에 위치한 치킨 전문점 '감닭 5900'을 운영하고 있는 배소현 대표는 올해로 꼭 23살 꽃다운 나이의 아직은 어린 사장이다. 감닭 5900은 배 대표의 톡톡 튀는 젊은 감각이 담뿍 녹아 있는 공간이다. 여성인 배 대표가 직접 치킨 전문점에서 미흡했다 느낀 점을 고려해 독창적인 시스템을 만든 것이다. 대표적으로 치킨 반 마리와 감자튀김이 포함된 5,900원짜리 치킨 메뉴를 꼽을 수 있다. 감닭 5900의 특징을 가장 잘 보여주는 해당 메뉴는 치킨 한 마리는 다소 양이 많은 여성 고객을 위해 만들어진 것이다. 이외에도 최근 핫한 '혼술족(혼자 술을 마시는 고객)'을 위한 반 마리 치킨을 비롯해 미니 피자, 스몰사이즈 감자튀김 등 다양한 1인 기준 메뉴도 여럿 구비했다. 때문에 감닭5900에는 저녁이나 가벼운 야식을 즐기기 위해 혼자 혹은 두세 명으로 구성된 소규모 고객들이 자주 찾아온다. 대한민국 3대 '느님' 중 가장 만만한 치느님에 대한 재해석으로 틈새시장을 공략하고 있는 배 대표의 센스가 돋보이는 대목이다.

배소현 감닭5900 대표.

배 대표는 "장사 경험이 전혀 없는 나로서는 그저 일상에서 직접 느꼈던 부분을 보완해나가는 것 말고는 특별한 준비를 할 수 없었다."라며 "내 자신이 고객의 입장에서 '이런 부분이 안 좋았다'라고 느꼈던 점과 우리 가게에 오는 손님들의 의견을 취합해 지속적으로 미흡점을 수정해나갔다."라고 말했다.

대학교에서 뮤지컬을 전공한 배 대표는 졸업 후 카페 아르바이트와 보컬 트레이닝을 병행하는 일상을 이어갔다. 열심히 살았다 자부하지만 사실 마음 한편에는 설명할 수 없는 불안감이 있었던 것도 사실, 배 대표에게 그때의 하루하루는 고민과 초조함의 연속이었다.

일반적으로 어린 나이의 창업을 극구 반대하는 다른 경우와는 달리 배 대표의 경우 아버지의 적극적인 지원으로 창업을 마음먹게 됐다. 나중에 들은 얘기지만 그녀의 아버지조차 이렇게 빠른 시간에 어엿한 사업가로 자리매김할 줄 몰랐다는 후문이다.

20대 여성의 톡톡 튀는 감성이 녹아 있는 감닭5900의 모습.

창업에 대한 결심을 굳힌 배 대표는 이후 가능한 모든 창구를 통해 본격적인 준비에 들어갔다. 그녀 역시 일부 뚝도청춘 선정자와 마찬가지로 포털 사이트에서 창업 관련 검색을 하던 와중에 상인공단의 청년 상인 지원사업을 접하게 됐다. 내심 창업에 대한 막연한 두려움과 실패했을 때 돌아올 부정적인 결과(창업 자금 및 시간의 무의미한 소모 등)에 망설이던 배 대표는 해당 사업의 요지를 파악하자마자 두 번 다시 없을 기회라는 확신을 가졌다.

배 대표는 "솔직하게 말하면 1년여간의 임대료 면제와 일부 창업자금 지원, 기타 관련 교육 제공 등 현실적인 부분에 대한 기대감이 컸다."라며 이른바 '맨땅에 헤딩하는 것'보다는 체계적인 교육과 준비 과정을 거친다면 비록 첫 사업이라고 하더라도 성공 확률이 조금이라도 높아질 거라고 생각했다고 말했다.

하지만 막연했던 장사꾼이라는 삶이 현실로 다가오자 배 대표는 점차 지쳐갔다. 하루 12시간에 달하는 근무 시간도 당연하게 버거웠다. 그녀에게 창업을 권한 아버지조차 안타까움에 장사를 그만둘 것을 은근히 제안할 정도였으니 당시 배 대표가 느꼈을 힘겨움을 감히 상상도 할 수 없을 터다.

장사꾼이라는 현실은 배 대표의 굳은 각오가 '발톱의 때'로 여겨질 만큼 힘겨웠다. 보다 직설적으로 말하면 '상인공단의 지원이 없었다면 폐업을 했어도 진작 골백번은 폐업을 했을 정도'였다. 배 대표가 예비 창업자들에게 입이 닳도록 강조하는 단 한 가지, '장사꾼의 마음가짐'에 대한 중요성을 엿볼 수 있는 대목이다.

처음 배 대표가 장사를 시작했을 때만 해도 당초 정한 치킨 중량에서 단 10그램만 초과돼도 자신이 큰 손해를 보는 느낌에 괜히 기분까지 우울해지기 일쑤였다. 하지만 초보 장사꾼이 우여곡절을 오롯이 버티며 치킨을 튀겨낸 지 어느새 1년이 흐른 지금은 오히려 더 많이 주지 못해 안달이 난 아이러니한 상황이 연출되곤 한다. 고객에게 퍼주는 것이 결코 손해 보는 게 아니라는 사실을 깨닫기까지 걸린 1년이란 시간이 배 대표를 어엿한 프로장사꾼으로 변모시킨 것이다. 넉넉한 인심마저 아름다운 '뚝도시장 치킨집 꽃처녀', 배 대표의 성장은 이제 막 시작됐다.

10.

바람,
젊게 불다
'1913 송정역시장'

> "청년 상인들로 지역 최고의 힙플레이스로 거듭나다"

> 1913년 문을 연 '매일송정역전시장'은 올해로 105년의 역사를 자랑하는 지역 최고(最古)의 전통시장이다. 하지만 시대적 흐름에 따른 상권 변화 탓에 시장은 점차 쇠락의 길을 걷게 됐고, 근래 들어서는 시장의 기능 자체를 위협받기에 이르렀다. 이에 국내 한 대기업과 지자체, 상인회는 협의를 통해 청년 상인들을 중심으로 오랜 역사의 시장을 새롭게 재탄생시키기로 결정했다. 낡은 전통시장을 바꿔가고 있는 '1913 송정역시장' 청년 상인들의 열정을 조명한다.

또 다른 100년 역사의 시작
전통시장의 공간적 가치를 되살리다

현재 광주에서 가장 핫한 공간을 꼽으라면 반드시 다섯 손가락 안에는 들어갈 곳, 바로 '1913 송정역시장(이하 송정역시장)'이다. 송정역 바로 건너편에 위치한 송정역시장은 1913년 문을 연 '매일송정역전시장'에 기원을 두고 있다. 100년 이상의 역사를 간직한 송정역시장은 오랫동안 지역 경제의 중심지 역할을 수행해왔지만 시대의 흐름을 미처 따라가지 못한 탓에 지속적인 어려움을 겪어왔다. 수십 년 동안 이어진 쇠락은 결국 시장의 폐쇄를 고민할 만큼 심각한 상황에 이르렀다. 한 세기를 이어온 역사 깊은 공간이 사라질 위기에 처했던 것이다.

    이때 송적역시장의 역사적 가치를 살리기 위해 현대카드와 광주 창조경제혁신센터가 팔을 걷어붙였다. 시장의 리뉴얼 사업을 진행함으로써 송정역시장을 지역의 새로운 명소로 재탄생시키겠다는 계획을 내놓은 것이다.

    김영광 현대카드 차장은 '100년 이상의 역사를 품은 송정역시장은 그 자체로도 충분한 가치를 갖고 있다'며 현 시대에 맞는 문화·관광적 요소를 가미하면 관광객들의 발길이 되돌아올 것이라고 예상했다고 밝혔다.

현대카드와 광주 창조경제 혁신센터는 상인회와 협의해 시장의 100년 역사를 강조하기 위해 '송정역시장'으로 이름을 바꾸고 이후 본격적인 시설 정비 사업에 돌입했다. 시장을 관통하는 중앙 도로를 비롯해 골목골목에 새겨진 시장의 낡은 이미지를 벗겨내는 데 주력했다.

송정역시장의 리뉴얼 사업에서 눈여겨봐야 할 점은 바로 역사의 흔적을 고스란히 살렸다는 부분이다. '시장을 통째로 바꾼다'고 표현해도 과하지 않을 정도로 대대적인 공사를 진행하는 와중에도 한 세기 동안 시장을 지켜온 36개의 기존 상점들의 간판과 가게의 형태 및 색상 등을 고스란히 살린 것이다. 옛 정취를 살리자는 취지로 건물 자체의 리모델링은 최소화하고, 간판의 디자인은 상인들의 추억을 담아 제작했다.

김인섭 송정역시장 회장은 예전에는 그저 오래되고 낡은 시장이라는 느낌만이 가득했던 공간이 오히려 근현대시대를 배경으로 한 영화 세트장을 연상케 할 만큼 세련되게 변했다며 시장에서 수십 년 세월을 보낸 기존 상인들조차 시장이 이렇게 천지개벽 수준으로 달라질 것이라고는 미처 예상하지 못했다는 높은 만족감을 표시했다.

송정역시장의 숨겨진 재미 중 하나는 바로 건물의 나이를 확인해보는 것이다. 시장 골목의 바닥에는 숫자가 새겨져 있다. 이 숫자가 가리키는 방향에 있는 건물의 완공 연도를 표시한 것으로, 오랜 역사를 가진 시장의 모습을 상상하는 특별한 즐거움을 느낄 수 있다.

송정역시장의 혁신과 변화, 청년 상인으로부터 시작되다

1년여의 리뉴얼 사업을 마친 송정역시장의 모습은 기존 상인들도 몰라볼 정도로 모든 것이 확연하게 달라졌다. 100년의 역사를 최대한 살리기 위해 노력한 덕에 송정역시장은 1960~1970년대를 재현해놓은 듯한 모습으로 재탄생하며 광주의 새로운 관광명소로 인정받고 있다. 약 300미터에 달하는 중앙 도로는 그저 걷는 것만으로도 넉넉한 즐거움을 느낄 수 있고 거리에 늘어선 낡은 건물과 가게들은 소위 말하는 '인생샷'을 찍는 데 최적화돼 있다. 변화를 위한 변화가 아닌, 시장의 오랜 역사와 정체성을 간직한 '지키기 위한 변화'로 새로운 모습으로 거듭난 송정역시장은 광주에 오면 꼭 한 번쯤은 들러야 하는 필수 여행코스로 충분한 가치를 품고 있다.

하지만 정작 송정역시장의 혁신과 변화를 이끌고 있는 것은 이러한 외적인 요소가 아닌 시장을 채우고 있는 상인, 즉 사람이다. 송정역시장의 기존 상인들은 시장의 오랜 쇠락과 맞물려 이른바 '패배 의식'에 휩싸여 있었다. 하루 평균 고객 수는 200명가량으로 실제 구매 고객은 그 숫자를 한참 밑돌았으니 매출을 기대하는 것 자체가 말도 안 되는 일이었다.

송정역시장 리뉴얼 사업의 또 다른 핵심은 바로 여기에 있다. 상인들이 다시 한 번 신명나게 장사를 할 수 있도록 '멍석'을 깔아주는 것이었다. 장사 자체야말로 시장의 지속 가능한 발전을 위한 최선의 방법이라는 확신이었다. 이후 송정역시장은 시장의 재도약을 위한 다양한 방안을 모색하게 됐고, 오랜 논의를 통해 독특한 아이디어와 열정으로 무장한 청년 상인들을 새로운 식구로 받아들이기로 결정했다. 공모를 통해 시장과 상생하며 동반 성장을 이끌어갈 청년 상인을 육성해 시장의 중장기적 혁신과 발전의 기틀을 마련하기로 한 것이다.

이후 엄격한 심사를 거쳐 10여 명의 청년 상인들이 새롭게 송정역시장의 가족으로 합류했다. 100년에 달하는 시장의 깊은 역사 위에 청년 상인들의 신선한 아이디어와 열정이 더해지자 예상을 뛰어넘는 시너지 효과가 발생했다. 하루 평균 200명도 채 되지 않았던 방문객 수가 무려 20배이상 뛴 것은 물론 매출 역시 서너 배가량 증가했다. 무엇보다 중요한 것은 재개장 2년차를 맞이한 지금까지 방문객과 매출 모두 점진적인 성장세를 기록하고 있다는 사실이다.

100년의 역사를 기반으로 혁신을 거듭하고 있는 송정역시장은 광주 지역의 새로운 관광 명소로 자리매김했다.

송정역시장의 청년 상인들 역시 해당 리뉴얼 사업을 계기로 새로운 기회를 맞이했다. 이 중에는 '노아식빵'처럼 아예 프랜차이즈 사업으로 연결된 경우도 있다. 참고로 현재 또아식빵은 서울, 부산, 울산, 대전, 세종 등 전국 20개 지점을 갖고 있는 송정역시장 최고의 히트 상품으로 손꼽힌다. 이외에도 직접 만든 수제 맥주 전문점 '밀밭양조장', 우리 밀과 수제 딸기잼으로 맛을 낸 '쑥's 초코파이', 1970년대 교복을 입고 팬케이크를 먹는 특별한 경험을 할 수 있는 '팬독', 90퍼센트 이상 흰살생선으로 어묵을 만드는 '어?묵!', 야무진 손맛으로 만든 쫄깃한 베이글을 판매하는 '미미베이글' 등 이미 전국적으로 유명세를 타고 있는 송정역시장의 대표 명소들을 운영하고 있는 이 역시 청년 상인들이다.

송정역시장은 오랜 역사를 가진 전통시장의 숨은 가치를 증명해준다. 특히 전통 위에 청춘을 얹어 만들어낸 묘한 앙상블은 시장과 청년 상인 양쪽 모두에게 긍정적인 발전과 변화를 가져다줬다.

전통시장과 청년 상인의 상생과 동반 성장의 가능성을 확인할 수 있는 송정역시장에서 보낸 하루가 더없이 특별하게 기억되는 이유다.

청년 창업 노트

새로운 도전은
머물고 있는 것조차 새롭게 만든다!

〈사례1〉
취향저격 '미미베이글'

송정역시장의 막내, 이은지 '미미베이글' 대표를 만났다. 아직 앳된 얼굴의 소녀 같은 모습과는 달리 이미 1년 6개월째 가게를 운영 중인 어엿한 한 사업체의 사장이다. 대학을 졸업하고 곧바로 직장에 들어간 이 대표는 입사 1년 후 개인적인 사정으로 회사를 그만두고 떡집을 운영하는 부모님의 일을 도우며 자신의 미래를 구상하고 있었다. 그러던 중 부모님이 우연히 접한 '송정역시장 청년 상인 모집 공고'의 내용을 이 대표에게 설명하며 신청해볼 것을 권했고, 이후 해당 사업에 정식으로 선정돼 새로운 도전의 기회를 얻게 됐다.

이 대표는 "떡집을 하시던 부모님의 도움을 받아 새롭게 개발한 현미와 우리 밀로 만든 건강 베이글이란 아이템이 좋은 평가를 받은 것 같다."라며 기존 베이글과는 다르게 반죽을 스팀에 찐 뒤 오븐에 구워 속은 쫀득하고 겉은 바삭한 식감을 내는 것이 특징이라고 말했다.

특히 칼로리가 낮으면서도 맛이 좋고 든든한 한 끼 식사로도 충분한 미미베이글의 제품들은 건강과 미용(다이어트)에 관심이 많은 현대인의 취향을 제대로 저격했다. 매일 아침 출근길에 일부러 조금 돌아가는 수고를 감수하고 구입해가는 20대 여성 단골손님부터 나이 지긋한 노부부가 가장 좋아하는 주전부리로도 사랑받고 있다.

사실 이 대표의 오랜 꿈은 작은 커피 전문점이었다. 퇴사 후 부모님의 일을 도우면서도 틈틈이 커피 관련 강의를 들은 것도 언젠가 커피 전문점을 운영하겠다는 목표가 있었기 때문이다. 미미베이글의 주력 상품은 역시 베이글이지만 가게 한쪽에 제법 고가의 커피 장비를 갖추며 작게나마 자신의 오랜 꿈을 실현시키기도 했다.

첫 창업이었지만 외부 인테리어와 디자인 및 로고 제작 등 여러 지원에 힘입어 이 대표는 수월하게 창업 과정을 마무리할 수 있었다. 특히 상생 정책의 일환으로 임대료가 낮게 책정된 것이 큰 도움이 됐다.

미미베이글의 탄생은 말 그대로 '어쩌다 보니……'라는 표현이 어울릴 정도로 갑작스러운 기회로부터 시작됐다. 아무것도 준비돼 있지 않았던 이 대표의 입장에서는 놓칠 수 없는 기회이자 막연한 두려움이란 두 가지 감정을 동시에 느꼈을 터다. 하지만 이 대표는 모든 두려움과 막막함을 뒤로하고 새로운 도전을 결심했다. '뭐든 꾸준히 하면 된다'는 부모님의 입버릇처럼 그 역시 성실함이 최고의 무기였던 까닭이다.

이제 겨우 27살. 한 달에 두 번뿐인 송정역시장의 정기휴일만이 유일한 휴식 시간인 이 대표지만 이른 아침부터 늦은 밤까지 치열하게 살아가는 장사꾼의 충실한 삶에 만족하며 살아가고 있다.

단호한 말투로 '장사꾼에게 가장 중요한 것은 꾸준함'이라고 강조하는 이 대표의 야무진 표정에서 미미베이글 성공의 비밀이 무언인지를 알 수 있었다.

〈사례2〉
오픈 키친 & 숍 인 숍 '팬독'

한 국내 유명 여행 작가는 "여행의 절반은 음식을 먹는 즐거움이 차지한다."는 말을 남겼다. 물론 모든 이의 공감을 이끌어내기는 힘들겠지만 일견 충분히 수긍되는 부분이 있다. 그의 말마따나 여행에서 맛보는 음식은 매우 특별한 재미임이 확실하다.

송정역시장의 놀라운 성공을 분석한 수많은 관련 자료 중 이곳만의 독특한 메뉴를 다룬 경우가 제법 많을 정도니 음식에 대한 중요성은 두말할 필요가 없다.

1년 전 송정역시장에 새롭게 합류한 팬독은 팬케이크를 주력으로 한다. 든든한 한 끼 식사로도 안성맞춤인 팬케이크는 시장을 둘러보면서도 편하게 먹을 수 있어 유독 포장 고객의 비중이 높은 것이 특징이다. 무엇보다 경력 15년의 베테랑 요리인이 직접 만들기 때문에 내로라하는 유명 팬케이크 전문점에 결코 뒤지지 않는 뛰어난 맛을 자랑한다.

김문기 팬독 대표는 "호텔 뷔페 조리부에서 10년, 국내 1위 식품업체에서 5년 등 총 15년 동안 요식업계에서 일했다."라며 설탕 대신 최고급 메이플시럽을 사용하고 아침마다 직접 도매시장을 돌며 구입한 신선 재료만 사용하는 등 호텔 팬케이크보다 훨씬 높은 퀄리티를 갖췄다며 자신감을 내비쳤다.

김 대표의 자신감은 이른바 '오픈 키친' 형태로 꾸며진 가게 구조에서도 확인할 수 있다. 고객들의 주문과 동시에 반죽부터 재료 준비, 굽기 등 일련의 조리 과정을 즉석에서 보여주는 그의 운영 철학은 자연스럽게 고객들의 신뢰로 이어지고 있는 것이다. 다소 무서워 보이는(?) 수더분한 외모와는 달리 고객들에 대한 섬세한 배려가 돋보인다.

팬독의 또 다른 특징은 바로 '숍 인 숍(Shop in Shop)' 형태로 전혀 다른 아이템의 사업을 함께 운영하고 있다는 점이다. 팬독 점포 한 편에

김문기 팬독 대표.

는 1970년대 교복을 비롯해 다양한 복고 의상들이 준비돼 있다. 송정역시장 청년 창업 사업에 선정된 후 본격적인 준비에 들어간 김 대표가 전주한옥마을에서 본 전통의상 대여점을 벤치마킹한 것이다. 각종 SNS와 블로그 등을 통해 볼 수 있는 복고 의상을 입은 고객들의 송정역시장 인증샷은 모두 팬독에서 빌린 아이템들 덕분에 탄생됐다.

김 대표는 '평생 음식 이외의 분야에 관심을 갖고 실제 사업으로 연결시킨 것은 처음'이라고 말하며 요리를 가장 우선시하는 생각하는 소신도 중요하지만 소위 '사업이 될 만한' 최신 트렌드를 받아들이는 유연함도 필요하다고 생각한다고 강조했다.

김 대표가 10년 이상 다니던 직장을 그만두기로 결심한 이유는 자신보다 앞서 입사한 선배들이 줄줄이 명예퇴직을 권유받는 것을 직접 목도했기 때문이다. 아무 문제없이 오직 직장에 충성해온 선배들의 일방적인 퇴직은 김 대표에게 큰 충격으로 다가왔다.

김 대표는 언젠가는 창업을 하겠다는 목표가 있었던 것은 사실이지만 적어도 회사를 그만둘 당시에는 생각도 하지 않았다. 하지만 선배들의 명예퇴직 사건을 겪으며 '나도 언제든지 저렇게 회사에서 내쫓길 수 있겠구나.'라는 것을 깨닫게 됐고, 우연한 기회에 고향인 광주의 송정역시장에서 청년 창업을 지원해준다는 사실을 접하고 이를 신청하게 됐다.

다행히 그가 시장에 입성했을 무렵은 이미 송정역시장이 지역의 새로운 관광명소로 자리매김한 후였다. 앞서 입점한 선배 청년 상인들의 노력으로 인해 어느 정도 고정 매출을 보장받을 수 있을 만큼 활성화가 잘 이뤄져 있었던 것이다. 특히 복고 의상을 대여해주는 부가 아이템이 고풍스러운 시장 분위기와 맞물려 오히려 팬케이크를 앞지를 정도로 높은 매출을 기록하기도 했다. 트렌드의 변화를 유연하게 받아들이려는 김 대표의 노력이 긍정적인 결과로 이어진 것이다.

김 대표가 운영하고 있는 팬독은 지금은 어느 정도 자리를 잡고 안정적인 시기에 접어들었지만, 그동안 많은 우여곡절을 겪어야 했다. 손님 한 명 찾아오지 않는 날이면 당장이라도 가게 문을 닫고 싶을 만큼 심한 우울감에 빠지기도 했지만, 그때마다 창업 첫날부터 가슴속에 새겼던 '장사꾼의 오기'를 재차 다짐하며 굳건하게 버텨왔다.

"잠깐, 아니 꽤 오랜 시간동안 장사가 안 되더라도 스스로 확신이 있다면 버텨라."

장사꾼은 바로 내일도 장담할 수 없는 불확실한 일상을 당연하게 받아들여야 하는 직업이다. 그 누구보다 불안한 하루하루를 홀로 견뎌야 하는 가혹한 운명을 홀로 오롯이 이겨낼 수 있는 장사꾼의 오기를 길러야 한다는 김 대표의 말이 진한 여운을 남긴다.

11.
청년몰과 야시장의 컬래버레이션
'경주 중앙시장'

" 경주 중앙시장 청년 상인들의 열정, 경주의 밤을 밝히다 **"**

> 한국에서 가장 한국적인 도시, 천년고도 경주시에도 청년들의 뜨거운 열정을 확인할 수 있다. 경주의 밤을 밝히는 경주 중앙시장 야시장에서 신나게 일하는 청년 상인들의 모습은 손님들로 발 디딜 틈이 없을 만큼 북적이던 전통시장의 옛 전성기를 다시금 기대하게 한다. 청년 상인과 야시장의 시너지로 제2의 전성기를 향해 발돋움을 시작한 경주 중앙시장의 행보를 조명한다.

전통시장에 대한 재해석
회사로서 혁신을 도모하다

천년고도 경주시에서 100년 이상 역사를 이어오고 있는 경주중앙시장(이하 경주시장)은 700여 개 점포, 2,000여 명의 상인들이 활발히 영업 중인 지역 최대 전통시장이다.

특히 경주시장은 지역에서 유일한 법인시장이다. 기존 전통시장에서는 불가능했던 다양한 정책을 시행할 수 있는 기반을 마련함으로써 여러 창구를 통한 시장 활성화를 시도해왔다. 경주시장의 법인화 행보는 지난 1980년도부터 시작됐다. 상인들은 시장 활성화에 뜻을 모아 공동으로 예산을 출자해 본격적으로 민영화 사업을 도모했다. 시로부터 부지를 매입한 뒤 1983년 건립을 마치고 지역 최대의 전통시장으로 재탄생하게 됐다.

전국 1,500여 개 전통시장 중 열 손가락에 꼽힐 정도로 그 수가 적은 법인시장은 쉽게 말해 법에 의해 권리 능력이 부여되는 '법인회사'와 같은 의미로 해석할 수 있다. 즉, 경주시장은 법인시장으로 전환하면서 시장운영에 대한 의결권을 전적으로 상인들이 행사할 수 있게 된 것이다.

이처럼 경주시장은 그 형태가 전통시장으로 분류될 뿐 일반적인 '회사'와 운영 방식이 동일하다는 특징을 갖고 있다. 또한 현재 상인회를 구성하는 상인회장을 비롯한 행정직과 경비, 콜센터 전담직원 등 16명 모두 봉급을 받는 '상근직'으로 근무하고 있다. 다시 말해 경주시장이라는 '회사'에 속한 '직원'의 개념인 것이다. 아울러 경주시장 600여 명의 상인들은 회사를 이루는 '주주'라고 할 수 있으며 각자 동등한 권리를 갖고 있다.

정동식 경주시장 상인회장은 상인회 16명의 구성원 모두가 시장 운영 예산으로 봉급을 받고 있기 때문에 일에 대한 무한 책임을 진다고 자부하며 "다른 시장과는 달리 우리 시장의 상인회는 봉급을 받고 일을 하는 '직장'이기 때문에 오직 시장 업무만 전담하고 있다."라고 밝혔다.

이렇듯 시장 관련 정책의 결정에 있어 주주, 즉 상인들의 의견을 최우선으로 여기는 경주시장은 오랜 논의 끝에 중장기적 시장 활성화의 핵심으로 청년 상인 육성을 도모해왔다.

청년 상인을 육성하기로 결정한 경주시장은 세 가지 방향에서 해당 정책의 시행을 추진했다. 대표적인 청년창업 지원정책으로 손꼽히는 소상공인시장진흥공단(이하 상인공단)의 '청년몰 조성사업'과 행정자치부의 '야시장 사업', 그리고 시장 자체적인 '청년 상인 육성정책'이 바로 그것이다.

정 회장은 한 가지 정책만으로는 결코 만족스러운 청년 상인 육성에 대한 성과를 기대할 수 없다는 판단에서 복수의 관련 정책을 동시에 진행하기로 결정했다며 "각자 다른 사업이지만 결국 '청년 상인'이라는 공통의 목표를 갖고 있는 만큼 보다 큰 시너지 효과를 기대했다."라고 설명했다.

청년 상인 간 시너지 효과 '그뤠잇'
자체 조례 개정으로 책임감 부여

오랜 시간 철저한 준비를 마친 경주시장은 청년몰 조성 사업과 야시장 사업에 모두 선정되는 쾌거를 누렸다. 그 결과 청년창업 지원 사업을 통해 여덟 명의 청년 상인이 새롭게 둥지를 틀었으며 야시장의 30여 개 점포 중 60퍼센트 가량에 해당하는 18개 점포가 청년들에게 돌아갔다.

정 회장은 "청년 상인 육성을 기본으로 했지만 다문화가정이나 저

경주시장 황금골목에 위치한 청년 상인 점포들의 모습이 눈에 띈다.

소득층 등 보다 다양한 계층을 선정하는 데 주력했다."라며 "처음 다문화 가정 신청자를 여럿 선정했는데, 걱정했던 것과는 달리 어엿한 동료 상인으로 여기며 차별 없이 동등하게 지내고 있는 모습이 대견스러울 따름이다."고 말했다.

청년몰 조성사업을 통해 책정된 약 3억 원의 예산은 여덟 명 청년 상인들의 창업 준비와 추후 운영 지원에 모두 사용됐다. 야시장 조성사업 역시 지원 예산을 통해 노점을 만들어 각자에게 지급했다. 즉 창업에 필요한 대부분의 현실적 준비를 정부와 시장에서 해결해준 셈이다.

하지만 경주시장은 일회성 성과를 내기 위해 오랫동안 청년 상인 육성을 계획해온 것이 아니다. 단기적으로는 시장에 대해 이슈를 만들고 이를 통해 고객을 끌어들이고 시장을 활성화하는 것이 목표 중 하나였다. 한편으로는 중장기적으로 경주시장의 경쟁력 강화를 꾀함으로써 지속가능한 발전을 이끌겠다는 복안을 갖고 있었던 것이다. 이에 경주시장은 시장 자체적으로 청년 상인들을 대상으로 한 조례를 개정했다. 해당 조례 내용을 자세히 살펴보면 ▲영구 위생 허가 획득 ▲음식물 배상 책임 ▲도시가스 시설 설치 ▲화재보험 ▲보건증 승인 ▲세무 및 사업자 신고 등 사업에 필요한 행정적 요소들이 모두 포함돼 있다.

정 회장은 정부 및 시장의 지원을 통해 창업을 했다고 해도 그들은 이미 엄연한 사업가라며 "그에 대한 책임감을 부여함으로써 그들 스스로 역량을 키우고 시장과의 상생 및 동반 성장 파트너로서 자리매김 하길 바라는 마음에서 자체 조례를 마련한 것."이라고 설명했다.

상인공단의 청년몰 조성사업에 선정된 여덟 명의 청년 상인들은 야시장 개장보다 한 달가량 앞서 장사를 시작했다. 이후 경주시장이 야시장 사업 대상 시장에 뽑히며 새롭게 수십 명의 청년 상인들이 유입됨에 따라 시장은 대대적인 변화에 직면하게 됐다.

하지만 경주시장이란 같은 공간에서 마주친 청년 상인들은 '나'보다는 '우리'의 가치를 존중하는 데 공동의 뜻을 모았다. 쉽게 말해 경쟁은 지양하되 서로에게 좋은 자극이 될 수 있는 선의의 경쟁자이자 힘들 때 의지가 되는 동료 상인으로서 관계를 이어나가자는 데 동의한 것이다.

정 회장은 "아직 혈기가 왕성한 청년들이기에 자칫 서로 의견이 부딪히지는 않을까 걱정했지만 전혀 그런 일은 없었다."라며 "자체적으로 청년 상인회를 조직하고 크고 작은 시장 행사에 적극적으로 참여하는 등 이제는 어엿한 경주시장 상인의 한 사람으로 각자의 역할을 다하고 있다."라며 청년 상인들의 노력을 추켜세웠다.

신라 천년의 역사를 간직한 경주에서, 100년의 세월을 오롯이 버텨낸 경주시장의 변화와 혁신을 이끌고 있는 주인공이 아직 앳된 20~30대 청년들이라는 사실은 더없이 반가운 일이다. 무엇보다 잡음 없이 서로 간 상생과 동반 성장을 위한 양보와 타협은 전제로 하는 청년 상인들의 성숙한 모습에서 경주시장의 보다 밝은 미래를 확신할 수 있었다. 경주시장이 보여주는 청년 상인 육성 과정이야말로 변화를 바라는 전통시장이라면 반드시 참고해야 할 매우 정석적이고 체계적인 정책임이 분명하다.

시간에 바래지 않는 아름다운 이름 '청춘'

〈사례1〉
전통시장에 나타난 일본 가정식 미니펍 '피터팬'

'이랏샤이마세(어서오세요)!'
경주시장 청년몰 '다온나'의 입구를 지나 조금만 걸어가면 다소 낯선 배경의 일본 가정식 미니펍 '피터팬'을 만나게 된다. 듬직한 체구의 김석진 피터팬 대표의 우렁찬 환영 인사는 덤이다. 김 대표가 오랫동안 모은 일본 애니메이션 피규어로 장식된 피터팬은 이국적인 느낌을 물씬 풍긴다. 지나가는 고객들이 잠시 발걸음을 멈추고 가게를 배경으로 사진을 찍는 모습을 자주 볼 수 있을 정도다.

피터팬은 야끼우동, 오코노미야키, 나가사키 짬뽕 등 한국에서도 가장 한국적인 전통시장으로 꼽히는 경주시장의 정체성과는 완전히 반대인 일본 가정식 음식을 주력 상품으로 한다.

경주에서 초등학교부터 대학교까지 모든 학창 시절을 보낸 김 대표는 우연한 기회에 경주시장 청년몰 조성 사업에 대한 내용을 접한 후 창업을 결심하게 됐다. 대학에서 IT를 전공한 그가 정한 창업 아이템은 바로 '일본 가정식 미니펍', 평소 IT 강국으로 손꼽히는 일본을 자주 방문하며 일본 음식의 매력에 푹 빠져 있었다고 한다.

김 대표가 일본 가정식을 선택하게 된 이유는 우리가 비교적 쉽게 접할 수 있는 음식이면서도 전통시장에서는 만나기 어려운 아이템이기 때문이다. 또한 시장에서 흔히 볼 수 있는 튀김류나 분식, 김밥 등과 같은 분식류처럼 편하게 먹을 수 있다는 점도 매력적으로 다가왔다.

창업 2년차에 접어든 피터팬에서 주목해야 할 점은 바로 김 대표의 유연한 운영 방침을 꼽을 수 있다. 9.9제곱평방미터(3평)이 채 되지 않는 작은 규모의 피터팬이 주력하는 고객은 바로 '포장 판매 고객'으로 테이블

이 두 개밖에 되지 않는 점포의 단점을 극복하기 위한 고육지책이다.

김 대표는 "가게 터가 너무 작아 고객들이 앉아서 음식을 즐길 수 없다는 점을 보완하기 위해 본격적으로 포장 판매를 시작하게 됐다."며 모든 음식들을 포장 판매에 맞게, 예컨대 일정 시간이 지나도 맛이 유지되도록 조리 방법을 새롭게 연구·개발하는 등 단점이 장점으로 바뀔 수 있도록 많은 노력을 했음을 털어놓았다.

김석진 피터팬 대표.

피터팬에서 판매하는 음식들의 가격은 평균 4,000~5,000원 사이다. 1만 원이 훌쩍 넘어가는 다른 일본 음식 전문점에 비하면 거의 절반 가까이 저렴한 셈이다. 너무 낮은 가격에 고객들은 '혹시 안 좋은 재료를 쓰는 거 아니냐'며 의심의 눈초리를 보내곤 했지만 김 대표는 천만의 말씀이라며 손사레를 친다.

김 대표는 "다른 음식점보다 양질의 재료를 사용하면 사용했지 단 한 개의 식재료도 허투루 고르지 않는다."며 상인공단과 경주시장상인회의 지원 덕분에 창업 비용은 물론 점포 운영비도 일정 부분 지원받고 있기 때문에 '실현 가능한 가격'이라고 설명했다.

김 대표를 비롯한 여덟 명의 청년 상인들은 상인공단의 청년몰 조성 사업에 선정돼 창업에 대한 전반적인 지원을 받을 수 있었다. 게다가 청년 상인 육성을 시장 활성화의 주요 정책으로 정한 경주시장상인회의 배려로 당초 2층 유휴 공간에 마련될 예정이었던 청년몰을 유동 인구가 많은 1층으로 변경해주며 청년 상인들에게 힘을 실어줬다. 쉽게 말해 청년 상인들이 오직 장사에만 집중할 수 있는 환경을 만들어주는 데 주력한 것이다.

　김 대표의 다음 목표는 '금이야 옥이야' 하며 애지중지하는 피규어를 치우고 그곳에 공간을 만드는 것이다. 무슨 뜻일까? 바로 피터팬의 정체성의 상징을 피규어 장식장 대신 탁자와 의자를 놓을 만큼 손님들이 많이 찾아오길 바란다는 것이다.

　한국에서 가장 한국적인 전통시장에서 이색 아이템으로 자신만의 영역을 구축해나가고 있는 김석진 피터팬 대표의 유연한 변화는 오늘도 계속되고 있다.

〈사례2〉
시장 속 작은 쉼터 '다락방'

경주시장을 방문하는 고객들이 반드시 들르는 시장 속 작은 쉼터, 커피전문점 '다락방'을 운영하는 김하늘 대표는 평생을 경주에서 살아온 토박이다. 때문에 그동안 수백, 수천 번 이상 경주시장을 방문했음은 당연한 일이다. 하지만 정작 자신이 이곳에서 새로운 도전을 할 줄은 꿈에도 몰랐다.

　김 대표는 일주일에도 몇 번씩 경주시장을 방문하는 것이 당연하게 여겨질 정도였다고 한다. 언제인지는 정확히 기억나지 않지만 부모님 심부름으로 시장을 방문했던 어느 날, 현수막에 적힌 '청년몰 조성사업'이라는 문구를 접하고 이에 대한 정보를 알아본 것이 창업의 시작이었다고 말한다.

　어린 시절부터 김 대표는 커피에 대한 관심이 남달랐다. 학창 시절 친구들에게 "두고봐라, 내가 꼭 바리스타 된다."라며 큰 소리를 빵빵 치며 고등학교 졸업 후 곧바로 커피숍 아르바이트를 시작했다. 하지만 현실은 그의 생각과는 너무 달랐다. 오롯한 바리스타 업무를 기대했지만 정작 프랜김하늘 다락방 대표.

차이즈 커피 전문점에서 행한 업무는 소위 말하는 '잡일'이 대부분이었다. 커피전문 교육기관에서 받은 교육과 오랜 독학을 통해 나름대로 열심히 쌓아온 관련 지식은 그다지 큰 빛을 보지 못하고 있었다.

김 대표는 당시 불확실한 미래 탓에 '커피를 내 일로 삼겠다는 것이 어려운 일인가'라는 고민을 하던 중 커피에 대한 꿈을 거의 포기할 무렵 청년 상인들의 창업을 지원해준다는 청년몰 조성사업에 선정됨으로써 새로운 목표를 세울 수 있었다.

무엇보다 김 대표 본인이 손님으로서 시장을 방문할 때마다 느꼈던 커피 전문점에 대한 갈증을 직접 해결할 수 있다는 사실이 가장 기뻤다. 그동안 경주시장에는 번듯한 커피 전문점이 전무했던 것이다.

그렇게 탄생한 다락방은 김 대표의 바람대로 손님들에게 작은 쉼터로 자리매김했다. 전통시장의 커피 전문점답게 저렴한 가격과 작지만 아기자기한 인테리어 덕분에 소위 말하는 '대박'은 아니지만 꾸준하게 손님들의 발길이 이어졌던 것이다.

다락방의 가장 큰 특징은 바로 '외부음식 반입가능'이란 한 문구로 압축된다. 김 대표가 운영하는 다락방은 '시장에서 구입한 음식이라면' 무엇이든 가게에서 먹을 수 있도록 자리를 빌려주고 있다. 자신에게 많은 도움을 준 동료 상인들과의 상생을 위한 김 대표 나름대로의 방식이다.

항상 웃는 얼굴로 손님을 대하는 김 대표는 하루하루 늘 긍정적인 마인드를 갖고 일터로 향한다. 편안한 공간을 원해서 다락방을 찾은 고객들이 정작 자신 탓에 불편함을 느낀다는 것은 말도 안 되는 일이라는 그의 확고한 운영 방침에 따른 것이다.

"장사꾼이라면 자신의 감정에 충실하기보다 고객의 기분을 먼저 살펴야 한다."

아직 20대, '어리다'는 표현이 어색하지 않은 김하늘 다락방 대표가 던진 이 메시지는 수십 년 경력의 베테랑 상인들도 쉬이 느끼기 힘든 진정한 장사꾼의 철학임이 분명하다.

고객의 입장에서 창업을 준비한 그의 역지사지 정신이 더욱 돋보이는 이유다.

12.
청년 발걸음 하나에 주변 미소는 두 개
'청주 북부시장'

> "인생을 세 단어로 말하면 청년 Meet 시장"

청주 북부시장(이하 북부시장) 상인들의 평균 연령은 무려 63.5세에 이른다. 전국 시장 상인 평균 연령인 60세를 한참 웃도는 수치다. 이는 곧 북부시장의 지속성 확보를 위한 세대교체의 시급성을 대변해준다. 이에 북부시장은 오랫동안 시장의 연속성과 함께 변화하는 소비자의 발길을 되돌리기 위한 다양한 시도를 계속해왔다. 무엇보다 고착화된 시장 내 분위기에 새로운 활력소가 될 청년 상인 육성을 핵심 정책으로 손꼽으며 정부 및 지자체와 지속적인 협의를 펼쳐왔다. 그 결과 청주 지역에서는 최초로 '청년창업 지원사업'에 선정되며 시장 혁신을 위한 발판을 마련하는 데 성공했다. '청년 상인 인큐베이터'로 불리는 북부시장 청년 상인 육성 사업을 자세히 살펴본다.

필요한 곳에 필요한 것을!
시장 혁신의 맥을 정확히 짚다

청년 실업 100만 시대. 이러한 대한민국 청춘들의 암울한 현재는 이미 사회적 문제로 자리매김한 지 오래다. 낙타 바늘구멍 같은 취업문에 절망한 다수의 청년들이 창업으로 눈길을 돌리지만 이 역시 쉽지 않은 현실이다. 이에 소상공인시장진흥공단(이하 상인공단)은 장기적인 시장 활성화와 함께 청년 실업 문제를 동시에 해결할 수 있는 청년 상인 육성을 기획·시행해왔다.

　상인공단의 이러한 기조에 발맞춰 진행된 북부시장 청년 상인 육성 사업, 일명 '청년 상인 인큐베이터'에 선정된 청년 상인 5인이 지난해 3월 새로운 도전을 시작했다. 2015년 공모를 마친 관련 사업에 선정된 청년 상인들을 중심으로 '청년창업 특화거리'를 조성하고 다섯 개 점포가 새롭게 창업한 다음 본격적인 운영에 돌입한 것이다.

해당 사업은 중소기업청과 상인공단이 공모한 2016년 '청년창업 지원사업'으로, 침체된 전통시장 활성화에 고심하던 북부시장상인회의 적극적인 노력으로 지원 대상으로 선정될 수 있었다.

40세 미만(공모 시점 기준)의 지역 청년을 대상으로 실시된 이번 사업은 총 1억 600만 원의 예산이 투입됐다. 주요 내용으로는 ▲시장 내 유휴 공간을 활용한 점포 조성 ▲임대료 및 컨설팅, 홍보, 마케팅 비용 지원 ▲창업 관련 교육을 중심으로 이에 필요한 모든 과정에 대한 체계적 지원 등으로 구성했다.

무엇보다 북부시장 청년창업 지원사업은 시장의 미흡점을 보완하는 데 중점을 맞춰 보다 실질적인 효과를 기대할 수 있도록 짜여졌다. 주로 생필품을 비롯한 1차 식품군 위주 품목의 판매가 이뤄졌던 북부시장의 경우 오랫동안 젊은 고객층이 시장을 찾아올 근거를 만들어야 한다는 고민을 갖고 있었고, 2016년 청년창업 지원사업 선정을 통해 대대적인 개선 작업에 들어갔다. 북부시장의 이러한 행보는 말 그대로 '가려운 곳'을 제대로 긁어줌으로써 시장 혁신 방향을 정확히 설정해나가고 있음을 증명하는 것이다.

시장의 변화와 혁신 '정조준'
청년 상인 육성은 계속돼야 한다, 쭉~!

이번 사업의 또 다른 특징은 시장 내 유휴 공간을 활용해 점포를 조성했다는 점이다. 지역 인구 감소에 따라 자연스럽게 유동 인구가 줄어들며 시장 내에도 빈 점포 및 유휴 공간이 생겨나게 됐고, 이는 시장 이미지에 악영향을 끼쳐왔다. 이에 상인공단과 상인회는 빈 점포 입점 혹은 유휴 공간에 새롭게 점포를 마련하는 두 가지 방안을 놓고 고심한 끝에, '청년창업 특화거리 조성'을 목표로 일부 공간을 정비해 일렬로 다섯 개 점포를 배치하기로 결정했다. 각기 다른 먹거리를 한 자리에 모아 고객들의

북부시장의 새로운 명소로 거듭난 청년 창업 특화 거리의 하루가 시작되고 있다.

발길을 사로잡겠다는 계획이었다.

결과는 기대 이상이었다. 핫도그, 빵, 건강주스 및 샐러드, 일본식 철판요리 등 다양한 먹거리가 모인 북부시장 청년창업 특화거리는 개점 3개월 만에 입소문을 타며 이미 지역 내 명소로 자리매김했다. 특히 각 시간대별 아이템(예컨대 아침, 점심에는 빵을 주로 구입하고 저녁에는 철판요리점에 사람이 몰리는 식)이 모두 갖춰져 있어 이른 아침부터 늦은 저녁까지 고객들이 지속적으로 방문하는 덕에 전체적인 유동 인구가 증가 추세에 있다는 사실도 청년 창업의 긍정적인 효과 중 하나다.

무엇보다 점차 늘어나는 고객 수만큼 매출 역시 증가세를 기록하고 있다. 이제는 각 점포별로 하루 평균 20~30만 원, 혹은 그 이상 안정적인 수익을 올리며 당당한 상인으로 거듭났다는 평가를 받고 있는 것이다.

여기서 한 가지 주목할 점은 이번 청년 창업 특화거리 조성이 이른바 '제1차 청년 상인 육성사업'의 결과물이라는 사실이다. 다시 말해 북부시장은 향후 이와 같은 청년 상인 육성사업을 지속적으로 시행할 예정

에 있다는 의미다. 이미 2016년 4월 3일부터 5월 4일까지 제2차 청년 상인 육성사업에 대한 공모를 진행, 하반기에 네 명을 최종 선정한 후 실질적인 지원에 들어갔다. 현재는 지난해 선정된 네 명의 후보자는 올 상반기 점포 인테리어 및 각종 행정적 업무를 모두 마치고 순차적으로 입점을 진행하고 있다.

북부시장은 이어 시장에서 자체적으로 계획하고 있는 제3차 청년 상인 육성사업의 청사진도 함께 공개했다. 2차 사업까지는 임대료를 전면 무상으로 지원했지만, 3차 사업부터는 시장 내 빈 점포에 정식으로 청년 상인을 유치하겠다는 것이다. 1, 2차 사업을 통해 시장의 가능성을 충분히 확인한 만큼 보다 책임감 있는 청년 상인들의 유입으로 장기적인 시장 활성화와 북부시장만의 청년 상인 육성의 선순환 고리를 만들겠다는 설명이다. 단, 점포 인테리어비용을 비롯한 일부 지원은 계속할 예정이다.

그간 전통시장의 이미지는 '전통', '정(情)' 등 감성적인 부분이 주를 이뤄왔다. 하지만 오랫동안 우리 민족 경제의 중심을 지켜온 전통시장의 저력은 여전히 유효하다. 대한민국 청년들에게 새로운 기회가 될 전통시장의 가치에 주목해야 하는 이유다.

어제의 우리보다 싱싱하고 행복한 오늘의 우리를!

〈사례1〉
아직은 타율 '제로', 제대로 한 방 터트릴 준비 완료! '프레쉬스토어'

28세 동갑내기 친구인 맹대호·유진상 공동 대표는 올해 초부터 북부시장에서 건강샐러드 전문점 '프레쉬스토어(Fresh Store)'를 운영하고 있다. 두 사람은 오래전부터 운동을 함께 하며 자연스럽게 관련 지식을 습득해 왔다. 특히 최근 현대인들의 '숙명'과도 같은 다이어트의 주요 요소 중 하나가 바로 식단 조절이라는 데 주목, 영양 균형을 맞춰주면서 체중 조절에 도움이 되는 건강 샐러드를 주제로 한 창업을 준비하게 됐다.

시장에서 그날 구입한 신선 재료만을 이용해 직접 만든 샐러드를 주력 품목으로 판매하고 있는 프레쉬스토어의 가장 큰 특징은 주문과 동시에 바로 만든 음식을 집까지 배달해준다(물론 기본적으로 매장 판매를 중심으로 한다.)는 것이다. 프레쉬스토어의 이 같은 운영 방침은 전통시장이란 공간의 한계를 뛰어넘기 위해서다. 프레쉬스토어의 주 고객은 건강을 생각하는 20~30대의 젊은 층이 차지하고 있는데, 전통시장 특성상 젊은 고객들의 방문이 적다는 단점이 있다.

오랜 고민 끝에 두 사람이 정한 프레쉬스토어의 기본 철학은 고객이 찾아오지 않으면 고객을 찾아간다는 문장으로 압축된다. 즉, 프레쉬스토어의 제품을 원하는 고객들에게 이를 직접 배달해주는 서비스를 제공함으로써 소위 '앉아서 기다리는 장사'가 아닌 '적극적인 영업'을 전제로 한 운영 방침을 택한 것이다.

전통시장이란 공간을 넘어 다른 소상공인들을 모두 포함하더라도 프레쉬스토어와 같은 전문적인 건강 식단을 제공하는 곳은 매우 드물다. 이는 재료의 당일 구입, 당일 소진을 기본으로 해야 하는 제품의 특성상 마감 시 재고가 남으면 손실로 이어진다는 것을 전제로 운영되기 때문에 선뜻 선택하기 힘든 창업 아이템인 것이다.

맹 대표는 "그런 점에서 오히려 전통시장이기에 가능한 창업 아이템이라는 확신을 가졌다."라며 전통시장에는 건강 샐러드에 필요한 모든 식재료가 가장 신선한 상태로, 가장 저렴하게 판매되고 있기에 아직은 소규모 생산에 주력해야 하는 자신들의 상황에 딱 맞아떨어지는 최고의 사업 환경을 갖추고 있다고 판단했다고 덧붙였다.

맹대호 프레쉬스토어 대표.

프레쉬스토어 창업 이전까지 세 번의 창업을 모두 실패했던 맹 대표가 전통시장에서 주최하는 청년창업 지원사업을 접한 것은 육거리시장 내 부모님 가게에서 일을 하던 유 대표를 통해서였다. 세 번째 사업을 정리한 후 고향인 청주로 내려와 다음 행보에 대해 고민하고 있을 무렵 친구인 유 대표에게서 북부시장 청년 상인 특화구역에 대한 얘기를 전해들은 것이다. 이후 맹 대표는 정부 및 지자체 사이트를 중심으로 해당 사업의 정보를 수집한 후 친구와 함께 정식으로 신청서를 제출했다. 이후 해당 사업에 선정된 두 사람은 본격적인 창업을 준비했고, 많은 곡절을 이겨낸 끝에 결국 이제는 제법 많은 단골손님을 확보하기에 이르렀다.

야구에서 타자의 능력을 판단하는 주요 기준 중 하나는 바로 '타율'이다. 타석에 들어서는 횟수와 안타 및 홈런 개수의 비율을 따지는 타율은 타자의 가치를 평가하는 중요한 요소다. 그럼 관점에서 보면 아직 30세가 되지 않은 맹 대표의 타율은 지금까지 한없이 '0'에 수렴하는 셈이다. 하지만 연이은 실패에도 불구하고 맹 대표는 다시 한 번 맹렬하게 배트를 휘둘렀다.

"아무리 실력이 떨어지는 타자라도 10번 스윙하면 적어도 한 번은 제대로 맞지 않겠느냐."

스스로 겪은 실패를 반면교사 삼아 틈새시장을 공략하는 신선한 아이템으로 새로운 도전의 한복판을 관통하고 있는 프레쉬스토어의 우직한 행보에서 청년 상인이 가져야 할 패기를 생생하게 느낄 수 있었다.

〈사례2〉
전통시장 대표 간식, 크로켓·꽈배기의 재해석 '빵×빵 연구소'

인간의 감각 중 가장 오랫동안 기억되는 부분은 바로 '후각'이다. 매일 아침 집 앞 제과점에서 풍겨오는 고소한 빵 굽는 냄새에 대한 추억이 수십 년은 족히 지난 지금까지 선명한 이유다.

북부시장의 아침을 깨우는 가게가 있다. 신민정·연보라 공동 대표가 운영하는 '빵×빵 연구소'에서 풍기는 각양각색 빵의 향기는 지역 주민들에게 새로운 즐거움으로 자리매김한 지 이미 오래다.

같은 대학교 제과제빵과에서 선후배로 만난 두 사람이 북부시장에 빵×빵 연구소를 창업한 것은 2016년 4월이다. 북부시장에 위치한 빵×빵 연구소 1호점은 9.9제곱평방미터(3평) 가량의 협소한 공간인 탓에 튀김기 하나만 둘 수밖에 없어 그동안 크로켓과 꽈배기 두 상품만을 판매해왔다. 대학 시절부터 유독 손기술이 좋기로 소문났던 두 사람이 한데 뭉친 덕분일까. 흔하디흔한 메뉴였지만 빵×빵 연구소에는 이른 아침부터 고객들의 발길이 끊이지 않을 정도로 호황을 누렸다. 실제로 두 사람은 하루에도 너댓 차례 이상 반죽을 새로 해야 했다.

신 대표는 "전통시장의 대표 주전부리인 크로켓과 꽈배기였지만 외부에 노출된 노점이 아닌 깔끔한 제조 환경을 갖춘 점포에서 만든 까닭에 고객들이 믿고 먹을 수 있었던 것 같다."라며 "예상보다 긍정적인 성과를 거둔 덕분에 금세 2호점을 계획하고 실행할 수 있었다."고 말했다.

이후 두 사람은 1호점에서 조금 떨어진 공간에 빵×빵 연구소 2호점을 새롭게 창업했다. 참고로 빵×빵 연구소 2호점 역시 북부시장에서 시행했던 청년창업 지원사업으로 제3차 사업에 해당한다.

신민정·연보라 빵×빵 연구소 공동 대표.

정부와 지자체, 시장의 전폭적인 지지를 받으며 사업 확장을 마친 빵×빵 연구소 2호점은 기존 1호점과는 달리 넉넉한 면적의 터를 얻어 제과제빵에 필요한 모든 설비를 완벽하게 구비한 덕분에 이제는 다양한 빵을 고객들에게 선보이고 있다. 2호점을 개업한 지 불과 반년밖에 지나지 않았건만 이미 1호점보다 훨씬 많은 매출을 올리고 있다는 후문이다.

무엇보다 아직 어리다는 표현이 더 적합하게 느껴지는 두 사람은 늘 고객의 목소리에 귀를 기울이려는 노력을 게을리 하지 않는다. 그저 지나가듯 읊조리는 고객들의 작은 요청도 적극적으로 수용하고 있다. 실제로 현재 빵×빵 연구소에서 판매하고 있는 품목 중 제법 여러 종류가 고객들의 요청에 의해 새롭게 탄생한 것이다.

연 대표는 '고객들과의 지속적인 소통으로 그들의 요구를 충족시켜 주기 위한 노력이야말로 장사꾼으로서 가져야 한 가장 기본적인 마음가짐'이라며 '실제로 자신이 요청한 메뉴가 현실화됐을 때 고객들이 느끼는 만족감은 이루 말할 수 없을 정도'라고 전했다.

어느새 2년차에 접어든 빵×빵 연구소는 이제 제법 자리를 잡았다고 표현해도 무방할 정도로 튼튼한 토대를 쌓는 데 성공했다. 하지만 현재에 이르기까지 어느 하나 예상대로 매끈하게 흘러가는 경우가 없었다.

"강한 사람이 이기는 것이 아니라 버티는 사람이 이기는 것이다."

지극히 현실적인 어려움을 오롯이 맨몸으로 견디며 혹독한 장사꾼으로서의 삶을 이겨내 온 신민정·연보라 빵×빵 연구소 공동대표의 말처럼 어떠한 위험에도 흔들림 없는 장사꾼으로서의 뚝심이야말로 창업의 가장 중요한 요소라는 사실을 기억해야 한다.

Part 3

성공보다 실패가 익숙한
청춘들의 좌충우돌
(개별 소상공인 창업 사례)

**실패 두려워 말고
자신만의 올곧은
기준 세워라**

13.
지독한 한꼬집 '윌라라'

"오늘은 내일의 추억이다"

> 장사의 목적은 당연히 돈이다. 돈을 벌지 못하는 장사는 소위 '망하는' 것이 자연스러운 수순일 터. 하지만 유네스코 세계자연유산으로 선정된 성산일출봉 앞에 자리 잡은 피시 앤드 칩스(Fish & Chips) 전문점 '윌라라(willala)'의 두 형제는 이러한 장사의 기본을 비웃기라도 하듯 3년 동안 유유자적 공간을 판매하는 데 힘써왔다. 쉽게 말해 '돈은 뒷전'이었던 셈이다. 다른 동료 장사꾼들조차 참으로 이해할 수 없다는 반응을 보였던 건 어찌 보면 당연한 일이었다. 장사에 성공하고 싶은가? 그렇다면 이들 형제와 반대로만 하면 된다.

덤 앤 더머 형제, 결국 사고 치다

피시 앤드 칩스는 흰살생선튀김에 감자튀김을 곁들여 먹는 영국의 대표 요리로 우리에게는 다소 생소한 음식이다. 하지만 국내와는 달리 영국을 비롯해 호주, 아일랜드, 스코틀랜드 등 다양한 나라에서 소위 '국민 음식'으로 인정받는 것은 물론 세계 각국에서 다양한 축제와 경연이 열릴 정도로 인기가 높다.

제주 대표 관광 명소인 성산일출봉 바로 앞마을에 위치한 자칭 국내 유일·최고의 피시 앤드 칩스 전문점 '윌라라(Willala)'는 호주에서 날아온 두 명의 청년들이 만들어가는 공간에 대한 이야기가 담뿍 녹아 있다.

여기서 잠깐. '피시 앤드 칩스라는 외국 음식을 판매하는 장소'라고 한다면 어떤 이미지가 떠오르는가? 아마 십중팔구는 웨스턴 분위기의 세련된 펍(Pub)을 연상하지 않을까. 하지만 윌라라는 또 한 번 이러한 일반적인 예상을 시원하게 걷어찼다.

1970년대 '국민학교(초등학교 전 명칭)' 앞 문방구와 슈퍼마켓을 연상시키는 낡은 단층 건물(실제로 윌라라 건물은 지어진 지 50여 년이 넘었다.)에 둥지를 튼 월라라는 널찍한 공용 테이블 하나와 벽을 둘러 고정된 선반, 나란히 앉을 수 있는 의자 몇 개가 전부인 단출한 구조로 이뤄져 있다. 가게 곳곳에는 반백년 세월을 대변하듯 예스러운 흔적들이 가득하다. 쉽게 말해 '가게가 참 낡았다'는 뜻이다. 앞서 말한 '외국스러운' 분위기와는 남극과 아프리카만큼 큰 차이가 있는 것이다. 밖에서 보기에는 "여기가 대체 뭐하는 곳이야?"라는 말이 나올 정도니 차라리 신선하기까지 하다.

별도의 독립 테이블이 없는 월라라의 구조 덕분에 일정 수 이상의 손님들이 가게를 찾으면 자연스럽게 옹기종기 모여 앉을 수밖에 없다. 바로 이 지점에서 월라라의 두 형제가 가장 중요하게 여기는 가치를 발견할 수 있다. 살을 부대낄 정도로 가까운 거리에 앉은 손님들은 예외 없이 편하게 대화의 물꼬를 트곤 한다. 제주도 여행에 대한 감상을 교환하는 것은 물론 아예 향후 일정을 함께 공유하는 경우도 심심치 않게 일어난다. 그렇게 남은 일정을 함께 한 손님들이 어느새 10년 지기 친구가 돼 비행기를 타기 전 마지막으로 월라라를 다시 찾기도 한다.

'음식'이 아닌 '공간'을 팔고 싶다는 월라라의 아이덴티티가 확인되는 장면이다.

(정홍용 대표) 아시다시피 피시 앤드 칩스가 우리나라에서는 그다지 인기 있는 메뉴는 아닙니다. 돈을 벌고 싶었으면 선택하지 말았어야 할 아이템이라고 할까요? 물론 돈을 벌어야 한다는 장사의 기본을 무조건 배제하는 것은 아닙니다. 다만 관광객이 많이 찾는 제주라는 특수한 도시 혹은 마을에서 가장 특별한 공간을 만들겠다는 게 저희 월라라의 목표였던 거죠. 음…… 관광객들이 편안하게 쉬어 갈 수 있는 사방이 막힌 원두막 같은 느낌이라고 할까요? 제가 말해놓고도 잘 이해가 가지 않네요. 하하하.

그들의 바람대로 이제는 수많은 관광객들이 편하게 들러 맥주 한 잔을 사이에 두고 너나없이 밤새 수다를 떨어도 좋을 '성산일출봉 사랑방'으로 입소문을 타고 있는 윌라라의 시작은 크리스마스 분위기가 물씬했던 지난 2014년 12월 24일으로 거슬러 올라간다.

서울 강남의 스타 영어강사로 활약하던 정홍용 대표와 국내 굴지의 대기업인 LG 직원으로 일하던 서종옥 대표는 각자 가방 하나씩만 둘러메고 제주를 찾았다. 한겨울, 그것도 멀쩡한 직장에 다니고 있던 두 사람이 훌쩍 제주도로 여행을 떠난 것은 동생 서 대표의 제안 때문이었다. 8년 동안 자신의 위치에서 묵묵하게 일 해온 서 대표는 당시 틀에 박힌 일상에 지쳐 있었다. 그러던 중 거나하게 술이 취한 어느 날, 서 대표는 평소 가장 가깝게 지내던 형 정 대표에게 전화를 걸었다.

"형, 나 회사 그만둘래. 같이 제주도 가서 장사나 하자."

거짓말이 아니다. 개업 3년 차에 접어든 윌라라의 탄생은 그렇게 서 대표의 술주정(?)에서 시작됐다. 한편으로는 시기가 참 적절했던 까닭도 있다. 형 정 대표 역시 10년이 넘는 영어강사 생활에 상당히 힘겨워하던 차였다. 사실 미래에 대한 고민은 정 대표가 더 먼저, 더 오랫동안 해오던 상황이었다. 이런저런 생각을 저울질하던 정 대표에게 새로운 도전의 물꼬를 터준 것이 바로 서 대표로부터 걸려온 한 통의 전화였던 셈이다.

둘의 마음이 하나였으니 일은 일사천리로 진행됐다. 다만 한 가지, 이미 주변 정리를 어느 정도 마무리한 정 대표와는 달리 아직 회사에 소속된 서 대표의 경우 다소간의 시간이 필요했다. 이에 정 대표는 동생에게 "2~3주 시간을 줄 테니 맨 정신으로 치열하게 고민해본 후 지금 결정에 변함이 없다면 언제든 연락해라."라고 전했다. 사실 정 대표의 마음 한 구석에 "술김에 해본 말이겠지."라는 생각이 있었던 것이다.

서 대표가 술김에 잠시 흔들렸을 거라는 정 대표의 예상은 보기 좋게 빗나갔다. 바로 다음 날부터 서 대표는 또 다른 시작을 위한 준비에 돌입한 것이다. 뭐가 그리 급한지 당일에 사직서를 제출하고 최대한 빠른 시간에 인수인계를 마무리한 서 대표는 마지막 퇴근과 동시에 정 대표에게 전화

이 청년들, 정말 성공은 하고 싶은 걸까? '제주도판 덤 앤 더머 형제'의 유쾌한 하루하루가 부러울 따름이다.

를 걸었다.

"형, 내일 제주도 가게 짐싸."

사업의 사전 준비를 위한 기약 없는 제주 여행의 시작이었다.

두 사람을 보면 영화 〈덤 앤 더머〉의 주인공이 떠오른다. '무식'을 핑계 삼아 '무대포'적인 행동을 반복하는 영화 속 주인공들과 가장 가까운 실사판이란 느낌을 강하게 받는 것이다. 평생 살던 서울을 떠나 하필 육지와 가장 멀리 떨어진 제주도에서 사업을 시작하기로 결심한 이유 또한 '예전에 제주도로 여행을 왔을 때 느낌이 좋아서'라는 지극히 아이 같은 발상에서였다. 분명히 우리가 알던 상식적 혹은 일반적인 이들과는 완전히 다른 범주에 속해 있음이 확실하다.

사업을 위해 한겨울 제주 여행을 감행한 두 사람은 무려 두 달 가까이 제주 이곳저곳을 떠돌아다녔다. 물론 소위 말하는 럭셔리 여행과는 거리가 먼 일정이었다. 매일 1~2만 원 정도의 게스트하우스에서 숙박을 해결하는가 하면 무조건 대중교통을 이용하는 등 말 그대로 배낭여행의 콘셉트를 명확하게 지킨 것이다.

두 사람은 여행 중 제법 많은 시간을 사업을 주체로 한 대화에 할애했다. 자신들만의 독자적인 브랜드를 개척하고자 했던 두 사람이 선택한 아이템은 바로 피시 앤드 칩스였다. 지난 2004년 호주 유학 시절부터 이어진 그들의 인연에서 찾은 결론이었던 것이다.

드라마는 드라마일 뿐, 착각하지 말자

다시 한겨울 제주 여행으로 돌아가보자. 약 두 달간의 방황 아닌 방황 끝에 두 사람은 '피시 앤드 칩스'라는 아이템 하나를 손에 쥐게 됐다. 이제는 실체적인 사업의 시작을 준비해야 할 때. 두 사람은 그동안 유심히 봐왔던 가게 터를 점찍고 본격적인 협상에 돌입했다. 다행히 건물 주인인 할머님께서는 흔쾌히 저렴하게 가게를 빌려줬다. 이를 위해 두 사람은 할머님에게 나이답지 않은 온갖 애교와 함께 평생 무료 음식 제공을 제시했다는 후문이다(역시 세상에 공짜는 없다).

아이템도 확정됐겠다, 임대 계약도 완료됐겠다, 장사를 위한 모든 준비가 끝났다 싶었지만 정작 정식 오픈은 이로부터도 세 달 뒤에나 가능했다. 가게의 유일한 메뉴로 정한 피시 앤드 칩스를 제대로 배워야 한다는 이유로 형 정 대표가 훌쩍 호주로 떠났기 때문이다.

참고로 이 3개월 동안 꼬박꼬박 월세를 낸 것은 물론이다. 그동안 동생 서 대표는 '혼자, 천천히, 직접' 가게 인테리어를 진행했다. 창업 자금을 한 푼이라도 아끼기 위해 별별 방법을 쥐어짜는 게 일반적인 현실에서 이들의 행동은 선뜻 이해가 가지 않는 것들 투성이다.

호주로 피시 앤드 칩스 수행을 떠나기로 결심한 정 대표는 그날 저녁 서 대표와 소주 한잔을 기울이며 조심스레 그에게 자신의 생각을 건넸다. 예정에 없던 창업 준비 과정이기에 가외 지출이 예상됐지만 서 대표는 자신의 쌈짓돈까지 털어주며 흔쾌히 'OK' 사인을 보냈다. 그렇게 정 대표는 3일 뒤 기약 없는 일정으로 호주행 비행기에 몸을 실었다.

(정홍용 대표) 사실 구체적인 계획도 없었습니다. 그저 '호주에 가서 결판을 내고 오자.', 그 생각뿐이었죠. 우선 제가 기억하고 있는 베스트 피시 앤드 칩스 가게의 리스트를 다시 점검하는 한편 다른 가게를 직접 방문하면서 정보를 좀 더 최신화하는 데 주력했습니다. 그렇게 좋아했던 피시 앤드 칩스가 보기도 싫을 정도로 매일 하루 세 끼 같은 메뉴를 먹어대면서도 제주도에서 홀로 고생하고 있을 동생 생각에 여정을 멈출 수는 없었습니다. 그렇게 몇 주 동안 수많은 가게의 피시 앤드 칩스 먹어보면서 주인장만의 특별 레시피가 무엇인지, 그 스킬은 무엇인지, 수없이 고민하고 또 고민했습니다.

하지만 정 대표는 그렇게 수박겉핥기식 방법으론 결코 자신들이 원하는 목표에 도달할 수 없다는 것을 직감했다. 그렇게 며칠 밤을 하얗게

지새우며 고민에 고민을 거듭한 정 대표는 '레시피가 아닌 사람을 공략해야 한다'는 결론에 도달했다. 쉽게 말해 그가 원하는 수준의 피시 앤드 칩스를 만드는 가게의 주인과 직원들에게 나란 사람을 알리는 게 우선이라는 생각을 한 것이다.

이후 정 대표는 즉각적인 행동에 들어갔다. 미리 정해놓은 가게를 매일 똑같은 시간에 방문해서 피시 앤드 칩스를 주문하고 주인 혹은 직원들과 소소한 이야기를 나누며 자신의 존재를 각인시켜나간 것이다.

이후 매일 출근 도장을 찍는 정 대표에게 관심을 가지게 된 레스토랑 주인과 직원들은 마침내 그와 별도의 식사 자리를 마련한 후 이런저런 질문들을 던졌다. 정 대표는 식사 자리에서 그가 왜 이곳에 발이 닳도록 방문했는지 그 이유를 설명했다. 그의 의도를 알게 된 레스토랑 관련자들은 다시 한 번 경계의 날을 세웠다. 어찌 보면 너무나 당연한 반응이었지만, 정 대표는 다시 한 번 서글픔과 좌절을 맛봐야했다.

(정홍용 대표) 다시 원점으로 돌아왔지만 여기서 멈출 수는 없었습니다. 당연히 피시 앤드 칩스로 저녁을 해결하고 침대에 앉아 곰곰이 생각해보았습니다. '내가 레스토랑의 오너라면 어떤 사람에게 마음을 열어줄까?'라고요. 하지만 도무지 그 답을 찾을 수 없더군요. 그렇게 한참을 고민하다 무작정 편지를 적어 내려가기 시작했습니다. 저의 진심과 절실함을 한가득 담아서 구구절절하게 편지를 작성한 후 다음 날 여느 때와 마찬가지로 같은 메뉴를 주문하고 은근슬쩍 매니저에게 편지를 오너에게 전달해줄 것을 부탁했죠. 그렇게 연락이 오기만을 기다리는 날들이 어찌나 초조하고 길게만 느껴지는지 말로 표현할 수 없을 정도였습니다. 그런 불안한 마을을 달래기 위해 어깨너머로 들었던 조언들을 토대로 피시 앤드 칩스를 만들고 또 만들기를 반복했습니다. 그렇게 시간은 하염없이 흐르면서 '아, 나 같은 동양인의 사정에는 관심이 없구나.'라는 자괴감에 빠져있을 때, 기적처럼 메시지가 하나 도착했습니다.

현실이 드라마나 영화보다 더욱 극적이라고 그 누가 말했던가. 정 대표의 휴대전화에 날아든 한 통의 문자 메시지는 그의 현실을 영화보다 더 영화처럼 만들었다. 오랜 시간 그토록 배우고 싶던 피시 앤드 칩스 레스토랑 대표로부터의 답장이었다.

레스토랑으로 향하는 버스 안에서 정 대표는 '제발'이란 말을 수백, 수천 번을 중얼거렸다. 혹시라도 대표의 마음이 바뀌지는 않을까 걱정됐던 것이다. 정 대표를 만난 그는 이런저런 질문을 던졌다. 정 대표는 다소 떨리지만 단호한 말투로 그의 질문에 또박또박 답을 했고 한참을 고민하던 레스토랑 오너는 마침내 주방으로의 입성을 허락했다.

그날부터 정 대표의 일상은 또 다시 바뀌었다. 낮에는 레스토랑 주방을 지키며 피시 앤드 칩스에 대한 공부를 하고 밤이면 동생 집에서 날이 새도록 생선과 감자를 튀겨냈다. 그 며칠 사이에 지은 지 얼마 안 됐던 동생 집에 소위 말하는 '기름 쩐내'가 배일 만큼 수백 마리 이상의 생선을 튀겨가며 연습에 연습을 거듭했다. 그렇게 밤새 요리를 만들고 소파에서 잠시 쪽잠을 자고 나면 직접 만든 피시 앤드 칩스를 싸들고 다시 레스토랑으로 출근해 자신의 요리에 대한 피드백을 받았다. 쉽게 말해 「출근(피시 앤드 칩스 공부)-퇴근(피시 앤드 칩스 연습)-출근(피시 앤드 칩스 평가 후 공부)」의 일상을 반복했던 것이다. 정 대표는 그렇게 수많은 실패와 그에 대한 보완을 반복하며 점차 윌라라만의 피쉬 앤드 칩스를 완성해갔다.

(정홍용 대표) 3개월에 걸친 이른바 '피시 앤드 칩스 원정대'는 나름대로 소기의 성과를 거뒀다고 평가할 수 있을 겁니다. 그때 배운 비법으로 결국 지금의 윌라라표 피시 앤드 칩스를 완성할 수 있었으니까요. 한국으로 돌아가기 전날 레스토랑 오너가 제게 "미스터 괴짜, 넌 반드시 피시 앤드 칩스를 한국에 널리 알릴 거라 확신한다. 훗날 비즈니스 파트너로 다시 만날 날을 손꼽아 기다리겠다."라는 말씀을 해주셨어요. 그 누구도, 심지어 가족에게도 잘 허락하지 않는다는 레스토랑 주방에서 마음껏 공부할 수 있게 해주신 그분께 이 자리를 빌려 다시 한 번 감사인사

덤앤더머 형제의 엉뚱한 발상이 가득한 윌라라 내부의 모습.

를 전하고 싶습니다. 조만간 다시 한 번 만나서 저희 윌라라표 피시 앤드 칩스에 대한 냉정한 평가를 받아보고 싶네요.

3년 동안 오직 피시 앤드 칩스!?

호주로 떠났던 '나 홀로 피시 앤드 칩스 원정대'의 정 대표는 개선장군 혹은 금의환향까지는 아니지만 전 세계 어디에 내놔도 부끄럽지 않은 피시 앤드 칩스 레시피를 손에 쥔 채 의기양양하게 윌라라로 향했다. 이제는 각자의 성과를 확인해야 할 시간. 정 대표가 호주에서 고군분투 할 동안 동생 서 대표 역시 세 달을 꼬박 '노가다꾼'으로 생활했다. 50년 세월의 풍파가 역력했던 낡은 건물이 서 대표의 노력으로 제법 그럴듯한 공간으로 탈바꿈됐다. 장사에 필요한 '하드웨어적인 부분'은 완벽하게 준비된 것이다.

이제는 윌라라의 유일한 대표 메뉴가 될 피시 앤드 칩스의 맛을 확인해야 했다. 정 대표는 앞으로 실제 사용해야 할 조리 기구를 이용해 피시 앤드 칩스를 만들었다.

"형, 이건 아니야. 개업 미루자."

나름 자신 있게 그동안 배운 노하우를 모두 동원해 피시 앤드 칩스를 만들었지만 정 대표 자신이 먹어봐도 도무지 맛이 나지 않았다. 호주 레스토랑과 같은 종류의 생선을 사용했는데도 불구하고 속은 촉촉하고 겉은 바삭해야 하는 튀김 고유의 특징이 전혀 나타나지 않았다. 동일 어종이라고 할지라도 호주와 한국의 환경에 따른 차이가 이런 결과로 이어졌던 것이다. 결국 재료의 문제였다는 결론이었다.

'그렇다면 어떤 생선을 사용해야 할까?'

두 사람은 머리를 싸매고 고민에 고민을 거듭했다. 이후 두 사람은 전국을 오가며 '한국형 피시 앤드 칩스'에 맞는 생선을 찾아 헤맸다. 대구, 광어, 우럭, 메기, 아귀 등 구할 수 있는 모든 종류의 생선을 구입해 피시 앤드 칩스로 만들었지만 무엇 하나 딱 맞는 궁합을 보여주지 못했다.

(서종옥 대표) 정말 당시에는 '피를 말린다'는 게 무슨 감정인지 알 것 같더라고요. 매일 돈은 나가지, 뭐 하나 확실해지는 건 없지, 이러다가 정말 장사 시작도 못해보고 접어야 할지도 모르겠다는 생각이 들 정도였으니까요. 그러던 와중에 제주도를 소개하는 한 음식 프로그램에서 '달고기'라는 어종이 나오는 것을 보게 됐습니다. 이제는 더 시험해볼 생선도 없던 차에 지푸라기라도 잡는 심정으로 달고기를 구입해 피시 앤드 칩스를 만들어봤는데, 저희가 그렇게 찾아 헤매던 재료의 이미지와 딱 맞아떨어지더라고요. 죽으란 법은 없다는 말이 절로 떠오를 정도로 기쁜 마음에 둘이 춤까지 췄다니까요(웃음).

하지만 어획량이 극히 적은 달고기를 확보하는 것 또한 문제였다. 전국 각지의 어시장을 직접 발로 뛰었지만 달고기를 전문적으로 판매하는 가게가 전무했던 탓이다. '무엇 하나 쉬운 게 없구나, 우리가 너무 욕심을 부리는 것은 아닐까?'라는 자책감이 엄습할 때쯤 지인의 소개로 찾아간

부산의 한 어시장에서 마침내 달고기를 취급하는 수산물 전문점을 확인할 수 있었다. 월라라의 위대한 한 걸음, 드디어 가시적인 장사 밑천이 마련된 순간이었다.

또한 정 대표는 달고기 이외에도 우리나라에서는 아직 다소 낯선 '상어고기'를 이용하자는 의견을 내놨다. 주변 지인을 통해 경북 영천 지역(바다가 아닌 내륙에 위치한 도시다!)에서 상어고기가 요리에 사용된다는 것을 알게 된 후 독특한 월라라의 콘셉트와도 잘 어울리겠다는 생각을 했던 것이다.

(정홍용 대표) 상어고기 피시 앤드 칩스 자체의 맛도 준수했지만 무엇보다 달고기와는 다른 식감으로 인해 요리의 전체적인 밸런스가 좋아졌다는 데 더 큰 의의가 있습니다. 포근포근하고 담백한 달고기와 쫀쫀한 육질로 인해 씹는 맛이 좋은 상어고기가 더해진 덕분에 손님들이 다양한 맛의 피시 앤드 칩스를 맛볼 수 있게 된 것이죠. 직장을 그만두고 장사를 준비하기 시작한지 무려 6개월 만에 월라라만의 피시 앤드 칩스 메뉴 초창기 모델이 확정된 감격적인 순간이었습니다.

3년 전 월라라의 출범 당시 가능한 메뉴는 오직 피시 앤드 칩스 하나였다. 국내 유일·최고의 피시 앤드 칩스 전문점을 지향한다는 두 사람의 목표(라고 쓰고 '고집'이라고 읽는다.)에 따른 결정이었다. 그 후로 3년, 이제는 제법 일이 손에 익을 만도 하지만 여전히 메뉴 하나당 20분 이상의 시간이 소요된다. 월라라에서는 손님들의 주문이 들어오면 그제야 생선을 손질하고 반죽을 만들기 시작하기 때문이다.

벌써 3년인데 요령이 좀 생길 만도 하지 않느냐는 물음에 두 사람은 "이렇게밖에 만들 줄 모른다."고 답한다.

두 사람은 아직도 3년 전 월라라가 문을 열고 첫 손님에서 처음으로 피시 앤드 칩스를 만들어주던 방식 그대로 만들고 있었다.

이렇듯 요리에 드는 시간이 많다는 것은 일정 수준 이상의 손님들을

"영국 본토의 피시 앤드 칩스에도 뒤지지 않습니다." 맛에 대한 무한 자부심이 엿보이는 윌라라표 피시 앤드 칩스.

모두 소화할 수 없다는 의미다. 실제로 아슬아슬한 일정과 상대적으로 긴 조리 시간 탓에 아쉽게 발길을 돌리는 경우가 왕왕 발생하곤 한다. 장사꾼으로서는 가장 아쉬울 법한 순간이지만 '어쩔 수 없다'는 무심한 한 마디가 전부일 따름이다.

지독한 고집, 3년차 장사꾼이란 경력이 도무지 믿기지 않는 무식함과 우직함이 오히려 듬직하게 느껴지는 것은 눈앞에서 튀겨지는 피시 앤드 칩스에 대한 믿음이 있기 때문일 터다. 3년 동안 오직 피시 앤드 칩스만, 그것도 전통 방식을 그대로 고수하는 고집불통 형제가 말하는 '장사의 역설'이 그저 반가울 따름이다.

남들과는 다른 성공의 기준

분명 윌라라는 매출이 많은 가게는 아니다. 즉 '일반적인 관점'에서 보자면 아무리 좋게 포장해도 이들이 성공했다고 평가하지는 못하리라. 하지만 두 사람의 생각은 우리와는 사뭇 다르다. 돈이 아닌 즐거움을 성공의 첫 번째 기준으로 여기는 그들의 입장에서는 오히려 돈, 돈, 돈 노래를 부르는 우리가 이상하게 보일 터다.

월라라의 초창기 시절, 하루 종일 커피 두 잔을 팔고 손에 쥔 돈이 달랑 8,000원이었던 날이 있었다. 소주 두어 병에 과자 몇 봉지를 구입하니 연기처럼 매출이 날아갔다. 아무리 긍정의 아이콘을 자처하는 두 사람이라도 힘이 빠지는 상황. 의기소침한 기분을 털기 위해 서로 소주잔을 기울이며 밤새 이런저런 이야기를 나눴다. 서로가 서로에게 의미가 돼주는 관계 덕분에 최악의 매출을 기록했음에도 불구하고 다음 날 마치 개업 첫날처럼 힘차게 하루를 시작할 수 있었다.

(서종옥 대표) 아휴, 하루 매출이 8,000원이었어요. 장사하면서 아무리 돈을 우선적으로 생각하지 않으려고 해도 참 서글프더라고요. 둘이 문을 닫고 터벅터벅 걸어서 집으로 돌아오는데, 말은 안 했지만 서로 누가 먼저 "그만둘까?"라고 해주길 바랐을 정도였죠. 그래서 진지하게 가게 문을 닫을 요량으로 형과 술잔을 사이에 두고 밤새 얘기를 했는데, 글쎄 다음 날 아무렇지 않게 다시 장사를 시작했습니다. 사실 별 얘기도 없었어요. 그냥 형이 "힘들다. 그런데 우리가 이럴 거 모르고 시작한 거 아니지 않느냐. 다시 시작해보자."라면서 음료수 잔에 소주를 가득 따라주면서 한꺼번에 들이키더라고요. 저도 별 수 있나요. 똑같이 한 잔 마셨죠. 그 다음부터는 기억이 없어요. 아침에 거울도 못 볼 만큼 눈이 퉁퉁 부었는데 신기하게 가게 문 열 시간이 되니까 눈이 떠지더라고요. 별 수 있나요. 그날도 똑같이 장사를 했죠.

흔히 동업은 하는 게 아니라고 한다. 자신과 마음이 맞지 않는 이와 함께 일을 도모하면 득보다는 실이 많다는 뜻이다. 하지만 이들 형제는 또 한 번 이러한 일반적인 상식을 정면으로 거부하며 "동업, 하는 게 좋습니다."라고 말한다.

(정홍용 대표) '기쁨은 나누면 배가 되고 슬픔은 나누면 반이 된다'는 케케묵은 격언처럼 정말 어려운 일이 생겼을 때 그저 서로에게 하소연하는 것만으로도 충분히 힘이 생기더라고요. 윌라라를 운영하면서 수십, 수백 번의 위기가 찾아왔지만 그때마다 동생과 소주 한잔 나누면서 안 좋은 생각들을 훌훌 털어낼 수 있었습니다. 간지러운 말이지만 흔히 말하는 '소울메이트'라는 관계가 저와 종옥이를 가리키는 게 아닌가 싶은 생각도 들곤 합니다. 서로에게 의지가 돼줄 수 있는 확고한 관계가 있다면, 얼마든지 같이 사업을 해보라고 말하고 싶습니다.

돈이 아닌 사람을 남기고 싶어 공간을 팔고 있다는 윌라라 형제의 주장이 그럴듯하게 다가오는 것은 오늘도 끊임없이 찾아오는 '단골'들의 익숙한 인사가 계속되기 때문일 터다. 가게 주인과 손님이라는 딱딱한 관계를 넘어 이제는 같은 기억을 공유하는 '윌라라 패밀리'로 자리매김한 것이다. 누구나 편하게 쉬어갈 수 있는 제주도의 작은 원두막을 꿈꾸는 윌라라에는 덤 앤 더머 형제, 정홍용·서종옥 공동 대표와 손님들이 함께 만들어가는 특별한 추억이 머물러 있다.

내 입에 맛없으면 다른 사람도 먹기 싫은 법

장사를 시작하면서 가장 많이 들었던 질문이 바로 "왜 피시 앤드 칩스만 고집하세요?"란 것입니다. 다른 얘기를 빼고 가장 직설적으로 말씀드리면, 그 한 가지 메뉴도 아직 제대로 만들지 못하고 있기 때문이라고 할 수 있는데요. 지금까지도 전 늘 더 나은 맛을 내기 위해 나름대로 연구를 하고 있습니다. 물론 윌라라를 처음 계획할 때 세운 '국내 최고의 피시 앤드 칩스 전문점'이란 타이틀을 당당하게 내걸기 위해서는 더 열심히 해야 한다는 건 저 스스로가 제일 잘 알고 있습니다. 개인적으로 '완벽한 맛, 완성된 맛'은 없다고 생각합니다. 요식업계 종사자라면 항상 더 나은 맛을 위한 노력을 게을리 하지 말아야 할 것입니다. 적어도 내 입에 맛없는 음식은 내놓지 말아야 하지 않겠습니까(웃음)?

정홍용 윌라라 공동 대표

제주도에서 가장 문턱이 낮은 쉼터 되고파

사람은 다른 사람과 관계를 맺음으로써 살아가는 사회적 동물입니다. 불특정 다수에게 제품을 판매해야 하는 장사꾼에게 손님과 올바른 관계를 설정하는 것은 그 무엇보다 중요한 요소라고 할 수 있죠. 때문에 윌라라는 손님들이 '편안하다'는 느낌을 받도록 최선을 다하고 있습니다. 어린 시절 놀러 갔던 외할머니집처럼 낡은 공간을 그대로 살린 인테리어를 선택하고 고민할 필요 없는 단일 메뉴를 설정해 손님들이 편하게 머물다 갈 수 있도록 했습니다. 또한 필요하다면 여행에 대한 정보를 공유하고 다른 손님들과의 자연스러운 대화를 이끌어내는 등 '사람'과 '공간'에 집중하고자 노력하고 있습니다.

누구나 편하게 들어와서 시원한 물 한 잔 공짜로 얻어 마시고 가도 미안하지 않은, '제주도에서 가장 문턱이 낮은 가게가 되는 것이 저희 윌라라의 목표입니다.

서종옥 윌라라 공동 대표

14.
매너가 사람을 만든다
'노커스'

" 진정한 남성들을 위한
'신사 수업' "

영화 <킹스맨>의 주요 배경 중 하나인 영국의 맞춤양복 전문점 '헌츠맨 앤드 선(Huntsman & Sun)'은 수백 년 동안 수많은 신사의 동반자가 돼왔다. 몸에 꼭 맞는 세련된 옷맵시는 상대방과 관계를 맺는 데 보다 긍정적인 효과를 발휘할 수 있다는 연구 결과는 옷이 갖고 있는 의미가 단순히 멋을 내기 위한 수단에 그치지 않음을 대변해준다. 하지만 신사의 나라 영국과는 달리 우리나라에서는 아직 맞춤양복에 대한 정확한 이해와 인식이 부족한 현실이다. 독창적인 신사 수업으로 남성의 품격을 제고시키고 있는 '한국판 킹스맨의 산실', 박지현 노커스 대표가 말하는 옷에 대한 가치를 재조명한다.

대한민국 최고의 양복장이를 꿈꾼다

현대그룹 본사 사옥이 위치한 계동 초입에는 '영국적인' 느낌이 물씬 풍기는 테일러메이드 전문점 '노커스(Knockers)'가 둥지를 틀고 있다. 남성복 재단사 혹은 양복장이를 의미하는 테일러(Tailor)는 우리나라에서는 흔히 맞춤양복 전문점을 일컫는다.

　100년 이상의 오랜 역사를 온몸으로 보여주듯 세월의 풍파를 고스란히 간직한 낡은 단층 건물 한쪽에 들어선 노커스. 나무가 주는 따뜻한 첫인상이 눈에 띄는데, 직접 제작한 맞춤복과 구두, 각종 원단은 물론 마초들을 위한 작은 위스키 바까지 갖춰져 있다. 100년 역사의 한옥에서 서양 대표 복식을 한국적으로 풀어가고 있는 것이다. 지난 2015년부터 노커스를 운영해오고 있는 '계동 신사' 박지현 대표는 우리나라 남성들의 품격을 제고하고자 테일러메이드 전문점을 오픈하게 됐다.

　우리가 잘 인식하지 못하고 있지만, 일상에서 옷이 차지하는 부분은 생각보다 훨씬 큽니다. 예컨대 같은 목적으로 각기 다른 사람을 만나더라도 옷차림에 따라 상대방에 대한 인상이 달라지는 것처럼 말이죠. 물론 무조건 비싼 옷이 정답이라는 뜻은 아닙니다. 모든 사물에는 저마다의 쓰임새가 있고 자신의 집에 있는 물건들에도 제자리가 있는 것처럼 사람들도 각자에게 맞는 옷이 있기 때문에 자신만의 스타일을 정하는 게 우선돼야 합니다.

사실 우리나라의 테일러 시장의 규모는 '신사의 나라' 영국을 비롯해 이탈리아나 미국, 일본 등에 비해 매우 작은 편에 속한다. 무엇보다 소위 말하는 '기성복'이 의류 시장의 대부분을 차지하고 있어 '옷을 맞춰 입는다'는 인식 자체가 부족한 현실이다. 물론 예전에 비해 옷에 대한 가치가 점차 확대되고 그에 맞는 소비가 이뤄지는 추세지만 고객들이 느끼는 맞춤복 전문점의 진입벽은 여전히 높기만 하다. 쉽게 말해 대부분의 사람들은 그동안 옷을 구입할 때 정해진 사이즈에 맞춰 일괄적으로 제작된 기성품을 구입한다는 명제에 익숙해진 것이다. 하지만 세상에 자신과 똑같은 사람이 한 명도 없듯, 체형 역시 각양각색일 수밖에 없다. 이러한 관점에서 보면 기성복이라는 제품은 그저 의류와 체형의 오차를 최소화하기 위한 기준일 뿐 정작 자신에게 꼭 맞는 옷은 아닌 것이다.

박 대표는 '맞춤복은 비쌀 것'이다라는 편견을 덜기 위해 최선을 다하고 있다. 노커스의 경우 국내 중고가 기성복 정도의 가격대로 세계 최고 수준의 이탈리아 및 영국산 원단을 사용한 맞춤옷을 판매하고 있다.

분명히 말씀드리지만 기성복이 품질이 나쁘다거나 뭔가 문제가 있다는 의미는 결코 아닙니다. 다만 옷은 하루 중 대부분을 몸과 가장 가깝게 닿아 있고, 옷이 지향해야 하는 가장 중요한 가치가 바로 편안함이라는 사실에 비춰봤을 때 자신의 체형에 딱 맞아떨어지는 맞춤복을 선택한다면 삶의 질이 한층 높아질 것이란 뜻입니다. 하지만 국내 의류시장의 대부분을 기성복이 차지한 지 오랜 시간이 흐른 지금에는 고객들이 느끼는 테일러 시장에 대한 진입 장벽이 높은 것이 현실입니다. 기성복에 비해 상대적으로 높은 가격이나 의류를 제작하는 데 소요되는 시간 등 여러 이유가 있지만 무엇보다 '옷을 맞춘다'는 인식 자체가 부족하기 때문이죠. 맞춤복은 단순히 비싼 돈을 주고 옷을 사는 행위가 아닙니다. 내 몸에 꼭 맞는 옷을 선택함으로써 스스로에 대한 가치와 품격을 높이는 일종의 자기 투자인 것입니다.

승승장구 대기업 유망주
하루아침에 사표를 던지다

올해 37세의 박 대표가 험난한 사회생활에 첫발을 내디딘 것은 지난 2006년인 27세 때로 거슬러 올라간다. 대학교와 군 복무를 모두 마친 후 졸업과 동시에 국내에서도 손꼽히는 기업인 웅진그룹에 입사해 3년간 영업사원 및 신입사원 교육 업무를 담당해왔다. 묵묵하고 책임감이 강한 성격의 박 대표는 무난하지만 제법 좋은 평가를 받으며 회사 생활에 적응해 나가고 있었다.

하지만 입사 만 3년 차였던 30세에 박 대표는 돌연 사직서를 제출한 뒤 회사를 떠났다. 대다수 사람들이 원하는, 그것도 아무런 문제없이 착실한 성장을 거듭하고 있는 이른바 '좋은 직장'을 떠난 것이다.

간단하게 얘기하면 '내가 좋아하는 일'을 하고 싶어서였습니다. 직장 내에서 제법 인정을 받고 있던 것도 사실이고 회사도 스스로도 괜찮다 여길 만한 업무 환경 및 조건이었지만 정작 하루를 마치고 침대에서 눈을 감을 때마다 뭔지 모를 공허함이 느껴지더군요. 사실 처음에는 그저 일이 힘들어서 그런 거라 제 자신을 애써 다독이며 매일에 충실하고자 노력했습니다. 하지만 하루하루 제가 좋아하는 일을 하고 싶다는 바람은 커져만 갔습니다. 고민은 길었지만 결정은 빨랐습니다. 입사 만 3년째를 맞이한 어느 날 사직서를 제출해버린 거죠. 주변에서는 전혀 예상치 못했던지라 모두 만류했지만 정작 저는 새로운 도전에 이미 모든 시선을 쏠려 있던 상황이기에 유턴은 아예 선택지에 있지도 않았습니다.

모든 노커스의 제품들은 세계 최고 수준의 원단을 사용해 제작된다.

　　이후 박 대표는 국내 유수의 테일러 교육 기관에 입학하며 본격적인 양복장이의 길을 걷게 된다. 제법 늦은 나이, 전혀 다른 분야로의 도전 등 불리한 조건들뿐이었지만 자신이 좋아하는 일을 한다는 충실함은 박 대표의 발걸음에 확신을 심어줬다.

　　박 대표는 전문적인 테일러 교육을 수강하며 지난 2010년 '남자 복식 연구소'라는 컨설팅 업체를 창업했다. 이름 그대로 남성 패션에 대한 전반적인 컨설팅을 주요 업무로 하는 남자 복식 연구소는 박 대표의 오랜 꿈이 실현된 공간이었다. 이후 박 대표는 남자 복식 연구소의 첫 사업으로 '100人 스타일링 프로젝트'를 시행했다. 무료 컨설팅을 기본으로 국내 유수의 포털 사이트와 함께 진행한 해당 프로젝트는 박 대표에게는 새로운 도전이자 공부였다.

　　단순히 100명의 고객에게 잘 어울리는 옷을 찾아주는 프로젝트가 아니었습니다. 헬스클럽 앞에 놓인 비포 애프터(Before After) 사진처럼 해당 프로젝트에 참가한 인원에 대한 전반적인 스타일링을 진행한다는 것이 요지였습니다. 오늘은 헤어 스타일링, 내일은 패션 컨설팅, 모레는 액세서리 구입을 진행하는 식이었는데 물리적인 시간이 많이 소요됐습니다. 낮에는 참가자와 전국 곳곳을 돌아다니며 그에 맞는 컨설팅을 진행하고 밤이면 다음 대상자에 대해 공부하는 일상을 반복했습니다. 하루에 서너 시간도 채 잠을 자지 못했던 기억이 생생합니다. 100명을 모두 마치기까지 1년이란 시간이 걸릴 정도로 제 상황에서는 대규모 프로젝트였기에 심신이 모두 방전됐지만 스스로 느낀 보람은 더없이 충실했습니다. 첫 프로젝트가 성공적으로 마무리되고 방 침대에 누웠을 때 막연하고 불안했던 제 도전에 분명한 확신을 갖게 됐습니다. 몰라보게 변한 모습으로 환한 미소를 머금은 채 제게 고맙다고 말하는 참가자 100명의 모습은 제 꿈에 대한 가장 확실한 성적표였던 셈입니다.

박 대표는 이후 5년 간 남자 복식 연구소를 운영하며 수백 명에 달하는 고객들의 컨설팅을 진행했다. 당시 남자 복식 연구소에서는 현재 노커스처럼 직접 맞춤복을 제작하지는 않았다. 때문에 컨설팅을 통해 옷을 구입할 가게의 방문을 비롯해 모든 과정을 고객과 동행해야 했기에 긴 시간이 필요했고, 더 많은 요청을 소화할 수가 없었다. 실제로 박 대표에게 컨설팅을 원하는 대기 고객이 두 자리릿 수를 넘어갈 정도였다.

이에 박 대표는 오랜 고민과 준비를 거쳐 남자 복식 연구소를 새롭게 개편해 노커스란 이름으로 재출항을 결심했다. 기존의 남자 복식 연구소에서 갖추지 못했던 맞춤복 제작 시스템 구축을 중심으로 보다 전문적인 테일러 전문점으로 발돋움하기 위한 결정이었다.

전도유망한 대기업 유망주가 아직 불모지인 테일러 시장을 향한 도전장을 내민 지 어느새 8년. 이제는 여러 대기업 총수(국내 10위권에 속하는 대기업 총수가 인터뷰 중 실제로 가게를 방문했다!)들을 비롯해 '유느님' 유재석 씨와 각계각층의 유력 인사들이 찾아올 만큼 국내에서 손꼽히는 테일러 전문점으로 인정받고 있다.

단순히 유명한 인물들이 찾아온다는 사실만으로 '노커스가 최고'라고 평가하는 것은 제가 먼저 사양하고 싶습니다. 노커스는 일부 사회적 명망가만을 위한 공간이 아닙니다. 물론 그런 저명인사들이 노커스를 찾아온다는 사실에서 더없이 큰 자부심을 느끼는 것은 사실이지만 제게는 그분들이나 다른 고객들이나 모두 같은 위치에 놓여 있을 뿐입니다. 무엇보다 저희 가게를 찾아오는 고객들에게 자신도 미처 몰랐던 모습과 숨은 매력을 찾아줌으로써 삶의 새로운 전환점을 마련하는 신사 양성소의 역할에 충실하고 싶습니다. 또한 보다 많은 고객들에게 테일러메이드에 대한 가치를 확인시켜주면서 그들이 보다 나은 삶을 영위할 수 있도록 돕는 라이프 컨설턴트가 되는 것을 지향하고 있습니다. 보이지 않는 테일러전문점에 대한 벽을 낮추기 위한 노력이야말로 제가 단 한순간도 소홀히 하면 안 되는 노커스의 근본이자 철학인 것입니다.

첫 컨설팅에 기본 두 시간
고객들이 고개 저을 정도

다시 한 번 짚고 넘어가자. 노커스의 기본 아이덴티티는 테일러메이드 전문점, 즉 직접 제작하는 남성 맞춤복 전문점이다. 하지만 박 대표는 노커스의 활동 범주를 의류에만 국한시키지 않는다. 이른바 '신사 수업'이라 이름 붙여진 노커스만의 특화 컨설팅을 통해 말 그대로 머리부터 발끝까지 모든 부분에 대한 긍정적인 변화를 이끌어내는 데 중점을 맞추고 있다.

물론 가장 기본적으로 체형에 맞는 편안하고 세련된 옷을 제공하는 것이 노커스의 주요 업무임은 분명합니다. 하지만 어디 옷만 그럴싸하게 입는다고 하루아침에 사람이 바뀌나요. 무엇보다 외모에 치중된 컨설팅은 자칫 왜곡된 결과를 가져올 수 있기 때문에 오랜 시간을 들여 고객과 여러 차례 대화를 나눔으로써 서로 신뢰와 유대감을 형성하는 데 노력하고 있습니다. 노커스에서는 예약제로 상담을 진행하는데, 처음 방문하는 고객에게 '상담에 두 시간은 예상하고 방문하라'고 미리 얘기해둡니다. 고객들은 '무슨 옷을 맞추는 데 그렇게 시간이 오래 걸리느냐'고 반문하는데 단순히 맞춤복을 제작하는 데 그렇게 시간이 드는 것이 아닙니다. 예전에 제가 남자 복식 연구소를 운영할 때도 첫날에는 하루 종일 고객과 그저 잡담으로 시간을 보내곤 했습니다. 같이 식사를 하고 기분이 내키면 간단한 술자리를 가지면서 그 속에서 자연스럽게 표출되는 고객들의 요구를 잡아내는 것이죠. 지금 역시 마찬가지입니다. 마치 취조하듯 "어떤 스타일을 원하세요?", "고객님에게는 이런 스타일이 좋을 것 같아요"와 같은 일방적인 대화 방식으로는 결코 최상의 결과를 기대할 수 없다는 확신을 갖고 있기 때문입니다.

앞서 언급한 대로 노커스의 기본은 맞춤복 제작, 즉 테일러메이드다. 이를 위해 박 대표는 영국과 이탈리아, 일본에 있는 유수의 테일러메이드 전문점을 직접 방문하며 그들을 벤치마킹했다. 현재 노커스는 옷 제작에 필요한 모든 과정에 대한 전문가와 업무 협약을 맺고 이를 통해 전 세계 어디에 내놓아도 인정받을 정도의 고품질 맞춤복을 제작하고 있다.

바로 앞서 말했듯 '전 세계 어디에 내놓아도 인정받을 정도의 고품질'이란 문장은 필자 개인의 의견이나 수사적 표현이 아니다. 박 대표는 창업과 사업 중 여러 차례 영국과 이탈리아 등 테일러메이드 분야의 선도국을 방문해왔다. 당시 그는 직접 제작한 맞춤복에 대해 여러 현지 전문가의 평가를 요청했다. 노커스란 브랜드가 테일러메이드 본토에서 첫 선을 보인 순간이다. 당시 노커스는 매우 높은 평가를 받았다. 실제로 피티 워모(Pitti Uomo: 세계 최고의 남성복 박람회 겸 패셔니스타들의 전쟁터)에 참여해 《뉴욕타임스(Newyork Times)》와 《지큐(GQ)》 영국을 비롯해 영국 테일러 저널인 《젠틀맨스 가제트(Gentlemen's Gazette)》 등 세계적인 공신력을 자랑하는 유수의 매체에 소개될 정도였으니 '인증' 혹은 '공증'의 증거는 이미 차고 넘칠 정도다.

무엇보다 당시 전문가들이 높은 점수를 준 부분은 '가성비' 측면이었다. 무조건 최고급 원단을 사용해 제품 가격을 높이기보다는 고객들의 여러 상황과 취향에 부합하는 적합한 원단을 선택함으로써 합리적인 가격대를 실현했다는 평가를 받은 것이다. 현재 노커스 맞춤복의 주력 제품은 80~100만 원 사이에 형성돼 있으며 맞춤 구두의 경우 20~30만 원가량에 판매하고 있다. 기존의 기성복보다 비싸다고 할 수 없는 매우 합리적인 수준이다.

> 무조건 비싼 원단을 사용하는 게 정답은 아닙니다. 예를 들어 체중 기복이 심한 고객의 경우에는 신축성이 좋은 원단이 적합한 것처럼 각자의 체형과 그 특징에 맞는 원단을 선택하는 것이야말로 패션 컨설턴트로서 가장 기본적인 소양이라고 생각합니다. 이후 맞춤복 제작 중 제일 중요한 고객의 체형을 꼭 맞추기 위한 '가봉' 절차를 거쳐 재단과 박음질 등 수많은 과정을 마친 후에야 비로소 나만을 위한 옷이 탄생하는 것입니다. 군복에서 시작한 슈트는 그 어떤 옷보다 부자재가 많이 사용되는 옷입니다. 때문에 보다 섬세하고 세밀한 실측과 가봉을 바탕으로 전문적인 기술이 더해져야만 합니다. 노커스가 지향하는 테일러메이드는 고객들이 가장 편안하게 일상을 영위할 수 있는 옷을 제작함으로써 삶의 질과 품격을 높여주는 최고의 수단으로 인정받는 것입니다. 제가 직접 해당 과정에 모두 참여해 최대한 고객들에게 합리적인 가격에 제품을 제공할 수 있도록 노력하는 것도 나름의 배려인 셈입니다. 앞으로도 국내 테일러 시장의 인식을 바꿔나가는 데 작은 계기라도 될 수 있도록 늘 초심으로 최선을 다할 것을 약속드립니다.

현재 박 대표는 노커스 운영 이외에도 여러 창구를 통한 신사 수업 혹은 스타일링 클래스 관련 강의를 진행하고 있다. 신사 수업이란 기본 주제를 중심으로 대학교와 기업 등에서 강의를 펼치고 있는 것이다. 포항공대와 고려대, 중앙대를 비롯해 최근에는 로레알코리아와 쉐보레 등 국내 유수의 대학교 및 기업에서 그에게 강의를 요청하고 있다. 특히 그의 강의는 남성들의 만족도가 매우 높은데 이후 청강생이 실제 고객으로 노커스를 방문하기도 한다. 반대로 말하면 남성들에게 내재된 패션에 대한 갈증이 얼마만큼 간절했는지를 반증해주는 사례다.

세련된 자신의 모습을 꿈꾸는 남성들의 바람이 현실화되는 노커스의 신사 수업은 오늘도 진행 중이다.

한국의 닉 우스터 '박영철 이사'
20년 뒤 박지현 대표의 모습을 투영하다

박 대표가 회사 생활을 그만두기로 결심했던 이유 중 하나는 바로 '10년, 20년 뒤 자신의 모습'을 손쉽게 예측할 수 있었기 때문이다. 쉽게 말해 자신이 지금처럼 열심히 일한다고 가정했을 때 10년 뒤에는 자신의 앞에 있는 부장으로 승진할 것이고, 수백 대 일의 경쟁률을 뚫는다면 20년 뒤 임원이 돼 있으리란 '뻔한 미래'가 이미 같은 사무실 내에 머물러 있었던 것이다.

매일 얼굴을 마주치는 부장님, 상무님, 전무님의 현실이 제 미래의 모습이라고 생각하니 뭔지 모를 허탈감이 밀려오더라고요. 물론 그분들의 삶을 폄하하는 것은 절대 아닙니다. 하지만 내 스스로가 정말 원하는, 혹은 즐거운 일이 아니라는 사실도 그리 달갑지 않은 상황이었는데 늘 똑같은 일상만 반복하는 회사원으로서 평생을 살아가고 싶지는 않았어요. 그래서 과감하게 회사를 박차고 나온 것입니다. 물론 지금에 이르기까지 경제적으로 어려운 시기도 제법 길었습니다. 하지만 제가 즐겁다 느끼는 일을 하고 있다는 충실함은 단순히 경제적 보상으로 따질 수 없는 크나큰 가치를 느끼게 했습니다. 사업 10년차가 가까워지는 지금은 당시 예상했던 부장님보다 더 큰 경제적 이익을 창출하고 있으니 이래저래 만족스러운 삶을 살고 있다고 확신합니다.

현재 노커스에는 박 대표의 아버지이자 이사인 박영철 씨가 함께 일하고 있다. 숭실대학교 사서 및 출판국장으로 정년퇴직한 박 이사는 환갑을 훌쩍 넘긴 나이가 믿기지 않을 정도로 놀라운 패션 감각을 자랑한다. 앞서 말한 이탈리아 의류 전문잡지에서 그의 사진을 함께 실었을 정도다. 패셔니스타로 유명한 닉 우스터의 재림이라고 평사해도 부족함이 없다 (참고로 해외 출장을 나갈 때는 늘 두 부자가 함께 다닌다).

평소 노커스 한 쪽에서 조용히 책을 보며 고객들과 가벼운 대화를 나누는 박 이사는 그저 그 자리에 존재하는 것만으로도 든든한 동업자로 자리매김한다. 고객들은 박 이사와 나누는 인문학 중심의 담담한 대화 속에서 자신의 내면을 성찰하는 시간을 갖고 한다. 실제로 어떤 고객은 방문 전 사전 예약에서 '박 이사님 자리에 계시냐'고 묻는 경우도 있을 정도다.

> 제 아버지라서가 아니라, 어른으로서 바라본 그의 모습을 20년 뒤의 제가 재현하는 것이 삶의 목표 중 하나입니다. 실제로 노커스의 '신사 수업'이란 콘셉트는 저희 아버지를 모티브로 정한 것이기도 하고요. 외면이 아닌 내면까지 품격을 갖출 때만이 진정한 신사로 인정받을 수 있는 거죠. <킹스맨>의 명대사 '매너가 사람을 만든다'란 말의 의미가 새삼 특별해지는 이유입니다. 제가 노커스를 이끌어갈 수 있는 또 하나의 이유이자 힘이 돼주시는 아버지, 박영철 이사님께 이 자리를 빌려 진심으로 감사의 인사를 전하고 싶습니다.

참 험한 세상이다. 그저 하루하루 살기 바쁘고, 남보다는 나를 위해 살아가는 치열한 현실에서 어느 드라마 제목처럼 '신사의 품격'을 바라는 것은 짐짓 무리일 터다. 하지만 우리가 이렇듯 전쟁과 같이 처절한 경쟁 사회를 살아가기 때문에 오히려 타인에게서 신사의 배려를 느끼고 싶은 것인지도 모른다.

한국판 킹스맨의 산실, 평범한 남성들이 번듯한 신사로 재탄생하고 있는 노커스의 가치가 더욱 특별하게 다가온다.

'겉과 속에 자기다움이 갖춰졌을 때, 진짜 내 인생이 시작된다.'

어떤 일을 하든 자신의 기질과 적성에 맞는 일인지, 적어도 10년 이상 꾸준히 즐겁게 할 수 있는 일인지, 내가 아니면 안 되는 일인지 오랫동안 고민해보고 시작하면 좋을 것 같습니다. 사실 제 경우 어릴 적부터 그 누구도 제가 사업가 체질이라고 생각하지 않았습니다. 그냥 제가 좋아하는 일을 하고 그걸로 먹고사는 문제를 해결하니 그게 곧 사업이 되더군요. 내가 어떤 가치를 만들어낼 것인가, 그것으로 사회에 긍정적인 영향을 미치는가, 그 일이 나다운 일인가를 고민하는 '테스트 과정'을 꼭 거치고 시작하셔도 좋다고 생각합니다. 공무원이든, 직장인이든, 자영업이든 어떤 일이든 스스로 내가 어떤 사람인가에 대해 충분히 고민해보는 시간을 가져야 합니다. 그렇게 시작을 했다면, 주변에 나보다 훌륭한 사람들을 많이 두고 그들의 도움을 받아야 하는데, 그러려면 내가 지향하는 가치와 이 일을 하는 이유가 명확해야 그런 사람들과 함께할 수 있습니다. 내가 잘나서가 아닙니다. 우선은 생각만 하지 말고 어떻게든 두드려(Knock) 보시기 바랍니다. 끊임없이 두드리단 보면 답이 나올 수밖에 없을 테니까요. 그러면 답을 찾을 수 있을 겁니다(Seek and ye shall find).

박지현_노커스 대표

15.

나만의 멋으로 역사에 남으리 '에반스타일'

"특화 아이템으로 나만의 블루오션을 개척한다"

> 우리나라 사람들은 참 분류하고 분석하길 좋아한다. 뉴스를 통해 자주 접하는 'OO시장 규모 OOOO억 원에 이르러'와 같은 문구처럼 말이다. 물론 이러한 통계는 해당 사업에 종사하거나 새롭게 창업을 준비하는 이들에게는 가장 기초적인 자료이다. 하지만 단순히 시장 규모의 크고 작음으로 창업 방향을 정하는 것이야말로 가장 어리석은 행동임을 명심해야 한다. 자신만의 특화 아이템으로 레드오션 속 새로운 블루오션을 개척한 송인한 에반스타일 원장과 함께 '누가 뭐래도 마이 웨이' 동행을 시작한다.

국내 최초 남성전문 헤어숍
미용인 日, '100퍼센트 망할 것'

국내 미용업계에서는 여자 머리가 돈이 된다는 말이 정설로 받아들여진다. 언뜻 생각해도 주로 단순한 커트를 원하는 남성에 비해 펌, 염색, 영양, 매니큐어 등 헤어스타일에 보다 많은 비용과 시간을 투자하는 여성이 소위 말하는 '큰 고객'임은 명명백백하다. 실제로 일반 헤어숍의 매출 중 여성 고객이 차지하는 비중이 70~80퍼센트에 이른다.

쉽게 말해 미용업계는 오랫동안 '여성 고객을 잡아야 한다'는 명제에 충실해왔던 것이다.

하지만 지난 2006년 출범한 '에반스타일'은 미용업계의 이러한 오랜 고정관념을 뒤집고 국내 최초로 남성전문 헤어숍이란 타이틀을 전면에 내세웠다. 물론 지금은 다양한 특화 분야로 각종 전문 헤어숍이 세분화되어 속속 선보이고 있지만, 당시 송인한 에반스타일 원장이 선택한 남성전문 헤어숍이란 전혀 새로운 분야로의 도전은 매우 파격적이란 평가를 받았다.

창업을 준비하면서 가장 많이 들었던 게 "너 100퍼센트 망한다."라는 말이었습니다. 제법 많은 여성 단골고객을 갖고 있는 헤어숍조차 줄줄이 문을 닫는 마당에 돈도 안 되는 남자 고객만 상대하다가는 금세 망하리라는 예측이었던 거죠. 100명이면 100명 모두 하나같이 남성전문 헤어숍이란 간판이라도 내리라고 조언 아닌 조언을 했지만, 저는 완전히 의견이 달랐습니다. 파이(시장 규모)가 큰 분야로 뛰어들면 당분간은 가게를 유지할 수 있겠지만 정작 그 파이에 달려드는 개미(종사자)들의 수가 얼마인가가 더 중요하다고 생각했거든요. 쉽게 말해 맛있고 큰 케이크에는 그만큼 더 많은 개미가 달려들기 마련이지만, 상대적으로 먹기 힘든 곳에 있는 작은 케이크에는 접근하지 않는다는 것이죠. 제가 결정한 '남성전문 헤어숍'이란 아이템이 바로 그 먹기 어렵고 작은 케이크였던 셈입니다.

송 원장이 정한 남성전문 헤어숍이란 에반스타일의 아이덴티티와 그 가치는 개업과 동시에 곧바로 입증되기 시작했다. 에반스타일은 오픈 이후 모든 이의 예상을 뒤엎고 승승장구한 것이다. 사실 송 원장 스스로도 예상하지 못했을 만큼 빠른 성장이었다.

에반스타일이 이렇듯 놀라운 성과를 거둘 수 있었던 이유로는 먼저 변화하는 남성헤어 관련 시장의 흐름을 정확히 잡아낸 송 원장의 감각을 꼽을 수 있다. 남자는 머리빨. 그가 운영하는 블로그 제목이다. 문구가 의미하듯, 헤어스타일에 대한 남성들의 관심은 오히려 여성들보다 훨씬 컸던 것이다. 이에 송 원장은 기존의 헤어숍들이 여성 고객 위주로 돌아가는 탓에 남성 고객들이 이에 위축되는 현실을 정확히 파악한 후 그들만을 위한 공간을 창조해내겠다는 결심을 세웠다.

특히 에반스타일만의 '카테고리별 헤어스타일 샘플 이미지 분류'에 주목해야 한다. 이는 송 원장이 독자적으로 개발한 것으로 각기 다른 얼굴 형태 및 머리카락 상태에 따른 헤어스타일 샘플 사진을 분류해두고, 이를 미리 고객에게 제공해 고객이 자신에게 가장 어울리는 헤어스타일을 직접 확인할 수 있는 콘텐츠다. 예컨대 각진 얼굴 형태의 반곱슬 머리카락을 가진 고객에게는 같은 얼굴형과 머리카락 상태를 갖고 있는 샘플 사진을 보여줌으로써 시술 후 자신의 모습을 미리 알 수 있도록 하는 식이다.

> 누구나 한 번쯤은 인터넷 쇼핑몰에서 옷을 사본 경험이 있을 겁니다. 그런데 모델이 입고 있는 옷이 예쁘게 보였는데, 막상 직접 입어보면 참 이상하다고 느껴진 적이 있지요. 왜 이런 일이 벌어질까요? 답은 간단합니다. 모델과 나의 체형은 다른데 그 옷맵시가 자신에게도 고스란히 적용될 거라고 착각했기 때문이죠. 헤어스타일 역시 마찬가지입니다. 얼굴 형태와 머리카락의 상태에 따라 그에 맞는 스타일이 각자 다르기 마련인데, 대부분의 고객들이 그저 최근 유행하는 헤어스타일 혹은 유명 연예인들의 그것을 맹목적으로 따라 하기를 원하는 경우가 많습니다. 자신에게 맞지 않는 크기의 옷을 입는 것과 같은 꼴인 셈이죠. 실제로 그런 고객들의 대부분이 나중에 불만족을 표시하기에 더욱 안타까울 따름입니다. 때문에 고객들의 이러한 시행착오를 최소화하기 위해 오랜 고민 끝에 고객과 비슷한 조건을 갖춘 모델들의 샘플 사진을 보여주자는 생각을 하게 됐습니다.

에반스타일을 방문하는 모든 고객들은 본격적인 헤어 시술에 앞서 10~20분 이상, 제법 오랜 시간을 들여 상담을 진행한다. 담당 헤어디자이너는 에반스타일만의 샘플 사진을 보여주며 고객에게 가장 잘 어울릴 만한 스타일을 권한다. 처음에는 다소 쑥스러워하던 고객들도 몇 차례 방문을 거듭하면 오히려 자신이 먼저 의견을 내놓을 만큼 스스로에 대한 자존감이 부쩍 높아지곤 한다. 적어도 이곳에서는 "알아서 잘 잘라주세요."라고 말하던 소심한 남성 고객의 모습을 볼 수 없는 것이다.

에반스타일의 헤어스타일 샘플 사진은 매일 업그레이드되고 있다. 하루가 멀다 하고 새로운 헤어스타일이 선보이는데, 시대의 흐름에 따라 선호하는 스타일도 변하기 때문에 그에 맞는 최신 콘텐츠를 구축하는 일이 필수다.

오랫동안 남성들이 말하지 못한 헤어숍에 대한 불만을 한 방에 해결해준 에반스타일만의 특화 정책이 더욱 가치 있게 다가온다.

헤어숍이라고 헤어 시술만 해야 해?
스스로 한계를 정하는 멍청한 행위는 NO!

에반스타일은 기존 헤어숍의 한계를 넘기 위해 다양한 시도를 지속해왔다. 지금까지 에반스타일의 가장 기본적인 사업 철학이자 이념으로 손꼽히는 '남성 토털 솔루션', 남성 고객의 품격을 제고시키기 위한 모든 요소가 바로 그 핵심이다.

쉽게 생각해볼까요. 남성들이 왜 제법 비싼 요금을 지불하면서 한 달 혹은 그보다 짧은 주기로 헤어스타일을 관리할까요? 다른 사람에게 자신이 보다 멋있고 세련되게 보이길 원하는 욕구가, 아름답게 보이고자 하는 여성의 욕망과 크게 다르지 않기 때문입니다. '외모지상주의'라는 말에 동의하지는 않지만 사회적 동물인 인간으로서 살아가기 위해서는 보다 깔끔한 인상이 긍정적인 반응을 이끌어낸다는 사실을 부정하기 어려운 건 사실입니다. 하지만 단순히 헤어스타일만으로 남성의 품격이 제고되지는 않습니다. 예컨대 여성이 구두를 사면 그에 어울리는 옷과 가방까지 산다는 우스갯소리와 같은 맥락이라고 할 수 있죠. 남성 역시 자신의 전체적인 품격을 높이기 위해 머리부터 발끝까지, 즉 헤어스타일부터 피부 및 몸매 관리, 옷맵시 등 모든 부분에 신경을 쓰고 있습니다. 에반스타일이 지향하는 남성 토털 솔루션은 말 그대로 남성들이 갖고 있는 욕망을 한 공간에서 모두 해결할 수 있게 해준다는 의미입니다.

송 원장의 이러한 도전은 오랫동안 '그저 헤어 시술만 잘하면 그만'이라는 데 머물러왔던 헤어 시장의 한계와 편견을 정면으로 반박하는 것이다. 그간 헤어숍은 단순히 헤어 관련 시술이란 한 분야에 대한 서비스만을 제공함으로써 이윤을 창출해내는 구조가 일반적으로 여겨졌다. 하지만 송 원장은 여기에 근본적인 의구심을 제시하며 헤어숍에 대한 인식

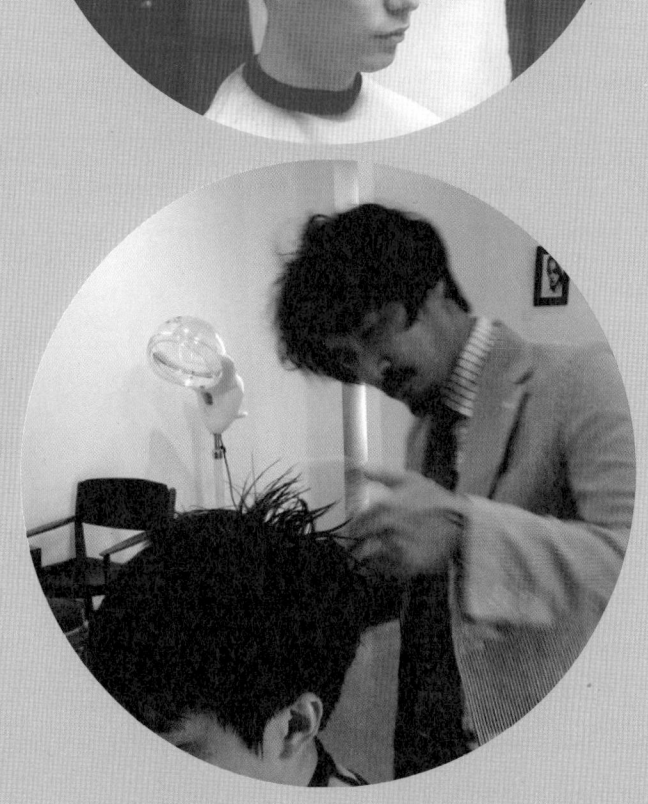

남성들의 품격을 높이기 위한 송인한 원장의 노력은 오늘도 계속되고 있다.

나만의 멋으로 역사에 남으리 '에반스타일'

자체를 바꿔야 한다는 결론에 이르렀던 것이다.

이후 송 원장은 스타일 컨설턴트, 의류 디자이너, 헬스트레이너, 피부과 전문의 등 다양한 분야의 전문가들과 업무 협약을 맺고 실질적인 시스템 구축을 시도했다. 아예 에반스타일 내 별도의 공간을 마련해 숍 인 숍(shop in shop) 형태로 관련 상담을 진행하는가 하면 고객들에게 가장 필요한 부분에 대한 전문가를 연결시켜주기도 했다.

요식업에 불고 있는 '퓨전 열풍'이 시사하는 바에 주목해야 합니다. 다양한 나라의 요리 중 장점만을 취합해 완전히 새로운 메뉴를 개발하는 퓨전은 이제 과거에 고착화된 편견을 버려야 한다는 것을 증명해줍니다. 헤어숍 역시 마찬가지입니다. 수만 원 이상의 비용을 지불하고 헤어스타일을 관리하는 남성 고객은 대개 그와 비례해 여타 스타일에 대해서도 높은 관심을 갖고 있습니다. 그런 고객들에게 가장 필요한 서비스가 무엇인지 생각해보면 답은 간단하게 나옵니다. 한 공간에서 남성 고객의 그러한 니즈(Needs)를 모두 채워줄 수 있는 시스템을 갖추는 것이죠. "에반스타일에 가면 머리부터 발끝까지 모든 관리를 받을 수 있어."라는 평가가 이뤄질 수 있도록 하고 있습니다.

눈에 보이지도 않을 만큼 작디작은 벼룩은 자기 몸길이의 200배 이상을 뛸 수 있는 놀라운 능력을 보유하고 있다. 하지만 벼룩을 작은 상자에 가둬놓으면 그곳에서 풀려난 뒤에도 그 상자의 높이까지밖에 뛰어오르지 못한다. 벼룩 스스로가 상자의 높이가 자신의 한계라고 규정짓는 셈이다. '상자 안의 벼룩'이라는 이 이론은 한계를 규정짓는 것만큼 어리석은 일은 없다는 주장을 뒷받침해준다.

"난 이 정도가 한계야.", "난 더 이상은 안돼." 우리가 인식하지 못하는 사이 반복되는 이러한 부정적 자가 평가는 자신의 성장을 방해하는 가장 큰 장애물로 작용한다.

사업 역시 마찬가지다. 창업 초기 자신이 정한 범주, 딱 그만큼에 집착하는 순간 그 즉시 사업의 성장을 기대할 수 없는 것이다. 때문에 송 원장은 에반스타일의 한계를 작은 상자에 국한시키지 않고자 부단한 노력을 기울여왔다. 모든 시도가 성공으로 연결되지는 않았지만(솔직히 실패한 경우가 더 많다.), 기존 헤어숍에 대한 고정관념을 넘어서기 위한 도전은 지금까지도 여전히 유효하다.

에반스타일은 단순히 헤어스타일만을 관리하기 위한 헤어숍이 아니다. 남성들의 욕망이 현실화되는 '남성의, 남성을 위한, 남성에 의한' 그들만의 공간인 것이다.

헤어 시장의 흐름을 주도하라
1인 미디어 개국, 독보적 콘텐츠 축적

창업 후 무려 12년에 달하는 에반스타일의 행보를 돌이켜보면 성공보다는 실패가 더 많았던 것이 사실이다. 늘 새로운 시도를 주저하지 않는 송 원장의 성향이 '확신이 들 때만 투자한다'는 일반적인 사업가적 마인드와는 궤를 달리하는 까닭이다.

> 물론 제가 그동안 오직 '돈'만을 목적으로 '되는 일'만을 시도했다면 지금보다는 경제적으로 풍족했을 수 있습니다. 그런데 제가 그러고 싶지 않더군요 늘 똑같은 일상을 반복함으로써 보장되는 경제적 보상이 그다지 달갑지도 않고요 대단한 것은 아니지만 누군가의 말마따나 한 번뿐인 인생 제가 하고 싶은 건 해야 한다는 마음입니다.

에반스타일이 질과 양에서 모두 최전성기를 달리고 있을 때, 많은 창구를 통해 끊임없이 사업 투자 및 확장 제의가 들어왔다. 아예 100여 개 프랜차이즈 헤어숍 오픈을 전제로 에반스타일 브랜드를 제공해달라는 경우도 있었다. 금액으로 따지면 연간 로열티가 수십 억 원에 달할 정도

이제는 돈보다 익숙하게 사용하는 송인한 원장의 가위. 수천 명에 달하는 고객들의 아름다움을 책임져왔다.

로 사업가라면 제법 구미가 당길 만한 조건이었다. 하지만 송 원장은 그 모든 제안을 정중하게 거절했다. 그가 지향했던 에반스타일의 목표는 '최대'가 아닌 '최고'였기 때문이다.

농담 반 진담 반이지만 솔직히 지금에 와서는 그때 제안을 거절했던 게 아쉬운 건 사실입니다(웃음). 하지만 당시 결정을 결코 후회하지는 않습니다. 제 자식과

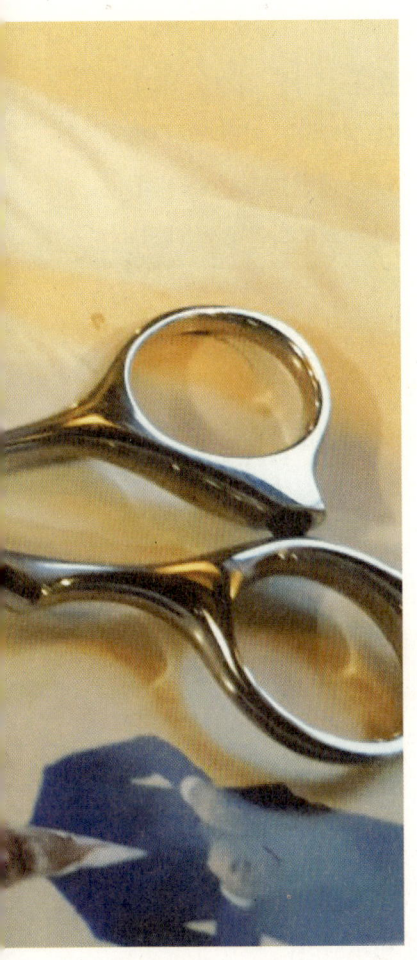

도 다름없는 에반스타일만의 정체성과 돈을 바꿨다면 당장은 풍족했을 테고 다른 사업 분야의 확장까지 시도했을 수 있을지 모르지만, 스스로가 만족하지 못했겠지요. 분명히 말씀드리지만, 전 성공보다는 실패가 더 익숙한 '실패의 아이콘'입니다. 경제적 이익이 목적이라면, 저처럼 사업하면 안 된다는 말은 꼭 하고 싶네요(웃음).

좋게 말하면 혁신적인, 좀 더 직설적으로 표현하면 불확실한 분야를 향한 송 원장의 도전은 계속돼왔다. 현재 에반스타일은 처음 개업했던 홍대 본점이 유일하다. 물론 에반스타일이 오픈 당시부터 지금까지 쭉 홍대 본점 한 곳만을 운영했던 것은 아니다. '헤어숍의 메카'로 불리는 청담동 지점은 물론 2011년 방영된 드라마 <최고의 사랑> 주인공 독고진(차승원 분)의 거주지로 등장했던 신사동 한 건물에서 국내 최초로 갤러리형 헤어숍을 선보이기도 하는 등 질과 양에서 모두 괄목할 만한 성장을 거둬왔다. 특히 갤러리 형태를 기본으로 인테리어 시공을 한 신사동 지점은 매장 내 어디에서도 헤어 시술을 하는 모습을 볼 수 없는 독특한 구조를 갖고 있었다. 쉽게 말해 실제 갤러리를 중심으로 숨은 공간을 만들어 그곳에서 헤어 시술을 받도록 한 것이다. 고객들이 그저 신사동 지점을 방문하는 것만으로도 국내 유명 작가들의 작품을 무료로 감상하는 한편 개인적인 공간에서 헤어 시술을 받는 특별한 경험을 할 수 있도록 하기 위함이다. 같은 분야 종사자들도 에반스타일의 혁신적인 변화와 그에 상응하는 성장에 놀라움을 감추지 못했다는 후문이다.

하지만 에반스타일에게도 첫 위기가 찾아왔다. 신사동 지점을 내기까지 여러 굴곡을 겪으면서도 유연하게 넘긴 것을 생각하면 이번 역시 어렵지만 그렇게 아무 일도 없을 거라 여겼다. 그러나 이번 파도는 예전과는 달리 너무 높고 거셌다. 자신이 컨트롤 할 수 없는 외부적인 요인(세금, 허가 등의 행정적 절차)에 대한 문제가 발생했던 것이다.

돌이켜 생각해보면 제가 사업을 너무 예술가적인 시각에서 바라봤던 것이 어려움의 시작이라고 생각합니다. 지금까지 저는 늘 헤어숍의 범주를 확장시키기 위한 지속적인 노력을 기울여왔고, 제 오랜 꿈이 화가였기에, 미술 분야와 접목시켜 탄생한 것이 바로 에반스타일 신사점이었습니다. 고객들이 바라보는 헤어숍에 대한 시각을 바꾸기 위한 시도였죠. 다행히 반응은 매우 긍정적이었습니다. 실제로 국내외 유명 작가는 물론 세계 최고의 명품 브랜드에서 각종 전시회와 행사에 대한 MOU를 맺기도 했고요. 하지만 미용과는 전혀 다른 분야와 컬레버레이션하기가 쉽지는 않았습니다. 각종 규제와 실제 소모 비용, 그로 인한 고객 누수 등 다양한 문제가 발생했던 것입니다.

새로운 시도에 대한 반대급부로 다양한 문제가 나타났지만, 송 원장이 마음먹기에 따라 홍대를 포함해 다른 지점 역시 얼마든지 유지할 수 있었던 게 사실이다. 하지만 그는 장고 끝에 다른 두 지점을 폐점하기로 결심했다. 그저 적당히 운영하는 것만으로도 어느 정도의 수익은 기대할 수 있었음에도 불구하고 말이다.

굳이 '비 온 뒤에 땅이 굳는다'는 케케묵은 속담을 꺼내지 않더라도 큰 시련을 극복한 사람이 오히려 이를 발판 삼아 예전보다 더 높은 곳으로 비상하는 경우를 꽤 자주 접할 수 있다. 송 원장 역시 위기를 기회로 반전시키기 위한 전혀 새로운 도전을 기획하고 있었다. 송 원장이 새롭게 구상한 방향은 바로 '콘텐츠 전쟁'으로 정의된다.

국내 미용업계는 물론 일본과 유럽 등 전 세계 유수의 기업에서 관심을 보였던 에반스타일만의 독보적인 콘텐츠를 더욱 가다듬어 선보이겠다는 것이 해당 사업의 주요 맥락이다. 참고로 송 원장은 세계적인 일본 화장품 브랜드 '갸스비(gatsby)'의 모델로 출연한 것은 물론 미용 전문 프로그램을 비롯한 각종 방송에 출연하는 등 남성 헤어 분야에서는 국내 최고 권위자로 인정받고 있다.

최근 송 원장은 최근 1인 미디어를 개국, 개인 SNS를 중심으로 각종 방송 활동을 펼치고 있는 것 역시 콘텐츠사업 분야의 확대를 위한 전초전 성격이 강하다.

모든 분야가 마찬가지지만 헤어 관련 사업 역시 이제 자신만의 특화 콘텐츠가 없으면 살아남기 힘든 현실입니다. 무엇보다 단순히 지점의 숫자만으로 브랜드의 가치가 정해지는 과거의 관행은 더 이상 힘을 얻지 못하는 지나간 이론일 뿐이죠. 때문에 기존의 두 지점을 정리한 후 저 개인을 넘어 에반스타일이란 브랜드를 내건 특화 콘텐츠 개발에 주력해왔습니다. 쉽게 말해 '헤어 시술에 대한 교과서'라고 표현할 수 있겠습니다. 제가 직접 출연한 교육 동영상을 올림으로써 에반스타일 브랜드 가치의 제고를 도모했던 것입니다. 물론 제 개인에게도 긍정적인 피드백이 돌아왔음은 물론입니다. 무엇보다 현재 헤어 시장의 흐름을 즉각적으로 반영한 최신 트렌드의 콘텐츠를 제공함으로써 관련 시장을 선도해나가는 선두주자임을 인정받고 있다는 게 가장 큰 성과 입니다.

송 원장이 직접 출연하고 제작하는 헤어 관련 콘텐츠는 시장에서 선풍적인 인기를 끌고 있다. 한 편당 수만 원 이상의 비용을 지불해야 하는 제법 높은 가격에도 불구하고 이미 수천 건 이상 결제가 이뤄졌다는 사실은 역설적으로 그의 콘텐츠가 그만큼의 가치가 있음을 증명해주는 것이다. 특히 최신 헤어 트렌드는 물론 소위 말하는 '미용업계의 국·영·수'에 해당하는 가장 기본적인 내용을 충실하게 포함하고 있어 구매자들의 범주가 경력을 가리지 않고 넓게 분포돼 있다는 특징이 있다. 쉽게 말해 미용업계 초보부터 오랜 경력자까지 각계각층을 만족시키는 모든 콘텐츠를 구비하고 있다는 뜻이다.

　미국을 대표하는 영화감독인 우디 앨런(Woody Allen)은 "한 번도 실패하지 않았다는 건 새로운 일을 전혀 시도하지 않고 있다는 신호다."라는 말을 남겼다. 그의 말은 실패가 두려워 도전을 기피한다면 그 어떤 변화와 발전을 기대할 수 없다는 뜻이다.

　"아무것도 도전하지 않은 무난한 삶보다 무수한 실패를 두려워하지 않는 도전자의 인생이 더욱 가치 있다."

　변화와 혁신을 위한 수많은 실패를 두려워하지 않는 송인한 에반스타일 원장의 무모한 도전이 이제 다시 시작됐다.

해보기나 했어?

사실 무언가 새로운 분야에 도전한다는 게 쉬운 일은 아닙니다. 저 역시 창업은 물론 사업적 결심을 할 때마다 성공할 거라는 확신을 가졌던 것은 아닙니다. 그저 '고인물이 썩는다'는 말마따나 변화를 위한 시도조차 하지 않는다면 그 어떤 성공도 기대할 수 없다는 제 나름의 철학이 있었을 뿐입니다.

제 사업이 외형적으로 가장 크게 성장했던 2~3년 전에도 마찬가지지만 지금도 수많은 사람들이 그에 관련된 질문을 해오곤 합니다. 다들 비슷한, 예컨대 "이런저런 사업을 해보려고 하는데 어떻게 생각하느냐?"와 같은 맥락의 질문을 던지는 것이죠.

하지만 저라고 어떻게 아직 해보지도 않은 사업에 대해 성공 여부를 가늠할 수 있겠습니까? 어떤 사업이든 막상 뚜껑을 열어보지 않으면 그 성패를 알지 못함은 자명한 진리입니다. 다만 사업의 주체인 본인 스스로가 그 누구보다 열심히 일하고, 그를 뒷받침해줄 수 있는 독창적인 아이디어와 사업적 수완이 동반된다면 성공하기 싫어도 성공할 수밖에 없다고 생각합니다.

저 또한 많은 나이는 아니지만 최근 20~30대의 젊은 친구들을 보면 소위 '심하게 간만 보는' 경향이 짙다는 느낌을 받곤 합니다. 어떤 일을 시작하기 전에 투지를 북돋는 게 아니라 오히려 걱정과 불안이란 부정적인 측면에 발목을 잡히는 거죠. 물론 그들의 고민이야 십분 공감하지만, 앞서 얘기한 대로 시도조차 없이 어떤 변화를 기대할 수 있겠습니까?

모든 일에는 때가 있다고 하지요. 현재 자신이 간절히 원하는 것은 바로 지금 당장 도전해봐야 합니다. 머릿속 생각으로만 맴돌면 그것이 아무리 혁신적인 계획이라고 할지라도 그저 '망상'이나 다름없다는 사실을 기억해야 합니다.

도전은 청춘의 특권입니다. "해보기나 했어?"라는 질문에 "그럼! 나 그거 해봤어!"라고 답할 수 있는 도전적 청춘으로 거듭나길 응원합니다.

송인한_에반스타일 원장

16.

No Fail, No Life
'R&C'

❝ 좋아하는 일, 하고 싶은 일이
있다면 일단 부딪혀라 ❞

'국민 멘토'로 불리는 혜민 스님의 저서 『멈추면 비로소 보이는 것들』은 치열한 현대를 살아가는 우리에게 또 다른 시각에서 세상을 바라볼 수 있는 시선을 전해준다. 해당 저서 속 "완벽한 준비는 없다."는 문구는 실수의 반복을 '실패'로 규정하며 어디 즈음에 있는지도 모르는 '완벽'이란 가치를 강요하는 시대의 풍토를 정면반박하고 있다. 창업 역시 마찬가지다. 실패가 두려워 '완벽한 준비'라는 명목으로 허송세월을 보낸다면 결국 그런 창업은 하지 않느니만 못한 것과 마찬가지일 터. 하고 싶은 일이 있으면 일단 부딪혀보자. 아직 젊은 그대는 충분히 그럴 자격과 기회가 있으니 말이다.

끊임없이 도전하고 실패했던 20대,
'하고 싶은 일 했기에 후회 없다'

우리나라 최초의 베스파 리스토어 전문점과 클래식 디자인을 모티브로 하는 인테리어 회사를 함께 운영하고 있는 박진우 R&C 대표의 20대 시절은 말 그대로 '파란만장', 그 자체였다.

    고교 시절부터 밴드 활동을 해온 박 대표는 군 전역 후 취업과 음악이란 두 갈림길에서 오랜 고민을 했다. 한 달 동안 자신의 미래에 대해 고민에 고민을 거듭하던(히키코모리를 연상케 할 정도로 한 달 내내 집에만 박혀있었다!) 그는 결국 자신의 오랜 꿈인 음악을 선택하기로 결심하게 됐다.

    음악인의 길을 택한 박 대표는 이후 자신의 20대를 오롯이 음악에 바쳤다. 수백 개 오디션에 응시한 것은 물론 노래를 부를 수 있다면 시간과 장소를 가리지 않고 무대에 섰다. 그렇게 1년가량 자신의 재능을 알리기 위해 노력했던 박 대표는 결국 한 기획사에 발탁되며 본격적인 가수의 행보를 걷기 시작했고, 지난 2007년 '구호(KUHO)'라는 예명으로 정식 앨범을 발매하기에 이른다.

하지만 평생 꿈으로 바라 마지않던 가수의 삶은 생각보다 녹록치 않았다. 하루 여섯 시간 이상의 보컬 연습은 기본, 전국 팔도를 가리지 않는 각종 스케줄과 행사 등 당시 박 대표는 '물리적인 한계'를 경험해야 했다. 이후 박 대표는 소속 기획사가 자금적 어려움을 겪게 되면서 가수의 길 또한 제약을 받게 된다. 그의 나이 20대 후반이었다.

내·외부적인 어려움에 직면한 박 대표는 "아직 채 꽃피우지 못한 자신의 꿈을 고집할 것인가?" VS "새로운 도전에 나설 것인가?"를 두고 또 다시 장고에 빠졌다.

결론적으로 박 대표는 또 다른 도전을 선택했다. 다소 우울한 이야기지만 자신의 오랜 꿈을, 그것도 어느 정도 가시적인 성과를 거두는 와중에도 그가 다른 길을 택할 수밖에 없던 것은 앞서 언급한 지극히 현실적인 이유였던 '돈', 다시 말해 기본적인 삶의 조건을 충족시키기 위해서였다.

이제는 대중들조차 알고 있는 연예계의 일반적인 섭리, 예컨대 "상위 0.1퍼센트만이 연예인으로서의 삶을 누린다.", "연예인의 99퍼센트는 속 빈 강정이다." 등의 말이 보여주듯 연예인으로 산다는 것은 사실 생각처럼 그리 좋지만은 않습니다. 각종 방송에 출연해 얼굴을 알리고, 누군가가 저를 알아봐준다는 사실에 도취되는 것도 잠시였죠. 나름대로의 성과는 있었지만 '톱스타'의 위치에는 오르지 못했던 까닭에 저는 물론 제 전담 스태프와 소속사까지도 만성적인 자금 문제에 시달리고 있었습니다. 직설적으로 말하면 겉은 화려했지만 내실은 부실했다고 할까요. 30살을 앞둔 29살의 마지막 즈음에 그러한 현실을 절절히 깨닫고 새로운 도전을 선택했습니다. 무엇보다 20대에는 오직 '나'만을 위해서 살았기에 30대에는 내가 아닌 '다른 사람', 즉 부모님과 주변 지인들을 행복하게 해줄 수 있는 일을 해보자는 다짐이었습니다. 그러고 보니 제가 창업을 결심하게 됐던 이유가 결국 경제적 문제, 돈이었네요.

10년 이상 가슴에 품고 있었던 오랜 꿈을 접은 박 대표의 당시 심정을 감히 짧은 글로 표현할 수는 없을 것이다. 자신의 삶을 지탱해주던 중심을 부정하고 새로운 도전을 선택한 박 대표 고민의 깊이 또한 어설프게나마 짐작할 수조차 없다. 그만큼 사업이란 전혀 다른 분야를 택한 그의 각오는 남다를 수밖에 없을 터. 박 대표는 그때의 심정을 '절벽에 내몰린 아기 사자의 심정'이라고 말한다.

박 대표가 선택한 첫 창업 아이템은 '클래식 바이크의 정석'이라고 불리는 베스파(Vespa)의 리스토어(Restore: 오래된 자동차를 원래 모습으로 복원하는 것)를 전문으로 하는 바이크숍이었다. 현재 그가 운영하는 두 업체에 공통으로 사용하는 R&C는 'Restore & Classic'의 약자로 '오래된 것을 복원한다'는 뜻을 갖고 있다.

그가 클래식 바이크 리스토어를 창업 아이템으로 선택한 이유는 다름 아닌 가장 잘할 수 있는 일이었기 때문이다. 가수 시절 박 대표는 종종 지인들의 소개를 통해 자신을 찾아온 베스파족들의 바이크를 수리해주는 일을 했다. 당시는 물론 현재도 국내에서 베스파를 전문으로 하는 바이크숍은 극히 드물다. 때문에 박 대표가 아르바이트 삼아 시작했던 일조차 제법 많은 고객들이 찾아올 만큼 수요가 풍부하다는 특징이 있었다. 게다가 이른바 '선점 효과' 덕분에 마니아들 사이에서는 알아주는 전문가로 입소문을 탄 것도 긍정적으로 작용했다.

평생 음악만 했던 제가 무슨 재주가 있었겠어요? 그럴듯한 가게를 차릴 자금은 더더욱 생각도 못했죠 막상 음악을 그만두기로 결심하고 창업을 준비하며 제 자신을 찬찬히 돌아보니 음악 다음으로 '재밌게', 그리고 나름대로 '잘했던' 분야가 바로 베스파 리스토어(수리)였음을 깨닫게 됐습니다. 제가 타고 다니던 베스파를 직접 수리하면서 독학으로 공부했던 게 당시에는 제법 인정을 받던 차였죠 창업 자금이 없었으니 노래 이외에 제가 갖고 있는 재주 중 가장 가치 있는 분야를 창업 아이템으로 선택했던 것입니다.

박진우 대표의 첫 창업 아이템이었던 베스파 전문 리스토어숍의 전경.

이후 박 대표는 갖고 있던 돈을 모두 털어 집 근처에 아주 작은 공간을 마련해 베스파 리스토어 전문점을 오픈했다. 국내에서는 처음으로 출범한 베스파 리스토어 전문점 R&C는 '베스파족'들 사이에서 금세 유명세를 타며 손님들이 몰려들기 시작했다. 물론 R&C가 '대박'을 쳤던 것은 아니다. 박 대표 자신 역시 베스파를 좋아하는 사람의 한 사람으로서 매우 합리적인, 좀 더 정확히 표현하면 '너무 싸게' 관련 비용을 책정했던 것이다. 하지만 과거에 비해 지속적인 수입이 보장되는 만큼 박 대표는 손톱 밑에 기름때를 잔뜩 묻혀가며 사업을 확장시켜나갔다. 음악인이라는 이름으로 걸었던 20대가 가시밭길이었다면, 사업가가 된 30대는 (상대적으로) 수월한 비포장도로 정도는 됐던 셈이다.

여기서 한 가지. 박 대표는 예비 창업자가 이쯤에서 가질 수 있는 한 가지 맹점을 지적한다. 바로 무조건 보기 드문 분야를 창업 아이템으로 선택하는 것을 피해야 한다는 점이다. 물론 R&C가 지금까지 가시적인 성과를 낼 수 있었던 이유 중 하나로 국내에서 매우 적은 업종이라는 점을 꼽을 수 있지만 무엇보다 중요한 배경은 '기술 경쟁력'을 우선적으로 확보했기 때문이라는 점을 잊지 말아야 한다. 즉 R&C의 성공은 박 대표가 10년 이상 쌓아온 노하우에서 기인하는 것이지 단순히 몇 개 없는 가게인 까닭이 아니라는 뜻이다.

그러니 그가 지금까지 이룬 이 모든 성과를 단순히 운으로 치부할 수 있을까? 가수 시절 전날 밤을 새워 오토바이를 고치느라 기름때로 까맣게 물든 손톱을 숨기고자 마이크를 이상하게 쥐는 버릇이 생겼다는 박 대표의 담담한 소회 속에는 현 시대를 살아가는 예비 청년 창업자가 반드시 깨달아야 할 교훈이 담겨 있다.

하고 싶은 일을 선택하되 책임은 스스로 져라

R&C 창업 5년차, 국내 베스파 리스토어 분야에서는 독보적인 위치에 올라선 박 대표는 사업이 안정기에 접어들기 시작하자 그동안 현실에 억눌려 있던 또 다른 '도전 욕구'에 사로잡혔다. 늘 스스로 목표를 정하고 이를 이루기 위해 끊임없이 노력하는 삶을 살아왔던 박 대표에게 도전은 그의 존재 이유나 다름없었던 것이다.

박 대표가 선택한 새로운 도전은 가수와 베스파 리스토어 전문점만큼이나 큰 간극을 보여주는 '인테리어'였다. 그가 선택했던 두 가지 길과는 전혀 다른 분야다. 하지만 제3자의 입장에서는 갑작스러운 변덕 정도로 여겨지는 박 대표의 새로운 도전 역시 R&C 창업과 마찬가지로 깊은 고민과 오랜 준비 기간을 거친 '매우 합리적이고 승률 높은 선택'이었음을 기억해야 한다.

박 대표가 아무런 이유 없이 인테리어 관련 창업을 선택한 것은 아니다. 시간을 조금 거슬러 올라가 그의 학창 시절로 되돌아가보자. 박 대표의 아버지는 평생 건축업에 종사해온 건축인으로 오랫동안 건축회사를 운영해왔다. 때문에 박 대표는 자연스럽게 건축에 관심을 갖게 됐고, 나아가 아버님의 철학에 따라 현장에서 일을 하며 직접 용돈을 벌어야 했다.

맨손으로 현장 막일부터 시작해 결국 당신의 회사까지 일구며 자수성가하신 아버님은 늘 제게 경제력(돈)에 대한 중요성과 어려움을 가르치려고 노력하셨습니다. 학창 시절에도 용돈을 받으려면 그에 맞는 일을 하라고 하셨죠. 때문에 주말이나 방학이면 으레 현장에서 아저씨들과 함께 일을 했습니다. 처음에는 용돈을 벌기 위해서 그저 마지못해 배우는 척만 하려고 했는데, 이게 생각보다 너무 재미있는 거예요. 거기다 사장 아들내미가 현장에서 일을 하는 모습이 기특했던지 목수부터 미장이, 인테리어, 조경 등 건축에 참여하는 모든 분야 전문가가 자신들의 노하우를 하나라도 더 가르쳐주려고 저를 붙잡고 공부를 시키기까지 했습니다. 그야말로 최고의 '족집게 과외'인 셈이죠.

아버지의 사업이 문을 닫기 전까지 20대를 오롯이 쏟아 부은 가수로서의 인생 1막을 마친 박 대표는 30대 초반부터 지금까지 R&C를 성공적으로 이끌며 스스로의 삶을 책임질 수 있는 기반을 마련했다. 이후 과거 현장에서 만난 건축 분야 전문가들이 그랬듯 자신 역시 베스파 관련 노하우를 후배들에게 아낌없이 전수하며 조금씩 R&C의 업무를 맡기기 시작했다. 후배들에 대한 배려이자 또 다른 도전, '인테리어회사 창업'을 위한 준비 과정이었다.

이후 박 대표는 클래식 인테리어를 지향하는 'R&C 디자인'을 설립했다. 시대의 변화나 유행의 흐름에 영향을 받지 않는 아름다움의 보증수표로 인식되는 클래식 디자인은 아직 우리나라에서는 걸음마 단계에 불과하다. 참고로 베스파 역시 클래식 바이크의 정석으로 불리는 바, 박 대표의 취향이 다소 낡은 쪽에 가깝다는 것도 사업 아이템 선정 및 향후 운영 방침에 반영됐다.

박 대표는 자신이 접했던 인테리어 중 가장 깊은 감명을 받은 클래식 디자인에 대한 공부를 지속해왔다. R&C 운영 중에도 일부러 시간을 내서

'무임금'으로 현장에서 일을 배우는 것은 물론 지인의 지인의 지인까지 동원해 관련 업무에 대한 지식을 배우기 위해 말 그대로 '죽는 시늉'까지 할 정도로 무려 4년 이상 인테리어에 집중해왔던 것이다.

> 물론 체계적으로 전문적인 교육을 받은 분들에 비하면 한참 부족한 것은 사실입니다. 30세가 훌쩍 넘은 나이에 전혀 새로운 분야를 공부하겠다고 했으니 남들이 볼 때는 선뜻 이해되지 않을 수도 있겠죠. 그래도 괜찮았습니다. 제가 하고 싶은 일을 하기 위한 과정이었으니까요. 다시 한 번 얘기하지만 전 지금도 자신이 하고 싶은 일은 그게 무엇이든 하는 게 옳다고 생각합니다. 물론 그에 대한 책임 역시 제 몫이고요.

박 대표의 새로운 도전에 대한 의지는 확고했지만 결코 길을 재촉하지는 않았다. 자신이 가장 잘 알고 있다고 자신하는 베스파 리스토어 전문점 창업조차 오랜 준비 기간을 가졌다. 어린 시절부터 관심을 갖고 있었고 어느 정도의 현장 경험이 있다고는 하지만 사업은 전혀 다른 문제였기 때문에 철저한 준비는 필수였다.

무엇보다 수많은 건축 과정 중 인테리어라는 특정 분야에 대한 창업을 결심했기에 인테리어 시공 경험이 반드시 필요했다. 때문에 박 대표는 다양한 창구를 통해 관련 공부를 지속하는 와중에서도 다른 인테리어 회사와 협업을 맺고 무임금으로 실무에 참여하기도 했다.

건축 과정의 마지막에 해당하는 인테리어는 그 특성상 밤샘 작업이 일상으로 받아들여질 만큼 힘든 분야다. 드라마 <신사의 품격> 속 주인공의 직업인 건축사가 밤낮을 가리지 않고 일을 하는 설정은 오히려 현실을 축소했다고 표현될 정도다.

박 대표 역시 인테리어 현장에서 일하며 '해를 보고 출근해 해를 보고 퇴근하는' 일상을 반복했다. 그것도 무임금으로 말이다. 하지만 이러한 결과에 대한 책임은 결국 그의 선택에 따른 것이었다. 그의 말마따나 '스스로 감당해야 할 몫'인 셈이다.

창업에 가장 중요한 것은 무엇일까? 돈? 물론 중요하다. 하지만 무엇보다 불확실한 성공을 위해 힘든 준비 기간을 참아내야 하는 의지가 창업과정의 전반에 깔려 있지 않다면, 아주 작은 성공조차 바랄 수 없을 것이다.

결과는 결코 노력을 배신하지 않는다

박 대표는 지극히 현실주의적인 인물이다. 그가 선비 같은 옛 속담을 잘 믿지 않는 이유다. 하지만 그조차 인정할 수밖에 없는 하나의 격언이 있다. '결과는 결코 노력을 배신하지 않는다.'

> 어느 회사든 마찬가지겠지만 저 역시 처음 R&C 디자인을 설립한 직후에는 그 어떤 성과도 내지 못했습니다. 아주 작은 일조차 아무런 이력이 없는 저희 회사에 맡기는 것을 꺼렸던 탓이죠. R&C 디자인 창업 준비 과정 때처럼 다른 회사 현장에 잠시 참가하는 게 전부였습니다. 나름대로 개인 경력과 기술력에 대한 자신감은 있었지만 이를 증명할 기회를 좀처럼 잡을 수 없었기에 많이 힘들었던 게 사실입니다.

하늘은 스스로 돕는 자를 돕는다고 했던가. 어려운 현실에 좌절하지 않고 좌충우돌 모든 일에 최선을 다해오던 박 대표와 R&C 디자인에게 반전의 기회가 찾아왔다. 지인의 소개를 통해 새롭게 렌탈 스튜디오를 준비하고 있던 한 예비 창업자와 인연을 맺게 된 것이다. 제법 넓은 면적(230제곱평방미터, 약 70평)에 두 개층(6, 7층)을 모두 사용하는 렌탈 스튜디오 인테리어는 박 대표에게 새로운 기회였다.

> 모든 예비 창업자가 그렇듯 렌탈 스튜디오 오픈을 준비하고 있던 당사자 역시 보다 적은 금액으로 창업을 마치길 바랐습니다. 그래서 당시 매우 적은, 솔직히 말하면 남는 게 없는 예산을 제시했던 것도 사실이었습니다. 하지만 저는 두 번 생각하지 않고 그 자리에서 계약을 해버렸습니다. 돈이 아닌 인테리어 전문가로 한

단계 도약할 수 있는 발판이라고 여겼기 때문이죠. 다만 한 가지, 제가 직접 모든 인테리어를 시공해야 하는 상황을 설명하며 처음 예상했던 기간보다 조금 더 긴 시간을 요구했습니다.

박 대표가 잡은 시공 기간은 8주였다. 모든 과정을 거의 혼자 시공해야 하는 상황을 감안했을 때는 말도 안 되게 짧은 시간이었지만, 렌탈 스튜디오 창업자 입장에서는 그 이상의 시간이 소모되면 사업 자체가 어긋날 수도 있었다. 묘한 입장의 대치. 결국 박 대표는 '몸으로 때우기'로 결심한다.

단어 그대로 장소를 빌려주는 렌탈 스튜디오의 핵심은 바로 '심미학적 관점에서 인정받는 공간으로 꾸미기'다. 즉 인테리어에서 스튜디오의 가치가 결정된다는 뜻이다. 박 대표가 자신의 일보다 더욱 열심히 일할 수밖에 없었던 이유는 바로 후배 창업자의 사업 성패가 자신에게 달렸던 까닭이다.

이후 박 대표는 8주 동안 단 하루도 집에서 잠을 자지 않았다. 아니, '못했다'는 표현이 더 적절할 만큼 매일매일 스튜디오 인테리어에 매달렸다. 자재 구입부터 설계, 시공까지 일련의 과정을 직접 발로 뛰며 일일이 확인하고 또 확인했다. 화장실 모서리까지 꼼꼼하게 페인트를 칠하고 손가락만 한 작은 조명 하나까지도 그의 손을 거치지 않은 것이 없을 정도다. 밤새워 마무리한 인테리어가 마음에 들지 않아 모두 뜯어내고 사비로 구입한 다른 재료로 처음부터 다시 시공한 것도 여러 번이다.

박 대표가 5년 동안 쌓은 노하우와 열정이 고스란히 녹아든 '두부 스튜디오'는 올해로 창업 5년차를 맞이했다. 일반적으로 렌탈 스튜디오의 수명을 2년 정도로 여기는 업계의 관행을 정면으로 반박하는 기분 좋은 결과인 것이다. 두부 스튜디오에 적용된 클래식 디자인이 가진 보편적 아름다움의 가치가 입증된 셈이기도 하다. 두부 스튜디오의 이 같은 성과는 곧 박 대표와 R&C 디자인의 방향성이 올바르다는 뜻과 마찬가지일 터다.

박진우 대표가 직접 시공한 공간들.

No Fail, No Life 'R&C'

고맙죠. 제 인테리어 사업은 두부 스튜디오 시공 이전과 이후로 나뉜다고 할 만큼 제게는 가장 의미 있는 공간입니다. 지금까지도 스튜디오 대표와는 형, 동생 하며 지낼 정도로 가까운 사이가 됐고요. 사업이 맺어준 소중한 인연이죠. 무엇보다 제가 선택한 클래식 디자인의 가치를 증명해줬다는 점에서 더없는 감사의 마음을 갖고 있습니다. 두부 스튜디오 덕분에 자신감을 갖고 고객들을 상대할 수 있었습니다.

두부 스튜디오 시공 후, R&C 디자인은 폭발적인 성장세를 기록하기 시작했다. 사업 3년차까지 1년에 겨우 한두 건 정도였던, 그것도 규모가 매우 작은 인테리어 의뢰가 전부였지만 두부 스튜디오가 포트폴리오에 추가되고 나서는, 고객들의 문의가 지속적으로 늘어났고 2016년에는 무려 60건 이상의 시공을 담당하게 된 것이다. 현재는 클래식 인테리어 전문 업체로 입소문을 타며 관련 디자인 시공을 원하는 고객들의 문의가 줄을 잇고 있다.

처음에는 그저 열심히 일하는 '막일꾼'의 모습이었던 박 대표는 어느새 그럴듯한 건축가의 면모를 갖추게 됐다. 국내 굴지의 건설사에서 먼저 협업을 제안하는 등 인테리어 업계에서는 떠오르는 신예로 주목받고 있는 것이다.

세상 모든 직업 중 스포트라이트가 가장 화려하게 쏟아지는 가수로서 20대를 보내고 손톱 밑 기름때 가득한 손으로 밥을 먹고 먼지 가득한 공사 현장을 내 방처럼 여기는 30대의 끝자락에 선 박 대표는 '하고 싶은 일은 해야 한다'는 신념을 갖고 있다. 하지만 이 앞에 늘 한 가지 조건이 붙는다. 바로 '모든 결과는 스스로 책임져야 한다'는 것이다.

대한민국 예비 창업자 앞에 놓인 길이 모두 꽃길일 수는 없다. 창업을 선택한 순간부터 성공의 기쁨과 실패의 좌절 역시 오직 혼자만이 감수해야 하는 의무가 된 것이다. 너무 냉정하다고? 그렇지 않다. 그저 창업의 현실일 뿐이다.

브라보 마이 라이프!

사실 다른 사람들이 보기에 제 직업이 그렇게 좋아 보이지는 않을 거라고 생각합니다. 먼지 가득한 현장에서 잠을 자고 오토바이를 고치느라 손톱 밑에는 새까만 기름때가 가득하니 그럴 만도 하겠죠. 하지만 제가 선택한 직업이 먼지가 나고 기름이 묻을지언정 저 자신이 지저분한 사람은 아니기에 모두에게 당당할 수 있습니다. 고객을 대할 때는 응당 자세를 낮춰야 하지만, 사람을 대할 때는 결코 내 자신을 낮춰서는 안 된다고 생각합니다. 스스로에게 자신이 없다면 어찌 고객들의 신뢰를 얻을 수 있겠습니까? 처절한 사회의 한복판에서 스스로 떳떳하게 싸우고 결국 승리하려면 내 직업에 대한 전문성을 먼저 갖춰야 한다는 사실을 기억해야 합니다. '과정 없이 결과 없다'는 말마따나 성공한 사람들은 그만한 이유가 있는 것입니다.

같은 맥락에서, 성공한 사람들을 바라보며 "나도 저 사람과 똑같이 하면 성공할 거야."라는 근거 없는 바람은 지양해야 합니다. 치열하다 못해 처절한 사회의 현실을 먼저 인정하고 말 그대로 '죽을 만큼' 열심히 일할 각오를 세우는 것이야말로 창업의 첫 단추임을 기억해야 할 것입니다.

아직 20~30대에 불과한 수많은 청년들에게는 분명 많은 기회가 남아 있습니다. 이왕이면 자신이 좋아하고 잘할 수 있는 일로 일상을 채워나간다면 더없이 좋겠죠. 저 역시 주변 후배들에게 "너 하고 싶은 일이 있으면 일단 해봐."라고 말하곤 합니다. 물론 무책임하게 들릴 수도 있겠죠. 하지만 저는 꼭 뒤에 '사업을 한다는 것은 스스로에게 주어지는 책임이 더 커짐을 의미한다'는 말을 덧붙입니다.

창업은 자신이 선택이자 자신의 책임입니다. 어느 누구도 당신의 사업을 대신 해주지 않습니다. 성공의 영광도, 실패의 아픔도 오롯이 혼자 감당할 각오가 섰을 때, 그때서야 비로소 진정한 창업으로 첫발을 내디딘 것이라고 생각합니다.

박진우_R&C 대표

17.
인생에 필요한 것은 재능이 아니라 선택! '손날두 플스방'

> "돈 쫓지 말고 자신이 즐거운 일을 선택해야 해"

우리가 삶을 영위해나가기 위해서는 '의식주(衣食住)'란 세 가지 요소가 필요하다. 당연한 말이지만 이를 갖추기 위해서는 돈, 즉 경제력이 뒷받침돼야 한다. 쉽게 말해 우리가 돈을 벌어야 하는 이유는 바로 인간다운 삶을 살아가기 위해서인 것이다. 때문에 경제활동은 스스로 자신의 삶을 책임져야 하는 성인이라면 반드시 수행해야 하는 필수 요소다. 하지만 이러한 경제활동은 우리의 일상 중 가장 지루하고 힘겨운 시간으로 여겨진다. 삶을 이어나가기 위해 꼭 필요한 경제활동, 과연 즐겁게 할 수는 없는 걸까? '일하는 시간이 가장 기다려진다'고 말하는 조집 손날두 플스방 대표의 신나는 하루를 들여다본다.

잘나가던 가게, 하루아침에 문 닫은 이유?!

대한민국 직장인이라면 가슴 속에 하나쯤은 품고 다니는 그것, 바로 '사직서'다. 일을 하는 와중에도 항상 퇴사를 꿈꾸는 직장인들의 애환을 표현하는 이른바 '품속의 사직서'는 우리가 스스로 즐겁다 느끼지 않는 일에 대해 얼마만큼 힘겨워하는지를 잘 보여준다. 이렇듯 일상에 지치는 것은 비단 직장인뿐만이 아니다. 자신의 사업을 꾸려나가는 이들 또한 팍팍한 현실에 이리 치이고 저리 치이는 일이 다반사인 건 마찬가지다.

　　신도림과 연남동에서 플레이스테이션방(이하 플스방)을 운영하고 있는 조집 손날두 플스방 대표는 창업을 준비하며 일에 대한 근본적인 의문을 가지게 됐다.

　　"우리는 왜 이렇게 마지못해 일을 해야 할까?"
　　"어차피 해야 할 일, 좀 더 즐겁게 일 할 수 없을까?"
　　"어떤 일을 해야 지겹다고 느끼지 않을까?

　　대학교 진학 후 반년 만에 자퇴를 선택한 조 대표는 곧바로 '대한민국 국민의 의무', 군 복무를 수행하기로 결심했다. 언젠가는 당연히 해야 할 국방의 의무에 충실함과 동시에 군 복무 기간 동안 자신의 미래에 대한 계획을 세우겠다는 복안이었다. 대학교 자퇴까지 단행한 조 대표의 행보에서 알 수 있듯 그의 미래는 결국 사회를 무대로 한 경제활동으로 귀결될 터였다. 경제활동을 염두에 둔 조 대표는 군 입대 역시 이를 위한 준비과정이라 여기며 일반병이 아닌 부사관을 지원했다. 그리 많은 돈은 아닐지라도 국방의 의무를 이행함과 동시에 어느 정도 자금을 모으기 위해서였다. 실제로 군 복무 기간 동안 조 대표는 생활을 위한 최소한의 금액을 제외하고는 모두 저축으로 돌렸다.

그렇게 자린고비식 군복무를 마친 조 대표는 20대 중반이라는 이른 나이에 창업 전선에 뛰어들었다. 오랫동안 창업을 목적으로 자금 마련과 아이템 선정 등의 준비 과정을 거치며 전역과 동시에 사업을 시작한 것이다.

그가 처음 선택한 창업 아이템은 여자구두 전문점이었다. 관련 분야에서 일하던 지인과 함께 해당 가게를 오픈한 것이다. 이후 조 대표는 3년간 여자구두 전문점을 운영했다. 가게는 잘되지도, 그렇다고 폐업을 고려할 만큼도 아닌 딱 '그 나이대의 대한민국 직장인 평균 월급'만큼의 순수익을 기록했다. 제법 오랜 시간 한 자리에서 장사를 한 덕분에 단골손님도 꽤 확보한 상황이었기에 그대로 가게를 유지해도 크게 문제는 없었을 것이었다.

하지만 조 대표는 어느 날 불현듯 가게 문을 닫아버렸다. 현실적으로는 매출이 조금씩이나마 줄어들고 있다는 부분도 있었지만, 그 자신이 일에 대한 열정 자체가 증발해버린 탓이 가장 컸다.

흔히 "소모적이다."라고 말하잖아요. 당시 제게는 장사가 소모적인 일상으로 여겨졌던 것 같아요. 그저 돈을 벌기 위한 똑같은 하루의 반복에 지쳤던 셈이죠. 장사에 대한 근본적인 회의감이라고 표현하면 다소 거창하지만 뭔가 다른 일을 해보고 싶다는 새로운 목표를 가지게 됐던 계기가 됐습니다.

고민은 길었지만 결정은 빨랐다. 3년 동안 운영해오던 가게를 정리한 조 대표는 이후 기약 없는 휴식에 들어갔다.

내가 즐거워서 선택한 길
하루하루 놀면서 돈 버는 기분

조 대표는 기존의 여성구두 전문점을 그만둔 후 약 1년간 자신만의 시간을 가졌다. 친구들을 만나 술 한잔을 앞에 놓고 밤새 떠들썩하게 수다를 떠는가 하면 하루 종일 게임에 매달리기도 했다. 또 어떤 날은 목적지도 없이 전국 이곳저곳을 떠돌며 여행을 즐기거나 몇 개월 동안 운동에 매진해 몸짱으로 거듭나기도 했다. 그저 내키는 대로 자신이 즐거운 일에만 오롯이 시간을 투자한 것이다.

사실 아무리 그럴듯하게 포장해도 조 대표의 당시 1년은 그저 '논 것'에 불과하다. 하지만 조 대표는 무의미하다면 무의미할 수 있는 일상 속에서 창업의 전혀 새로운 방향을 발견하게 됐다. 바로 '내가 즐거운 일'을 아이템으로 하는 사업인 것이다.

여성구두 전문점의 폐업을 결정할 때와 마찬가지로 새로운 사업에 대한 고민은 길었지만 결정은 순식간이었다. 조 대표가 무려 20년 동안 가장 재밌게 해왔던 취미는 바로 게임, 보다 자세히 설명하면 플레이스테이션의 '위닝일레븐'이란 축구 게임이었다.

참고로 우리나라 축구계에 큰 족적을 남긴 박지성 전 국가대표 선수가 영국의 맨체스터유나이티드에서 뛸 당시 가장 친한 친구였던 프랑스의 축구선수 에브라(Evra)와 위닝일레븐 게임을 함께 하며 친분을 쌓았다는 이야기는 이미 널리 알려진 사실이다.

조 대표가 게임 관련 창업을 본격적으로 준비하던 2014년에는 이른바 '플스방'이란 분야가 이미 널리 자리 잡고 있던 시기였다. 조 대표도 친구들과 함께 자주 플스방에서 시간을 보내곤 했다. 한번 자리에 앉으면 하루 10시간 이상씩 게임을 해도 지루한 줄 몰랐을 정도였다. 과거의 추억을 더듬으며 자신이 가장 즐거운 시간을 보낸 공간인 플스방을 떠올린 조 대표는 망설임 없이 새로운 창업 아이템으로 플스방을 확정지었다.

제가 플스방을 창업 아이템으로 선택한 이유는 크게 세 가지입니다. 첫째는 제가 즐겁게 일할 수 있다는 사실이었고(가장 중요합니다), 둘째는 초기 투자금 이외에 유지비가 다른 업종에 비해 상대적으로 저렴하다는 점, 마지막으로는 사람과 사람 간 소통의 공간을 마련할 수 있으리라는 기대감이었습니다. 쉽게 말해 '최소한의 비용으로 내가 좋아하는 사람들과 즐겁게 게임을 할 수 있는 공간을 만든다' 정도면 설명이 될 것 같습니다.

여기서 한 가지, 조 대표가 단순히 '놀기 위해서' 플스방을 차렸다고 생각하면 큰 오산이다. 그가 플스방을 선택한 가장 근본적인 이유는 '일정 수준 이상의 수익', 좀 더 정확하게 설명하면 같은 나이대의 중견기업 직장인 월급 이상에 해당하는 이윤 창출을 확신했기 때문이다.

앞서 조 대표의 말을 토대로 그가 플스방의 성공을 확신했던 배경을 살펴보면 ▲플스방 이용 손님의 99퍼센트가 '위닝일레븐' 게임 선택(주로 두 명 이상이 방문해 대결 형태로 플스방 이용, 즉 각 자리당 이용 요금이 2인 기준으로 책정됨) ▲단골손님 위주의 운영 ▲인건비 포함 최소 유지비 소모 등으로 정리할 수 있다.

해당 내용을 보다 자세히 살펴보자. 보통 플스방 이용 요금은 기본 한 시간을 시작으로 이후 10분 단위로 부과된다. 전국 평균 한 시간당 이용료(1인 기준)는 약 2,500원 정도다. 여기서 주목해야 하는 부분이 바로 방문 고객의 99퍼센트 이상이 위닝일레븐 게임을 선택한다는 사실이다. 위닝일레븐은 주로 상대방과 대결을 즐기는 게임으로 쉽게 말해 '한 번에 복수의 손님이 온다는 것'을 전제로 한다. 이에 따라 플스방 주 고객층의 특징을 정리하면 '위닝일레븐 게임을 하기 위한 다수의 손님'이라고 할

이렇게 또 한 명이 손날두 패밀리에 가입되고 있다.

수 있다. 즉, 일단 고객들이 가게를 찾아오면 최소한의 수익이 보장된다는 의미다.

　플스방의 또 다른 특징으로는 단골손님 위주의 운영을 꼽을 수 있다. 아주 특수한 경우를 제외하면 인접한 거리에 플스방이 들어서는 일은 거의 없다. 특히 플스방은 '사양 사업'으로 여겨지기에 일부러 근처에 개업해 경쟁 구도를 만들려는 사람들도 없다. 때문에 대부분의 플스방은 해당 동네 주민이거나 적어도 그곳을 자주 방문하는 고객들로 구성된 일정 수 이상의 단골손님을 보유하고 있다.

　TV와 게임기(플레이스테이션), 게임 CD, 집기 등 초기 투자 비용을 제외하면 유지비가 상대적으로 적게 든다는 부분도 장점으로 꼽힌다. 전기료를 비롯한 각종 공과금 정도와 파트타임 직원의 인건비가 전부다. 물론 자신이 직접 일을 하면 인건비도 자연스럽게 줄어든다. 참고로 조 대표는 토, 일요일 낮 네 시간을 제외하고는 모두 자신이 직접 일을 한다.

　플스방 운영에 대한 조 대표의 이러한 예측은 놀라울 정도로 딱 맞아떨어졌다. 현재 손날두 플스방의 주 고객층은 수십 명가량의 단골손님들이 차지하고 있다. 또한 인근의 다른 업종에 비해 운영비가 20~30퍼센트 수준에 불과해 매출 대비 순수익 비중이 높은 편이다. 무엇보다 자신이 즐겁게 일을 할 수 있으리라는 기대감을 100퍼센트 충족시키고 있다.

'하루하루 놀면서 돈 버는 기분'이라며 자신의 직업에 대해 완벽하게 만족하고 있는 조 대표의 일상이 그저 부러울 따름이다.

플스방 기반으로 축구 관련 사업 확장 도모

조 대표는 현재 신도림과 연남동에 각각 손날두 플스방 1·2호점을 운영하고 있다. 신도림 1호점은 지난 2014년 9월에 문을 열어 올해로 만 3년을 꽉 채웠으며 연남동 2호점은 오픈 1년차인 신생 가게다. 각 지점별 특징도 명확하다. 신도림점의 경우 주상복합 내 상가에 입점해 있으며 연남동점은 연남지구대 옆 낡은 건물 2층에 들어서있다. 각기 전혀 다른 상권인 것이다.

일반적으로 같은 업종의 2호점을 개업하는 데 가장 중요한 것은 기존 가게와 동일한, 적어도 비슷한 상권을 찾는 일이다. 하지만 2호점인 연남동점의 경우 유동 인구가 많고 인구밀집도가 높은 신도림점의 상권과는 완전히 반대 성향을 갖고 있다.

제가 오랫동안 나름대로의 연구와 분석을 통해 내린 이른바 '플스방 특화 상권 분석법'이 있습니다. 먼저 플스방을 찾는 고객층의 나이대가 대부분 20대 후반부터 40대까지 형성돼 있다는 것입니다. 쉽게 말해 나름대로 경제적 요건이 갖춰진 고객들이 주로 방문한다는 뜻입니다. 또한 플스방은 커피숍처럼 우연히 발견해서 들어오는 가게가 아닙니다. 모든 고객들은 '게임을 하겠다'는 명확한 목적을 갖고 있습니다. 이에 더해 한 번 방문할 때마다 짧게는 한두 시간에서 길게는 하루 종일 게임을 즐기시는 분들도 많을 정도로 가게에 머무는 시간이 깁니다. 앞서 언급한 두 가지 요소로 인해 '가게가 어디에 있더라도 고객들은 일부러라도 찾아와서 오랜 시간 동안 게임을 한다'는 결론에 도달하게 되는 것입니다.

물론 조 대표가 이 같은 독자적인 상권 분석을 처음부터 확립했던 것은 아니다. 신도림점의 경우 그저 유동인구가 많고 인구밀집도가 높으면 손님도 많이 올 것이라는 단순한 이유로 현재 가게터를 선정했다. 물론 이러한 예측 역시 어느 정도 맞아떨어지기는 했지만 상권이 좋으면 투자금과 운영비도 그에 따라 높아지게 마련이었다. 이후 조 대표는 신도림점 창업 및 운영에서 발견한 미흡점을 보완해가며 자신만의 독자적인 상권 분석을 해나갔고 2년 동안 철저히 준비한 끝에 보다 적은 초기 투자금과 운영비로 연남동점을 오픈할 수 있었다.

특히 조 대표가 창업 과정에서 가장 중요하게 여긴 요소는 바로 '고객들이 편하게 게임을 즐길 수 있는 환경'이다. 그가 생각하는 게임하기 좋은 환경의 기준은 크게 하드웨어적인 부분과 소프트웨어적인 부분으로 나뉜다. 게임을 구현하기 위한 물리적인 시설 및 장비가 하드웨어적인 요소에 해당한다면 소프트웨어적인 부분은 바로 '사람'에서 찾을 수 있다. 앞서 언급했듯 플스방 손님의 대다수가 즐기는 위닝일레븐은 현실 축구를 기반으로 한다. 리오넬 메시와 크리스티아누 호날두 등 세계적으로 유명한 스타 축구선수들을 직접 조종해 상대방과 승부를 겨루는 것이야말로 위닝일레븐이 가지고 있는 재미의 핵심이다.

이쯤에서 한 가지 가정을 해보자. 늘 같은 상대와 게임을 한다면 아무리 재밌는 요소를 갖고 있다고 해도 흥미가 점차 줄어들 것이다. 하지만 국내에서는 다른 축구 게임에 비해 상대적으로 선호 인구가 적은 위닝일레븐의 경우 같은 취미를 공유하는 지인을 여럿 두고 있기가 힘들다. 쉽게 말해 일반적으로 같이 위닝일레븐을 할 지인의 수가 매우 적다는 의미다. 조 대표는 이 부분에 주목했다. 자신 역시 늘 어울려 다니는 지인들과 게임하기가 지루했던 적이 있었던 것이다. 고객들에게 위닝일레븐의 또 다른 즐거움을 찾아주기 위한 조 대표의 새로운 운영 방침은 바로 '위닝 유저 간 네트워크 구축'이었다. 처음에는 단순히 자신이 좋아하는 취미를 사업으로 발전시킨 것에 불과했지만 플스방은 조 대표에게 또 다른 가능성을 열어갈 수 있도록 해준 발판이 된 것이다.

현재 조 대표는 '후에고(Juego, 축구 경기란 뜻의 스페인어) 프로젝트'를 준비하고 있다. 해당 프로젝트는 크게 세 단계로 나뉜다.

먼저 1단계는 후에고(Juego)란 제목의 계간지를 발행하고 이를 통해 축구에 관심이 있는 사람들을 대상으로 관련 컨퍼런스도 개최할 예정이다. 2단계에서는 축구에 관련된 기술 및 지식을 체계적으로 가르칠 수 있는 후에고 아카데미를 개설하여 프로와 아마추어 양쪽 모두를 만족시킬 수 있는 체계적인 커리큘럼을 만들고, 해당 교육의 졸업생을 중심으로 구단을 창설해 현실적 축구 사업에 뛰어들 계획이다. 마지막으로 3단계는 다소 이상적인 목표로 '축구인 개념의 확대'로 정했다. 과거 세계적인 축구선수인 '디디에 드록바(코트디부아르)'는 내전에 시달리던 고국의 국민들을 위해 양측 당사자들에게 "전쟁을 멈춰주길 바란다."라고 호소함으로써 짧은 기간이나마 평화를 되찾아줬다. 축구가 갖고 있는 보이지 않는 힘을 대변해주는 대표적인 사례로서 축구가 단순히 스포츠에 국한되지 않는 가치를 갖고 있다는 사실을 알 수 있게 해준다. 조 대표 역시 이와 같은 맥락에서 후에고를 통해 미흡하나마 국내 축구계의 저변 확대와 이를 통해 축구인 간 교류의 장을 마련해 보다 나은 사회로의 성장에 이바지하겠다는 포부를 갖고 있는 것이다.

"천재는 노력하는 자를 이길 수 없고, 노력하는 자는 즐기는 자를 이길 수 없다." 축구계에 내려오는 오랜 격언이다. 다소 무리해서 적용하면 이 격언은 사업이란 전혀 다른 분야에서도 유효하다. 즐기면서 일하는 자가 마지못해 업무를 수행하는 사람보다 훨씬 높은 효율과 결과, 나아가 충만한 자기만족을 이룰 것이라는 사실은 너무나 당연한 결과인 것이다.

오늘도 룰루랄라 콧노래를 부르며 가게로 향하는 조 대표의 출근길

발걸음이 더없이 가벼운 이유는 그가 가장 즐겁게 여기는 일상이 손날두 플스방에 머물러 있기 때문이다.

이젠 계산기 대신 가슴을 두드리자

이상하게 대부분의 사람들은 일반적으로 사업과 일상을 별개의 요소로 생각하는 경향이 있습니다. 사업도 결국 일상을 구성하는 한 부분일 뿐인데 말이죠. 그렇다면 이를 전제로 한 가지 질문을 던지겠습니다.
"일상이 힘겹고 지루하다면 어떨 것 같은가요?"
어떤 대답이 떠오르시나요? 아마 상상만으로도 매우 큰 상실감이 엄습할 것입니다. 이 질문에서 일상 대신 사업이란 단어를 넣어보세요. 돈을 벌기 위한 강제적 경제활동, 즉 사업이라고 할지라도 힘들고 지루하게 느껴진다면 정말 하기 싫어질 것이 분명합니다.
지금 수많은 청년들이 기약 없는 취업 준비에 지쳐 창업을 염두에 두고 있는 현실임은 제가 더욱 절절하게 체감하고 있습니다. 하루에도 수차례씩 창업 관련 문의가 오거든요. 그때마다 오직 한 가지, 제가 가장 중요하다고 생각하는 요소인 '즐겁게 일할 수 있는 창업 아이템'을 찾으라고 조언해줍니다. 내가 즐겁게 일할 수 있다면 그 누구보다 열정적으로 사업체를 운영해나갈 것이 분명하고, 그렇다면 성공할 확률이 대폭 늘어나게 될 거라 생각합니다.
분명히 말씀드리지만 맹목적으로 돈만을 목적으로 하는 창업은 지양해야 합니다. 본인이 가장 즐기면서 할 수 있는 분야를 찾는 과정이 먼저 이루어져야 합니다. 그래야 사업의 연속성이 보장된다는 사실을 기억하시길 바랍니다.

조집_손날두 플스방 대표

18.
'온리 예스'의 위대한 힘!
'정육각'

" 첫걸음부터 세상을 압도한다 "

> 탄탄대로가 보장된 자신의 미래를 미련 없이 때려치우고 불확실한 목표를 향해 가려는 이가 몇이나 될까? 모르긴 몰라도 그러한 경우는 한없이 '0(Zero)'에 수렴할 것이다. 여기 누구나(심지어 국가도) 인정하는 유망한 네 명의 인재가 안락한 성공을 뒤로하고 한데 모여 자신들만의 꿈을 만들어 나가고 있다. (아마도) 세계 최초의 초신선 식재료 온디맨드 서비스 기업으로 기록될 '이 시대 마지막 괴짜', 정육각 4인방과의 수다 삼매경을 함께한다.

세계 최초 초신선 식재료 온라인 판매!
모두 '노'를 외칠 때 오롯이 '예스'를 주장하다

지난 2015년 창업한 세계 최초 초신선 식재료 온디맨드(on demand:요구만 있으면, 언제든지) 생산·판매 서비스 기업인 '정육각'은 그 등장부터 신선한 충격을 안겨줬다.

정육각을 처음 구상한 후 결국 창업까지 연결시킨 김재연(이하 김 대표)대표는 한국과학영재학교에서부터 카이스트까지 줄곧 수학 분야를 전공하며 대학 시절 발표한 연구가 좋은 평가를 받아 미 국무성 장학생에 선발돼 응용수학 분야로 유학이 결정된 수재였다. 또한 정육각만의 특화 판매 시스템을 구축하는 데 중심적인 역할을 한 김환민 기획이사와 박준태 기술이사 역시 각자의 분야에서 확실한 성과를 거두며 사회적으로 인정받던 중 김 대표의 권유로 인해 정육각에 합류하게 됐다. 가장 나중에 합류해 현재는 정육각의 마케팅 분야를 총괄하고 있는 이소해 이사는 그 유명한 '삼성그룹' 출신이다.

김 대표가 정육각을 구상하게 된 계기는 지극히 개인적인 이유다. 자신이 가장 즐겨먹는 음식이 바로 돼지고기였던 것이다.

국내 최초 초신선 온디맨드 기업 '정육각'에서 판매하는 제품들.

제가 개인적으로 돼지고기를 참 좋아합니다. 그래서 대학교 시절 친구 집에 놀러 가면 늘 삼겹살을 사가곤 했는데, 어느 날 그 집에서 키우던 강아지가 귀여워서 조금씩 주다 보니 고기가 부족하더라고요. 결국 냉장고에 있던 고기를 발굴(?)해 내서 구워먹었는데 강아지가 그 삼겹살은 입에도 안 대는 거예요. 이유가 궁금해서 도축 날짜를 확인해보니 제가 구입해간 건 도축한 지 20일이 지난 제품이었고 친구네 있던 건 100일이 훨쩍 넘은 냉동 고기였던 거예요. 이후 "강아지도 알 정도면 사람은 더욱 까다롭게 구분하지 않을까?"란 생각에 무작정 도축장을 찾아가서 20킬로그램짜리 삼겹살 한 박스를 구입한 후 오래된 삼겹살과 함께 주변 사람들에게 나눠주면서 평가를 부탁했어요. 당시 평가를 부탁한 30명가량의 사람들 모두가 하나같이 당일 도축된 고기가 월등히 맛있다는 피드백을 줬습니다. 때문에 "나름대로 사업적인 가치가 있구나."라고 생각했지만 당시에는 이미 유학이 예정돼 있던 터라 처음에는 유학가기 전에 잠시 해보자는 다소 가벼운 마음으로 정육각 창업을 기획하게 됐습니다.

김 대표의 구상은 세 명의 조력자를 만남으로써 실현되었다. 정육각은 초신선, 즉 도축 5일 이내의 돼지고기만을 판매하는 것을 사업의 핵심으로 정하고 있다. 기본적으로 구청 및 관련 부처의 '현장 확인 후 인증'을 받은 것은 당연하다. 특히 정육각은 온라인 쇼핑몰의 가장 큰 특징인 '선매수'를 긍정적인 방향으로 발현시켰다. 정육각 판매 과정을 쉽게 설명하면 '1. 고객 주문 → 2. 직영 제품 가공공장에 실시간 주문 전송 → 3. 제품 가공 시간 포함 오후 네 시까지 당일 택배 발송'으로 정리할 수 있다. 쉽게 말해 정부와 지자체가 인정한 초신선 돼지고기를 주문함과 동시에 직영 공장에서 제품을 만들어 당일 발송하는 시스템인 것이다. 이러한 방식으로 인해 정육각은 '재고율 0퍼센트'일 수밖에 없는 특화판매 시스템을 구축하게 됐다. 남들이 가보지 않은 미지의 땅을 개척해나가고 있는 정육각이기에 그에 맞는 새로운 시스템이 필요했던 것이다.

일단 창업 전 완전히 소비자의 입장에서 맛있는 돼지고기가 먹고 싶다는 가정하에 도축장을 직접 찾아가서 전날 도축된 돼지고기를 구입했던 적이 있습니다. 그렇게 접한 실제 초신선 돼지고기(도축 후 5일 이내 소비)의 맛이 저희에게는 너무나 큰 충격이었고, 단순히 이것을 일반 소비자들에게도 경험시켜주고 싶다는 목표를 세우게 됐습니다. 이후 초신선 돼지고기를 일반 소비자에게 보다 빠르고 손쉽게 공급하기 위해서 온라인 판매를 시작하게 됐고, 주문량이 늘어 자체 개발한 자동화 시스템을 적용해 대량생산이 가능한 공장을 구축하게 됐습니다. 한 번에 한 가지 문제씩 차근차근 해결하면서 작은 부분까지 세심하게 확인하고, 창업팀 멤버들에게 IT 역량이 있었기 때문에 IT를 활용해서 대부분의 문제를 해결할 수 있었습니다. 인터넷 신선육 판매에서 생길 수 있는 여러 문제들 중 가격에 대한 불확실성(생산자 입장에서는 가격 경쟁력, 소비자 입장에서는 가격 형평성)을 줄일 수 있는 결제 시스템을 직접 개발해 서비스에 적용했고, 현재는 이에 대한 특허 등록을 완료한 상황입니다.

온라인과 오프라인의 장점만을 취합한
정육각만의 특화판매 시스템에 주목하라

정육각은 오랫동안 고착돼온 온라인 시장에서 새로운 혁신을 주도하고 있다. '신속·저렴'으로 대표되는 온라인 판매의 장점에 더해 온라인의 단점으로 꼽혀온 이른바 '뽑기(같은 곳에서 같은 상품을 구입하더라도 날짜 혹은 개별 상품마다 품질이 다름을 일컫는 말)'의 미흡점을 보완하는 데 주력해온 것이다. 현재 정육각에서 판매하는 돼지고기가 백돼지 한 품종으로 한정되는 것도 이 같은 맥락이다. 모든 상품의 원재료(돼지고기)는 국내 1위 규모의 양돈농장에서 전량 직거래로 공급받고 있다. 해당 농장을 선택한 이유는 앞서 얘기한 '동일한 품질 유지'에서 찾을 수 있다. 정육각 원재료 공급 농장은 수십 년째 같은 사료를 사용하고 최적의 환경에서 돼지를 키우는 까닭에 제품의 편차가 매우 적다는 특징을 갖고 있다는 설명이다.

> 정육각은 온라인에 대한 장점을 극대화하는 동시에 오프라인(마트, 정육점 등)의 미흡점을 보완하는 데 중점을 맞췄습니다. 우선 온라인이기에 가능한 저렴한 가격(동일 품종 및 상품 기준, 국내 1위 대형마트 대비 10~15퍼센트 가량 저렴하다.)을 실현시키기 위해 유통구조 최소화, 가공공장 직영 등 가능한 모든 방법을 적용했습니다. 특히 오프라인의 미흡점, 고객들이 '뽑기'라고 표현하는 부분을 개선하기 위해 노력했습니다. 쉽게 말해 '정육각에서는 1년 365일 24시간 중 어느 때 상품을 구입하더라도 동일한 품질의 상품을 구입할 수 있다'는 인식을 굳힌 거죠

정육각은 기존 온라인 신선식품 시장이 갖고 있던 한계를 넘어 도축 후 1~4일 내 배송하는 초신선 돼지고기 판매를 시작으로 현재 당일 도계 닭고기 및 산란 달걀로 상품군을 확장했다. 아울러 신선도뿐만 아니라 상품을 품질을 최고 수준으로 유지하기 위해 확보하기 위해 사료회사, 농장

등과 협업해 지속적으로 균일하게 최고 품질의 상품을 말 그대로 '초신선'하게 제공하고 있다. 특히 정육각은 주문 및 생산 과정 역시 더 높은 수준의 가치를 제공하기 위해 다양한 시도를 하고 있다. '주문 즉시 생산'을 기본 원칙으로 1그램까지 정확히 무게를 측정해 그에 맞는 금액만 결제하는 정육각만의 특화 시스템을 만든 것이 대표적이다. 이처럼 하나부터 열까지 신선하고 과감한 시도를 발판으로 성장해온 정육각을 이끌고 있는 네 명 청춘들의 사전에는 마치 나폴레옹처럼 불가능이란 단어가 없는 듯하다.

내가 하고 싶은 일을 선택했을 뿐
일의 가치, 재미와 보람 그리고 가능성

탄탄대로를 걷던 네 명의 청춘들이 성공에 대한 확신이 없는 창업에 뛰어든 이유는 무엇일까? 네 사람은 하나같이 "내가 하고 싶은 재미있는 일을 하고 싶어서."라고 말한다.

> 많은 사람들이 '재미있는 것'과 '잘하는 것' 사이에서 진로를 고민합니다. 저 역시 마찬가지로 정육각과 미국 유학 중 한 가지를 선택해야 하는 갈림길에 놓였었죠. 절대적인 비교는 어렵지만 응용수학은 제가 평생을 공부해왔기에 나름대로 '잘하는 분야'였고, 정육각은 새로운 도전이란 맥락의 '재미있는 것'에 가까웠습니다. 고민하던 시기에 마침 뜻이 맞는 김환민 이사를 만나 사업의 초석을 닦고, 이후 이소해 이사와 박태준 이사가 합류함에 따라 '이 팀원들과 함께라면 정육각을 재미있는 일이자 동시에 잘하는 일로 만들 수 있겠다' 는 확신이 들어 본격적으로 사업가의 길에 들어서기로 결심하게 됐습니다.

음식 맛을 좌우하는 가장 큰 요소는 재료의 신선함에 있다.

　　김 대표와 함께 정육각의 토대를 다진 김환민 이사는 물론 미국 유학을 마친 후 국내 굴지의 관련 기업에서 일해온 박준태 이사, 대한민국 넘버원 기업 배지를 마다하고 스타트업 기업의 마케팅을 책임지게 된 이소해 이사까지, 각자의 전공 분야가 뚜렷한 네 명의 사람들이 모여 서로를 상호 보완함으로써 예상 이상의 시너지 효과를 확인할 수 있었다.
　　무엇보다 정육각은 현재보다 미래가 더욱 기대되는 기업이다. 실제로 정육각에서 시행한 고객 평가를 분석한 내용을 살펴보면, 재구매율(2주 내 재구매 기준)을 조사한 결과 75퍼센트 이상의 고객들이 2주 내에 다시 정육각에서 제품을 구입한 것으로 나타났다. 물론 한 달 혹은 그 이상으로 기간을 늘리면 수치는 더 올라가지만 유의미한 결과가 아니라는 생각에 2주라는 최소 기간을 설정한 것이다. 해당 수치는 결국 정육각 제품을 한 번이라도 직접 맛본 고객이라면 다른 고기에 비해 품질이 우수함을 알 수 있다는 사실을 증명한다는 의미인 터다.

생고기를 써는 것은 생각보다 훨씬 힘들다.

아무래도 식품사업이다 보니 소비자를 속이지 않는 것이 중요하다고 생각합니다. 시장에 들어와서 사업을 진행하니 철학을 갖고 정말 잘하는 식품 업체들도 많지만 반면에 '이건 너무하지 않나?'라는 생각이 들 정도로 소비자를 속이는 기업들도 많이 있습니다. 그리고 그런 업체들과 경쟁하다 보니 정직한 방법으로 승부했을 때 오히려 손해를 보는 경우도 많았습니다. 하지만 저희는 내부적으로 지속 가능성을 중요한 가치로 생각하기 때문에 소비자를 속이지 않고 열심히 한다면 장기적으로는 월등히 우위에 설 수 있다고 생각합니다. 기업과 소비자와의 관계에서 나아가 모든 관계에 있어서 '정보 비대칭성을 줄이는 것'을 중요한 가치로 생각하고 있습니다. 사업을 하면 사용자-근로자, 투자자-피투자자, 회사-소비자, 회사-정부(지자체) 등 많은 이해관계가 생기게 되는데, 이런 관계 속에서 서로의 정보 비대칭성을 줄이는 것을 중요한 사업 철학으로 생각합니다. 위와 같은 이해관계가 생길 경우 흔히 교섭력에 따라 관계를 갑을로 설정하는 경우가 많은데, 이런 갑을관계하에서는 정보 비대칭성이 생길 수밖에 없고 그러다 보면 관계가 정상적으로 유지되기가 힘듭니다. 그래서 저희는 정보 비대칭성을 줄여 사업을 하면서 생기는 이해관계에서도 지속 가능성을 찾으려고 노력합니다.

현재 '초신선'이라는 BI(브랜드 아이덴티티)하에서 돼지고기, 닭고기, 달걀을 생산 및 판매하고 있는 정육각은 향후 지속적인 유통 구조의 혁신을 통해 기존 시장에 존재하던 상품과는 차별화된 가치를 줄 수 있는 상품들을 발굴하여 선보일 예정이다.

또한 정육각이 차별화된 비즈니스를 할 수 있는 기반인 IT 기술을 계속 발전시켜나갈 계획이다. 특히 이번에 등록된 결제 관련 특허를 활용해 페이먼츠 사업을 진행, 온라인 신선식품 판매업체 및 소비자들에게 '생산 후 결제 시스템'의 노하우를 공유하겠다는 '상생 정책'도 본격적인 시행을 앞두고 있다.

이 시대 마지막 괴짜 4인방이 만든 유쾌한 결과. 그 누구도 가보지 못한 미지의 땅을 개척해나가고 있는 현대판 콜럼버스 '정육각'이 대한민국 청년들에게 던지는 강력한 메시지가 사뭇 진한 여운을 전해준다.

따뜻한 엽차는 몸을 따뜻하게, 따뜻한 지원정책은 인생을 따뜻하게!

요즘 주변에 창업을 준비하거나 관심을 갖는 친구들이 참 많습니다. 결론부터 얘기하자면 그 친구들에게 망설이지 말고 한시라도 빨리 시작하라고 말해주고 싶습니다. 물론 세부적인 계획이 부족한 상태로 시작할 경우 그에 따른 여러 문제점과 리스크는 존재합니다. 하지만 아무리 제대로 계획을 세우고 시작하더라도 처음이기에 미처 생각하기 못했던 수많은 변수가 튀어나올 것이고, 결국 시행착오를 겪을 수밖에 없습니다. 페이스북 등 다른 성공적인 스타트업들을 봐도 처음 시작하는 아이템으로 한 번에 성공하는 경우는 드물고 기존 아이템에서 얻은 정보와 경험을 바탕으로 새로이 사업 모델을 만들어 나가는 경우가 많습니다. 또한 대부분의 청년 창업은 큰 자본금으로 시작하는 일이 매우 적기 때문에 행여 실패를 겪더라도 그 리스크가 상대적으로 덜하고, 오히려 유연한 사고를 통해 위기를 기회로 바꿀 수 있는 가능성도 크기 때문에 최소한의 자원을 투입해 시제품을 만들어서 빠르게 시장을 파악하고 그에 맞는 사업 모델을 만들어 나가는 것이 중요하다고 생각합니다.

과거와 비교했을 때 창업 생태계가 좋은 방향으로 갖춰져 나가고 있어 실패를 할 경우 재도전을 지원해주는 정부 및 지자체 정책들이 있고, 꼭 재도전이 아니더라도 청년의 창업을 지원해주는 프로그램도 많기 때문에 이런 제도들을 잘 이용할 수 있다면 창업의 좋은 밑거름이 될 수 있을 것입니다.

김재연_정육각 대표

19.

건강보다 더 좋은 선물은 없습니다
'톱 오브 피티'

"보다 건강 가까이
24시간 행복하게"

> 『삼국지』 속 수많은 호걸 중 한 명인 조조 맹덕은 "천하를 얻어도 건강을 잃으면 무슨 소용이 있는가."라는 말을 남겼다. 중원을 차지하기 위해 모든 생을 바쳤던 영웅들조차 결국 가장 중요한 가치는 자신의 건강이었던 셈이다. 이처럼 건강은 우리가 행복한 삶을 영위하기 위한 기본 중의 기본이라고 할 수 있다. 고객들의 건강을 지켜줌으로써 그들의 삶을 행복하게 만들어주고 있는 이일재 톱 오브 피티(Top of PT) 대표의 아름다운 동행을 함께한다.

충청남도 대표 보디빌더, 탄탄한 전문성으로 창업을 준비하다

허영만 화백은 자신의 작품인 『식객』에서 보디빌더를 가리켜 '도시의 수도승'이라고 표현했다. 인간의 기본 욕구 중 하나인 식욕을 극도로 절제하고 하루 반나절 이상씩 극한 수준의 운동에 매진하는 보디빌더는 그의 말마따나 도심 속에서 고행을 하는 스님과 마찬가지일 터다.

서해 최대 공업단지로 급부상하고 있는 충청남도 서산시에서 지역 최초로 퍼스널 트레이닝(이하 PT) 전문점을 연 '이일재 톱 오브 피티' 대표 역시 20년 가까이 자신의 신체를 조각하는 데 집중해온 보디빌더다.

고교 시절 국내에서 손꼽히는 보디빌더로 활동해온 이 대표는 각종 수상 경력에 힘입어 경희대학교 체육 관련 학과의 특기생으로 선발됐다. 이후 군 복무를 마치고 대학을 졸업 한 이 대표는 자신의 진로에 대한 고민 끝에 취업을 결심, 신라호텔 레포츠 사업팀에 입사하게 된다. 입사 후 그룹 내 임직원들의 건강 관리를 전담하는 트레이너로 근무한 이 대표는 국내 최고 수준의 전문 경력에 걸맞은 긍정적인 평가를 받았다. 신라호텔에서 일했던 4년 동안 아무 문제없이 업무를 수행한 것은 물론 일부 임직원들은 아예 사비로 비용을 추가해도 좋으니 개별 트레이닝을 해달라 요청했을 정도다. 그의 전문성과 가치를 충분히 인정받은 것이다.

돌이켜 생각해보면 평생 선수로 살아왔던 까닭에 지도자로는 다소 부족했던 게 사실이었던 것 같습니다. 하지만 누군가가 저를 전적으로 믿고 따른다는 점에 보람을 느끼게 되어 향후 지도자의 길을 걷겠다는 결심을 하게 됐습니다. 무엇보다 선수와 지도자라는 두 마리 토끼를 모두 잡을 수 없다는 사실도 그 이유 중 하나였죠. 물론 당장 창업을 염두에 둔 건 아니었습니다. 누군가를 가르쳐야 하는 스포츠센터를 창업하려면 단순히 운동을 잘하는 것만으로는 부족하다는 사실을 누구보다 잘 알고 있었거든요. 오히려 실질적인 운동 관련 능력 이외에 건강이란 대승적인 목표를 전방위적으로 지원하는 다양한 전문지식을 쌓는 게 더 중요하다고 할 수 있을 정도죠. 저 역시 직장 생활과 관련 교육을 병행하며 수년 동안 차근차근 창업을 준비했습니다.

사실 이 대표처럼 가시적인 성과가 명확한 유명 트레이너의 경우 각 기업에서 보다 좋은 조건으로 영입하려는 '스카우트'의 대상이 되곤 한다. 실제로 이 대표 역시 신라호텔에서 근무 중 스카우트 제안을 받고 부천 롯데백화점(구 GS백화점)과 일산 위시티커뮤니티 등 국내 유수의 기업에서 간부로 재직하기도 했다. 하지만 앞서 언급한 대로 한정적인 회원이 아닌 불특정 다수와 만나며 소통하기 위해 창업을 결심하게 됐다. 이 대표가 창업을 시작할 마지노선으로 잡은 것은 30세였다. 고(故) 김광석의 <서른 즈음에>의 가사처럼 이 대표 역시 30세에는 새로운 도전을 시작하겠다는 나름의 목표가 있었던 것이다.

사업 성패, 결국 고객의 몫
고객들의 의견 '적극 수용'

고등학교를 마칠 때까지 20여 년을 살던 고향으로 돌아온 이 대표의 목

보디빌더와 스포츠센터 운영자는 전혀 다른 전문성과 소양이 필요하다.

표는 당연히 창업이었다. 20대 중반부터 자신의 삶을 스스로 책임져왔던 이 대표는 당시를 회상하며 '일을 하지 않는 게 오히려 고통이었다'고 말한다. 하지만 결코 창업을 서두르지는 않았다. 국내 모 유명 탤런트가 수십억 원의 자본을 들여 야심차게 출범한 스포츠센터가 수년 만에 결국 파산선고를 받을 정도인 상황에서 소위 '고만고만한 동네 헬스장'으로는 승산이 없다는 판단이었다.

스포츠센터를 두고 하는 농담이 있죠. 새해가 밝으면 한 달 정도 손님들로 북적이다가 그 시기가 지나면 1년 내내 파리만 날린다고요. 스포츠센터 운영의 어려움을 에둘러 표현한 것이지만 저는 반대로 고객들이 운동에 대한 필요성과 재미를 오랫동안 느끼지 못하기 때문에 작심삼일식 운동을 반복하고 있다는 뜻으로 해석되더라고요. 그것을 깨달은 순간, 제 창업 방향이 정해졌습니다. '고객들이 재밌게 운동할 수 있는 공간'이란 가치를 이일재 스포츠센터의 아이덴티티로 정한 것이죠. 물론, 당연히, 남들이 비웃을 정도로 이상적이고 어려운 목표라는 사실은 저도 잘 알고 있습니다. 하지만 적어도 3일 만에 운동을 그만두는 고객은 없도록 하겠다는 게 제 나름의 다짐이었죠.

이후 이 대표는 창업 준비의 방향을 완전히 바꿔버렸다. 자신이 만나는 모든 사람들(가족, 친구, 기타 지인)에게 일일이 '심층 설문조사'를 실시한 것이다. 예컨대 ▲어떤 계기가 있을 때 운동을 하고 싶은가? ▲운동을 빠른 시일 내에 그만둔 적이 있는가? ▲그렇다면 무슨 이유 때문에 그렇게 빨리 운동을 그만뒀는가? ▲어떤 조건이 갖춰지면 운동을 열심히 할 수 있을 거라 생각하는가 등 이른바 '잠재 고객'들을 대상으로 그들이 원하는 스포츠센터의 요소를 하나씩 확인해나갔다. 쉽게 말해 '스포츠센터'라는 창업 아이템은 이미 고정된 상황에서, '어떤 스포츠센터를 만들 것인가(고급 시설 위주의 럭셔리 스포츠센터, 다양한 분야를 아우르는 복합 스포츠센터, 전문 보디빌더 육성 스포츠센터 등)'에 대한 세부 방침을 정해나갔던 것이다. 이 대표의 창업 준비 과정 중 가장 주목해야 할 부분이 바로 이 지점이다. '고객의 의견을 듣고 이를 창업에 적극 반영한다'는 명제를 창업의 최우선순위에 올려놓은 것이다.

사업의 주체는 제가 아닌 고객입니다. 때문에 고객들이 원하는 방향이 무엇인지 먼저 아는 것이 가장 중요하다고 생각했고, 이를 정확히 파악하기 위해 만나는 모든 사람을 붙잡고 질문 세례를 퍼부었죠. 그때는 친구들도 "너만 만나면 질문에 답하느라 바쁘다."면서 만남을 피하려고 했을 정도였으니까요(웃음). 물론 가장 많은 도움을 준 이들도 친구들이었습니다. 오랫동안 고향에서 지낸 죽마고우들의 의견을 적극 반영한 끝에 제 사업의 구체적인 틀을 세울 수 있었습니다. 바로 지역에서는 전무했던 'PT 전문 스포츠센터'였죠.

이 대표의 지인들은 각종 대회에서 입상하며 국내 최고 수준의 전문성을 공인받은 그의 능력을 적극 활용할 것을 조언했다. 단순히 고객들이 운동할 수 있는 공간을 제공하는 데 그치지 말고 적극적으로 그들이 운동의 재미를 느낄 수 있도록 유도하는 역할을 수행해야 함을 강조했던 것이다. 이 대표 역시 지인, 나아가 잠재 고객들의 의견을 적극 수용했다. 무엇보다 기존의 다른 스포츠센터와 확실한 차별성을 확보할 수 있다는 점이 매력적으로 다가왔다.

그렇게 지역 최초의 PT 전문 스포츠센터, 디자인 유어 바디(Design Your Boby)가 탄생하게 됐다. 참고로 톱 오브 피티는 이 대표의 첫 사업체였던 디자인 유어 바디가 성장하며 장소를 확장 이전함에 따라 이름을 새롭게 바꿔 지난해 11월 새롭게 출범한 것이다.

우리는 이쯤에서 사업의 본질이 무엇인지 돌아봐야 한다. 여러 의견이 있을 수 있지만 사업의 목적은 결국 '고객에게 그들의 원하는 서비스 혹은 제품을 제공하고 그에 합당한 대가를 받는 것'이라고 할 수 있다. 쉽게 말해 고객으로부터 이윤을 창출하기 위한 가치 있는 서비스와 제품을 마련하는 것이 사업의 기본이라고 할 수 있다.

앞서 언급했듯 이 대표가 창업 준비의 최우선순위로 올린 '고객 의견에 대한 적극적 수용'이란 과정은 이 같은 사업의 핵심을 관통하는 것이다. 이처럼 고객들이 원하는 요소를 충실히 갖출 수 있다면 그 사업은 결코 망하려야 망할 수 없다. 다시 한 번, 창업에서 가장 중요한 점이 무엇인지 곰곰이 생각해봐야 할 때다.

창업 비용은 어떻게 절감 하는가?
창업, 두 방향에서 접근 필요하다

이 대표의 이러한 고객 중심 창업 준비는 분명 모든 예비 창업자가 귀담아 들어야 할 대목이다. 하지만 그 역시 첫 창업이다 보니 여러 부분에서 미흡점이 많이 발생할 수밖에 없었.

창업은 크게 ▲창업 아이템과 운영 방침 등의 '소프트웨어' ▲비용

퇴근 후 PT를 받는 20대 여성 회원의 모습.

과 시설 등의 '하드웨어'로 나눌 수 있다. 고객 중심의 창업 준비를 해온 이 대표는 이 중 소프트웨어 부분에서 합격점을 받을 수 있다. 하지만 스포츠센터의 실질적인 준비 과정(운동 시설 및 기구 구입, 인테리어 시공 등)에서 다소 아쉬운 선택, 쉽게 말해 처음 예산보다 더 많은 비용이 소모됐던 것이다.

하지만 이와는 별도로 이 대표의 PT 전문 스포츠센터는 출범과 동시에 급격한 성장을 보였다. 그동안 운동 방법을 몰라서, 혹은 운동에 재미를 느끼지 못했던 고객들의 발길이 이어진 것이다. 특히 전문 보디빌더 이력을 가진 이 대표에 대한 신뢰가 시너지 효과로 이어졌다는 분석이다.

저를 찾아오신 고객들의 대부분은 '자신의 몸에 대해 정확히 이해'하고 싶어 합니다. 무슨 뜻이냐. 보디빌더들은 우스갯소리로 서로를 '반(半) 의사' 혹은 '반 식품영양전문가'라고 부릅니다. 단순히 몸에 근육을 만드는 운동만으로는 보디빌더가 될 수 없다는 의미죠. 바로 이 지점에서 고객들이 현직 선수를 거쳐 지금까지 각

이일재 대표는 청소부터 빨래까지, 스포츠센터의 전반적인 운영을 책임지고 있다.

종 대회에 나가고 있는 저를 선택한 것입니다(이 대표는 여전히 자기관리 방편으로 일에 방해되지 않는 선에서 전국체전에 일반 선수로 참가하고 있다). 전문 보디빌더의 지식과 경험을 배움으로써 앞으로도 지속 가능한 자신만의 운동 방법과 루틴(routine)을 찾기 위해서죠.

이쯤에서 다시 한 번 정리해보자. 이 대표는 창업에 앞서 잠재 고객들과의 사전 소통을 통해 자신이 만들 스포츠센터의 정체성을 'PT 전문 스포츠센터'로 정했다. 이후 고객들에게 자신의 선수 시절 경험을 바탕으로 운동 프로그램 및 식단 조절 등을 개별적 특성에 맞춰 체계적으로 정해줌으로써 스포츠센터에 나오지 않게 되더라도 스스로 운동을 할 수 있도록 톱 오브 피티만의 운영 시스템을 만든 것이다. 이렇듯 고객들의 지속 가능한 운동 방향과 습관을 정해주는 이 대표만의 운영 방침은 고객들에게 많은 공감을 받으며 꾸준한 성장세를 기록하고 있다. 창업의 가장 중요한 요소 중 하나인 지속성의 핵심을 정확히 관통한 까닭이다.

스포츠센터는 운동만 하는 곳? 'NO!'
고객들의 건강한 삶까지 디자인한다

고대 로마의 시인 유베날리스(Juvenalis)의 '건강한 신체에 건강한 정신이 깃든다'는 말처럼 우리가 행복한 삶을 영위하기 위해서는 건강한 신체가 가장 기본적이 요소임을 부정할 수 없다.

과거 스포츠센터에 대한 인식은 '근육을 만들기 위한 혹은 다이어트(체중 감량)를 위한 공간' 정도였다. 하지만 최근 들어 스포츠센터의 역할은 단순히 육체적 능력의 향상에만 국한되지 않는다. 이 대표 역시 이러한 사실을 누구보다 먼저 파악했고, 고객들의 개별 교육을 기본으로 삶 그 자체를 긍정적으로 바꾸기 위한 노력을 지속하고 있다.

이 대표는 늘 "운동은 행복한 삶을 위한 기본이다."라고 말한다. 의학 전문가들이 '꾸준한 운동'을 강조하는 것 역시 같은 맥락이다. 실제 이 대표를 찾아온 몸이 불편한 한 고객은 그와의 체계적인 운동 프로그램을 소화함으로써 병환이 상당 부분 호전된 것은 물론 새로운 삶의 목표까지 생겼다.

어느 날 20대 초반 청년이 저를 찾아왔습니다. 다소 어눌한 말투로 부끄럽다는 듯 한참을 망설이다가 어렵게 '몸이 불편한데 운동을 하고 싶다'는 말을 꺼내더군요. 우리가 흔히 간질이라고 알고 있는 '뇌전증'을 앓고 있던 환자였습니다. 하루에도 20차례씩 발작을 하는 탓에 기본적인 일상생활조차 어려운 상황이었지만, 그 자신이 병을 이겨내겠다는 굳은 의지로 저를 찾아왔기에 고민 끝에 함께 운동을 하기로 결심하게 됐습니다.

이후 이 대표는 개인적인 시간을 쪼개가며 뇌전증 관련 공부를 시작했다. 뇌전증의 증상은 무엇인지, 발작이 일어날 때는 어떻게 대처해야 하는지, 어떤 음식이 도움이 되는지 등 책은 물론 지인을 통해서 신경과 전문의를 만나면서까지 꾸준히 공부를 했다. 해당 질병을 앓고 있는 고객에게 조금이라도 더 좋은 운동 방침을 정하기 위해 할 수 있는 모든 노력을 기울였던 것이다. 하지만 실제 과정은 이 대표의 예상보다 더욱 힘겨웠다. 운동 중 갑작스럽게 발작이 일어나는 것도 여러 차례, 그때마다 이 대표는 책임감과 부담을 동시에 느껴야만 했다.

나름대로 공부를 하고 예상 가능한 모든 긴급 상황을 가정해가며 대처 방법에 대한 사전 이미지 트레이닝까지 해봤지만 막상 발작이 일어나니 머릿속이 하얘지더라고요. 한두 번 그런 일을 겪고 나니 덜컥 겁이 나기도 했고요. '포기'라는 단어가 머릿속을 맴돌 때쯤 그 고객이 제 눈을 똑바로 바라보고 가늘게 떨리는 목소리로 "제발 포기하지 말고 끝까지 함께 운동해주세요, 선생님."이라고 말하더군요. 그때 결심했습니다. 이 일로 인해 사업을 접더라도 이 고객이 원할 때까지 옆에 있겠다고요.

명확한 의학적 근거를 댈 수는 없지만, 실제로 이 대표와 운동을 시작하고 일정 기간이 지난 후부터 환자의 발작 주기가 눈에 띄게 줄어들었다. 하루 15~20차례씩 일어나던 발작이 운동을 시작한 지 반년 후쯤에는 한두 차례, 혹은 아예 일어나지 않게 됐다.

기분 좋죠. 저와 함께 운동을 한 고객이 예전에는 언제 발작이 일어날지 몰라 일부러 사람들이 많은 곳만 골라 다녀야 했을 만큼 제한적인 삶을 살았지만 이제는 어디든 원하는 곳을 갈 수 있을 정도로 건강이 회복됐으니까요. 무엇보다 고객에게 새로운 목표가 생겼다는 사실이 반갑습니다.

이 대표와 함께 운동을 했던 고객에게 생긴 새로운 목표는 바로 '이 대표'다. 쉽게 말해 그와 같이 다른 이의 건강을 긍정적으로 이끌어줄 수 있는 '운동 전문가'가 되겠다는 것이다. 실제로 해당 고객은 그의 꿈을 위해 스포츠 관련학과로 진학 준비에 한창이다. 난치병으로 분류되는 뇌전증마저 이겨낸 그의 굳건한 의지라면 얼마 뒤 당당히 대학 합격증을 손에 쥐고 이 대표를 찾아올 것이라 믿어 의심치 않는다.

미국의 한 TV 프로그램에서 세계 굴지의 재벌에게 "당신의 모든 재산을 준다면 20세로 돌려보내주겠다고 한다면 당신은 돌아가겠는가?"라는 질문을 던졌다. 그는 단 1초의 망설임도 없이 "예스!"라고 답했다. 젊음, 보다 정확하게 표현하면 건강한 젊음은 수십 조 원에 이르는 어마어마한 재산보다 훨씬 가치 있다는 방증인 셈이다.

고객들의 건강하고 행복한 삶을 위한 이일재 톱오브피티 대표의 아름다운 동행이 더욱 특별하게 다가오는 이유다.

배움에는 한계 없지만
시간에는 한계 있다

모든 사업자가 그러하듯 저 역시 창업 이후의 불확실한 미래에 대한 걱정이 많았습니다. 창업을 결심하는 순간까지 직장 생활을 계속할지 고민했을 만큼 제게는 큰 도전이자 인생의 전환점이었습니다.

PT는 '개인 맞춤'이 주목적입니다. 쉽게 말해 개개인의 신체적 능력과 특성, 체질에 맞는 운동 방법을 제공해야 한다는 뜻입니다. 그러기 위해서는 소통이 기본적으로 전제돼야 합니다. 스포츠센터에서 트레이너와 고객이 수시로 대화를 나누는 것은 비단 잡담으로 시간을 때우기 위한 것이 아닙니다. 서로에 대한 유대감을 쌓는 과정이죠. 저 역시 고객들과 수많은 주제로 대화를 나누곤 합니다.

스포츠센터를 오픈하고 나서 오히려 학창 시절보다 더 열심히 공부를 하고 있습니다. 운동은 물론 식품 관련 분야에 대한 공부까지 병행하죠. PT는 보다 전문적인 개인 운동을 원하는 고객들이 찾는데, 이러한 특성상 운동 외 시간까지 모두 관리해줘야 한다는 생각에서입니다. 사실 이 모든 것들은 PT 전문을 표방하는 스포츠센터라면 모두 공통적으로 적용하고 있을 것입니다. 다만 머리로만 알고 있는 것과 실제 고객들과 마주했을 때 적용 가능한 부분이 분명한 차이가 있는 만큼 지속적으로 소통하며 각 고객에게 가장 적확한 운동 프로그램 및 식단, 생활 방식 등을 조언하길 권해봅니다. 이제 5년차 스포츠센터 운영자로서 아직도 갈 길이 멀다는 것을 새삼 느끼곤 합니다. 하지만 그때마다 4년 이상 저를 믿고 함께 운동을 하고 있는 수십 명의 회원분들을 보며 제 자신을 다시 한 번 다잡고 그들의 더 나은 미래를 위해 힘닿는 데까지 함께할 것을 다짐합니다. 회원들의 건강한 행복을 책임진다는 마음가짐을 잊지 않고 늘 초심으로 최선을 다할 것을 약속드립니다.

이일재_톱 오브 피티 대표

Part 4

창업, 절대로
맨땅에 헤딩하지 마라
(소상공인 창업 정부 지원 사례)

청년창업 지원사업
똑똑하게 이용하기

20.

함께하길 결정하면
나머지는 저절로
내일은 누구와 함께할까?
'명랑핫도그'

" 행복의 나눔은 공평하게 "

> 최근 프랜차이즈를 바라보는 국민들의 시각은 사뭇 부정적이다. 오랫동안 쌓인 병폐가 표면화된 모양새. 정부는 당장 국내에서 손꼽히는 몇몇 프랜차이즈를 중심으로 사태 파악에 나섰지만 자칫 업계 전체에 악영향이 미칠 것이란 우려도 적지 않다. 정녕 '착한 프랜차이즈'는 존재하지 않는 것일까? 프랜차이즈에 대한 새로운 패러다임을 만들어나가고 있는 명랑청년들의 이야기에서 그 답을 확인한다.

착한 프랜차이즈는 없다? 아니, 있다!

안흥하면 찐빵, 횡성하면 소고기, 안동하면 식혜. 이처럼 지역과 음식이 동일시되는 경우가 있다. 어린 시절 어머니를 따라 나선 시장통 한 구석에서 손에 쥐어들었던 대표적인 시장표 주전부리인 '핫도그' 앞에 붙는 '명랑'이라는 수식어가 익숙해진 것 역시 같은 맥락일 터. 전국 750개의 명랑핫도그 가맹점을 보유한 '명랑시대협동조합(이하 명랑시대)'은 명실공히 국내 최고·최대 핫도그 전문 프랜차이즈 기업으로 자리매김했다. 지난해 7월 문을 연 부산 NC점을 시작으로 불과 1년 3개월여 만에 거둔 성과다. 참고로 부산 NC점의 하루 최고 판매 기록은 핫도그 1,600개다. 이종형 이사장을 중심으로 김상우·김철민·조상진·조성철·이영서 이사 등 여섯 명으로 출발한 명랑시대가 1년이 조금 넘는 짧은 기간 만에 이렇듯 눈에 띄는 성공을 거둔 이유는 무엇일까?

프랜차이즈 관련 전문가는 물론 현재 가맹점을 운영 중인 가맹점주들은 '명랑시대만의 새로운 프랜차이즈 구조에 집중해야 한다'고 입을 모은다. 본사를 중심으로 운영되는 여타 프랜차이즈와는 달리 명랑시대는 '청년창업협동조합'이라는 이익 공유형 프랜차이즈를 지향하는 까닭이다.

협동조합의 사전적 의미는 '공동의 경제적 이익을 추구하기 위해 물자 등의 구매·생산·판매·소비 등의 일부 또는 전부를 협동으로 영위하는 조직 단체'(두산백과 발췌)를 의미한다. 가맹점주 개개인이 명랑시대의 사주가 되는 형태, 즉 상호 수평적인 관계가 설정된다는 의미다. 명랑시대의 운영 구조는 곧 '협동조합 이익=조합원 이익'이란 공식으로 연결된다. 조합원은 각기 N분의 1만큼의 권한을 가지는데, 이사장에게 일부 권한을 위임했다고 해도 기본적으로 '모든 안건은 조합원 회의를 통해 결정한다'는 원칙을 지킨다. 협동조합이 지닌 이러한 특징을 바탕으로 명랑시대는 조합원 대다수가 최선의 방법을 찾는 수평적인 소통 구조를 확립했고, 모든 사업 운영의 방향성을 오직 '조합원(공동)의 이익'에 맞춰왔던 것이다.

> 명랑시대 출범 당시부터 함께했던 여섯 명의 조합원들은 10여 년 전부터 인연을 맺어왔던 요식업계 종사자들입니다. 성공을 예측하고 시작한 건 아닙니다. '같이 먹고 살자'는 절박한 심정에서 협동조합 조직을 결정했을 따름입니다. 특히 '공동의 목표'를 설정하고 개인의 이익이 아닌 공동의 이익을 위해 나아간다는 협동조합의 취지에 크게 공감이 되었습니다. 이러한 협동조합의 가치가 현재 명랑시대 운영의 기본인 운영 철학으로 이어진 셈이죠. 또한 소상공인시장진흥공단의 협동조합 지원사업에 선정돼 ▲공동 브랜드 개발 ▲공동 마케팅 ▲공동 네트워크 구축 등 실질적인 도움을 받을 수 있었던 것도 긍정적인 결과로 연결됐습니다. 협동조합에 대해 체계적으로 교육을 받고 운영과 관련된 지원을 받음으로써 보다 튼튼한 운영 구조를 확립할 수 있었던 거죠.

'함께 잘 살아보세.' 명랑시대가 협동조합이라는 운영 체계를 선택한 배경은 이 한 문장으로 압축된다. 조합원은 주로 20대 후반부터 40대 초반으로 구성되어 있는데 대부분 돈과 경험이 적은 청·장년층 위주로 가맹점을 내주는 이유 또한 '청년실업 100만 명 시대'를 힘겹게 살아가는 이들에게 새로운 기회와 희망을 주고 싶다는 명랑시대의 운영 철학에 기인한다.

명랑시대는 협동조합 기반의 프랜차이즈 운영으로 가맹점주와 이익을 공유하고 있다.

　때문에 우리가 이름만 들으면 알 만한 대형 프랜차이즈와는 달리 창업 비용이 매우 적게 든다. 23제곱평방미터(약 7평) 기준 명랑핫도그의 초기 투자 비용은 총 4000만 원 가량(임대료 제외)으로 책정됐다. 특히 예비 가맹점주에게 가장 매력적인 것은 바로 '임대료' 부분이다. 포장 위주로 판매되는 핫도그의 특성상 일정 규모의 조리 공간만 확보하면 되는 까닭에 임대료가 면적에 비례하는 것을 감안하면 그 비용이 크게 절약된다. 명랑시대에서 제시하는 23제곱평방미터(약 7평)의 기준 역시 최대치로 잡은 것으로 임대료 또한 해당 규모를 최대치로 가정하면 된다.

　또한 가맹비는 500만 원으로 5000만 원 이상에 달하는 대다수 대형 프랜차이즈의 10분의 1 수준에 불과하다. 초기 가맹점 창업 비용 중 수천만 원이 줄어드는 셈이다. 이외 가맹점의 가맹 유지비는 매달 내는 로열티 20만 원이 전부이며, 명랑시대는 해당 가맹비를 ▲해충박멸서비스 제공 ▲음료수 무료 지원 ▲디지털 메뉴판 무상 제공 등 점포 운영 및 미흡점 보완에 사용하고 있다. 명랑시대가 '착한 프랜차이즈'로 평가받는 이유다.

협동조합의 모든 운영 방침은 조합원들의 회의를 통해 결정된다.

물론 가맹비 전부를 다시 점포에 돌려주는 것은 아닙니다. 저희도 먹고 살아야죠 (웃음). 산술적인 계산은 어렵겠지만 최소한 절반 정도는 개별 가맹점마다 필요한 부분을 지원하는 데 사용하고 있습니다. 명랑시대 초기 멤버들 역시 경제적 절벽에 서본 경험이 있기에 그들의 절박함을 누구보다 잘 알고 있습니다. 각자가 개인 사업체를 갖고 있어 반드시 명랑시대를 통해서 큰돈을 벌어야 한다는 생각도 없고요. 명랑시대가 자선단체는 아니지만 적어도 가맹점들의 희생을 강요하는 '나쁜 프랜차이즈'가 되지는 않을 것이란 약속을 꼭 전하고 싶습니다.

가맹조건 '깐깐하다 못해 지독하다' 명랑핫도그의 자부심

다소 잘못된 관점이지만 여전히 프랜차이즈의 가치를 결정하는 가장 중요한 요소로 '가맹점 수'가 첫 손가락에 꼽힌다. 괜히 다른 기업들이 비싼 비용을 지불해가며 'OOO프랜차이즈 1,000호점 돌파'와 같은 문구를 대대적으로 선전하는 게 아니다.

앞서 언급한 대로 명랑핫도그의 현재 가맹점 수는 750개에 이른다. 출범한 지 1년이 갓 넘은 신생 프랜차이즈 브랜드라는 점을 감안하면 '기하급수적인 성장'이라고 표현해도 무방하다. 하지만 명랑핫도그의 속사정은 조금 복잡하다. 그동안 가맹점 신청건수가 무려 3,000건 이상에 달했음에도 불구하고 이 중 불과 25퍼센트 정도만 가맹 허가를 내준 것이다. 다른 프랜차이즈 기업들과는 전혀 다른 행보다.

물론 일방적인 거절에 그친 건 아니다. 명랑시대는 자신들의 기준이 맞지 않은 경우일지라도 해당 신청자의 상황에 맞는 다른 업종이나 프랜차이즈를 추천해주는 등 개개인의 상황에 맞는 충분한 '창업 컨설팅'을 '무료로' 진행해줬다. 아쉽게 명랑시대와의 동행은 불발됐지만, 예비 창업자들의 성공에 조금이라도 도움이 되길 바라는 배려인 셈이다.

그간 공공연하게 제기됐던 프랜차이즈에 대한 문제점을 면밀히 분석한 결과, 해당 분야는 '지속성'이 가장 취약하다는 결론에 도달했습니다. 쉽게 말해 가맹점의 폐업률이 높다는 뜻이죠. 이에 조합원들 전원이 한자리에 모여 이 같은 문제를 해결하기 위해 다양한 방안을 구상하게 됐습니다. 가맹비 인하, 원재료 가격 절감, 본사 차원의 지원 등 가맹점의 부담을 덜어주기 위한 각종 정책 역시 같은 맥락입니다. 하지만 무엇보다 '첫 단추를 잘 끼우는 것'이 중요하다는 데 의견을 모았습니다. 아무리 조건이 좋다고 할지라도 실제로 점포를 운영하는 가맹점주의 의지와 실무 능력이 부족하면 결국 폐업 수순을 밟기 마련이기 때문입니다. 이 같은 문제점을 해결하기 위해 창업을 원하는 예비 가맹점주를 대상으로 지속·반복적인 심층 인터뷰를 진행하고 운영교육 프로그램을 이수하도록 하고 있습니다. 물론 한편으로는 명랑시대의 이러한 까다로운 기준이 그리 반갑지는 않으리라 생각합니다. '절박한 사람의 창업을 거절하는 못된 프랜차이즈'라는 말을 들었던 기억은 아직도 큰 상처로 남아있습니다. 하지만 그럼에도 불구하고 저희 명랑시대는 절대로 현재의 가맹 허가 기준을 완화할 생각이 없습니다. 마구잡이로 가맹점을 내준 뒤 '나 몰라라' 하는 무책임한 기업이 되기보다는 차라리 처음에는 인연을 맺기 다소 어려울지라도 끝까지 가맹점과 함께 성장하는 '까탈스러운 상생기업'으로 기억되길 바라는 마음입니다.

많은 사람들은 750개라는 명랑핫도그 가맹점 숫자에만 집중한다. 하지만 명랑시대 조합원들의 가장 큰 자부심은 폐업률 0퍼센트로 1년이 지난 지금까지도 단 한 곳의 폐업 사례가 발생하기 않았다는 점이다.

명랑시대보다 매출이나 가맹점 수 등 규모적인 면에서 월등히 큰 기업도 여럿이다. 하지만 하루에도 수십 군데나 간판이 바뀌는 다른 프랜차이즈와는 달리 명랑핫도그는 한번 터를 잡으면 적어도 1년 이상 사업이 유지된다는 사실을 여전히 증명해나가고 있으며, 앞으로도 그 기간은 점차 늘어날 것이다.

양보다 질이요, 겉모습보다는 내실이라고 했다. 당장의 돈보다는 가맹점이라는 새로운 가족들과 함께 성장해나가는 아름다운 동행을 계속하기 위해 걸음걸음 발밑을 튼튼하게 다져온 명랑시대의 기분 좋은 고집이 새삼 반가울 따름이다.

예비 청년 창업자의 산타클로스
명랑시대 751호 가맹점 주인공은 '나야 나'

청년 실업 100만 시대. 몇 번을 들어도 외면하고 싶은 우울한 현실이다. 이러한 현실에 치여 취업보다는 창업을 선택하는 청년들도 덩달아 늘고 있지만, 정작 창업의 높은 벽은 더욱 암담하기만 하다.

명랑시대가 굳이 '청년창업협동조합'이란 형태를 선택한 이유가 바로 여기에 있다. 조합원 개개인이 '창업을 원하는 청년'이었던 까닭에 다른 예비 청년 창업자에게 도움이 되고자 하는 목표를 세운 것이다.

명랑시대 조합원들은 예비 청년 창업자에게 희망을 주고 싶다는 뜻을 밝혔다.

　　창업이란 게 참 쉽지 않아요. 분식점 하나를 내려고 해도 제법 넓은 공간이 필요하고 규모에 따라 인테리어비와 유지비가 덩달아 늘어나니 그럴 듯한 사업을 하려면 창업 자금도 더 필요해지기 마련이죠. 처음 협동조합을 설립하기로 결심하고 나서 가장 고민했던 것이 바로 이 부분입니다. '취업에 좌절한 청년들에게 창업이란 새로운 도전에까지 절망을 느끼게 하지 말자'는 다짐이었죠. 이에 창업 자금 및 유지비를 최소화할 수 있는 '핫도그'란 아이템을 선정했고, 사업의 지속성을 확보하기 위해 이익과 책임을 모두 공동으로 하는 협동조합 시스템을 적극 적용하게 됐습니다. 물론 실제 가맹 승인 건수보다 거절한 경우가 많다는 점은 안타깝게 생각하고 있습니다. 하지만 저희 명랑시대는 단순히 많은 사람들에게 기회만을 제공하는 데 만족하는 기업이 아닙니다. "가맹점은 가족입니다."라는 공허한 말에 그치지 않고 그들과 함께 실질적으로 성장해나가려면 오히려 본사보다 가맹점의 역할이 더욱 중요하다는 사실을 기억해주길 바랍니다. '내가 아닌 '우리'의 성장을 위해 한 마음으로 열심히 일할 수 있는 청년(뿐 아니라 모든 사람까지)들에게 새로운 기회를 선물하는 것이야말로 명랑시대의 유일한 목표입니다.

가맹점 수만 750개. 이제는 소위 '핫'하다는 거리마다 명랑핫도그의 간판이 내걸린 지 오래다. 명랑시대 조합원을 대상으로 '준재벌'을 상상하는 외부의 시선도 그리 잘못된 평가만은 아닐 터. 하지만 실제로 만난 6인의 명랑청년들의 모습은 사업가가 아니라 핫도그점 직원이라 해도 믿을 정도로 그 모습이 수더분했다. 필자와 만나기 위해 자신이 가진 옷 중 가장 비싸다는 10만 원대의 피케이셔츠를 차려 입고 부산에서 기차를 타고 올라왔다는 이종형 이사장의 얘기는 오히려 신선하기까지 하다.

"751호 가맹점의 주인공은 꼭 제가 되고 싶습니다."

거두절미하고, 명랑시대의 속살까지 모두 들여다본 필자의 최종평가다. 조만간 '진짜로' 명랑청년들과 아름다운 동행에 참여하겠다는 필자의 의지보다 더 정확한 평이 또 있을까? 예비 청년 창업자의 산타클로스, 명랑시대와 뜻깊은 인연을 맺어준 이 책의 존재가 더없이 고마워지는 순간이다.

소상공인시장진흥공단의 '협동조합 활성화 사업'을 추천합니다!

우리나라 협동조합기본법 제2조 제1호에서는 협동조합을 '재화 또는 용역의 구매·생산·판매·제공 등을 협동으로 영위함으로써 조합원의 권익을 향상하고 지역사회에 공헌하는 사회조직'이라고 설명하고 있습니다. 즉 협동조합 구성원 공동의 이익을 위해 모든 운영 과정을 적극적으로 협력해야 한다는 것이죠. 특히 협동조합은 조합원 개개인이 동등한 권한을 가진 만큼 사업의 운영 방향을 결정할 때 개인의 의사가 잘 반영되는 '수평적 구조'를 갖고 있습니다.

최근 상대적으로 경제적 약자에 해당하는 소상공인을 중심으로 협동조합 설립의 중요성과 이에 대한 장점이 부각되고 있습니다. 하지만 아직 많은 사람들이 협동조합에 대해 막연한 두려움을 갖고 있는데요, 정부에서는 이러한 소상공인들을 대상으로 관련 지원사업을 실시하고 있습니다.

5인 이상의 소상공인협동조합을 설립할 때는 '소상공인시장진흥공단'의 '협동조합 활성화 사업'의 지원을 받을 수 있습니다.

해당 지원 사업은 소상공인 간 공동의 이익창출을 통한 경쟁력 제고, 영업 인프라 구축을 지원하는 사업으로 소상공인협동조합의 자립기반을 구축하고 협동조합 활성화를 통한 매출 극대화 및 일자리 창출 도모하는 것을 목적으로 합니다. '명랑시대협동조합' 역시 이를 통해 협동조합의 토대를 튼튼하게 할 수 있었습니다.

협동조합 활성화 사업에 대한 자세한 정보는 소상공인시장진흥공단(http://www.semas.or.kr/) 홈페이지에 명시돼 있습니다.

이종형_명랑시대협동조합 이사장

21.
즐거움을 드립니다.
비바(Viva)!
'비바돈까스'

" 전쟁 중에서도 꽃은 피어나고,
위기 속에도 기회는 있다 "

바야흐로 '100만 창업시대'다. 경기 불황으로 인한 청년들의 취업난과 베이비붐 세대의 은퇴가 맞물리면서 다양한 분야에서 창업 붐이 불고 있다. 그러나 창업을 하는 모든 이의 얼굴이 밝지만은 않다. 성공적으로 시장에 안착해도 치열한 경쟁 속에서 지속적으로 살아남기란 여간 힘든 일이 아니다. 이처럼 우리나라의 창업 생태계는 빈번한 창업과 폐업이 반복되는 다산다사(多産多死)형 구조다. 하지만 이러한 상황에도 불구하고 누군가는 기회를 잡아 분명한 성공을 맛본다. 바로 장대희 비바돈까스 대표가 주인공이다.

창업 성공의 기준, 위치보다 맛에서 찾다

유림공원 근처, 유성구청 뒤편 지하에 위치한 비바돈까스는 일본식 돈까스 전문점이다. 비바(Viva)는 이탈리아어, 스페인어, 포르투갈어로 '만세', '잘한다(격려하는 뜻으로 하는 말)'는 의미가 있다. 비바돈까스를 운영하는 장대희 대표가 직접 지은 상호로 예전 힘들었던 자신의 모습을 기억하고 다른 사람들에게 힘이 돼주고 싶다는 마음을 담았다.

소상공인시장진흥공단으로부터 창업 지원을 받은 이후 저 역시 언젠가는 누군가에게 힘이 되고 싶다는 목표를 세웠습니다. 특히 제가 가장 잘할 수 있는 요리를 통해서요. 꼭 금전적인 도움이 아니더라도 음식을 통한 즐거움을 주고 싶었어요. 지금까지 살아오면서 항상 도움을 받기만 했지 제가 베푼 적은 거의 없던 것 같거든요. 그래서 어느 정도 자리가 잡힌다면 베푸는 삶을 살고 싶습니다. 맛있는 음식을 먹으면 힘이 나지 않을까하는 지극히 개인적인 생각이었지만요(웃음).

장 대표는 현재의 비바돈까스에 앞서 두 번의 사업을 모두 실패한 경험을 가지고 있다. 세 번째 창업인 비바돈까스 창업 당시에는 소상공인 시장진흥공단에서 제공하는 정책자금 지원에 선정된 덕분에 창업의 발판을 보다 쉽게 마련할 수 있었다.

하지만 현재 비바돈까스의 입지는 빈말로도 '좋다'고 할 수는 없다. 접근성이 떨어지는 탓이다. 정책자금까지 지원받은 마당에 굳이 이런 곳에 자리를 잡을 필요가 있었을까? 그러나 이는 창업 실패를 겪으며 장 대표가 깨달은 성공의 기준에 따른 것이었다.

외식업은 장소가 반이라는 이야기가 있을 정도로 입지가 매우 중요하다는 사실은 저도 잘 알고 있습니다. 저 역시 예전에 6개월 정도 문어숙회 전문점을 운영할 때는 목이 좋았던 덕분에 제법 괜찮은 매출을 올리기도 했었거든요. 하지만 제 경험상 아무리 장소가 좋다하더라도 결국 차별성이 없으면 아무 소용없다는 걸 깨달았습니다. 비슷한 가게들이 입점하고 나서는 매출이 떨어지기 시작했거든요. 그래서 굳이 비싼 임대료를 지급해서 번화가에 위치할 필요는 없다고 생각했어요. 대신 저는 요리와 다른 곳에 투자를 좀 더 많이 했던 거죠.

입지보다 더욱 중요한 것은 결국 맛이라는 사실을 확신한 장 대표는 이후 오랜 시간을 메뉴개발에 투자했다. 그저 흔한 돈까스지만 아이들이 좋아하는 메뉴인 만큼 자신의 아이들이 먹어도 아무 문제없는 '믿을 수 있는 음식'을 만들겠다는 목표였다.

저희 가게는 전 메뉴의 나트륨 함량을 최소로 조리하고 항상 깨끗한 카놀라유만을 사용해요. 뿐만 아니라 화학 첨가물 0퍼센트로 천연 발효 조미료만 사용하고 있습니다. 고기 역시 당일 도축된 신선한 고기만을 사용하고 있습니다. 맛도 맛이지만 건강을 생각한 돈까스입니다.

메뉴판을 받으면 가장 먼저 눈에 띄는 것은 메뉴가 아닌 '건강 음식

입지의 불편함을 요리의 맛으로 극복한 장대희 대표가 음식을 준비하고 있다.

점' 스티커다. 건강을 생각하는 장대희 대표의 마음은 가게 인테리어에서도 찾아볼 수 있다. 기본적으로 깔끔한 느낌을 살려 인테리어를 하고 손님들이 조리 과정을 확인할 수 있도록 주방을 만들었다. 천연 재료를 사용하고, 화학 첨가물을 사용하지 않는다는 강점을 더욱 강조하고 싶었기 때문이다. 고객들의 건강을 생각하는 마음과 노력이 지금의 장 대표를 만들었다고 해도 과언이 아니다.

칠전팔기(七顚八起), 의지의 장대희

사실 장 대표의 장사 경험은 이번이 처음이 아니다. 요리하기를 유난히 좋아했던 장 대표는 10년 전 처음 피자 가게를 오픈하면서 요식업계에 발을 내디뎠다. 하지만 무작정 뛰어들었던 피자 가게는 생각만큼 쉽게 풀리지 않았다. 단순히 대형 프랜차이즈의 피자이기 때문에 꽃길만 걸을 것이라는 안일한 생각 탓에 실패의 쓴맛을 봤다. 특히 인력 부족으로 심각한 경영난에 부딪혀 가게를 닫을 수밖에 없었다.

누구나 다 알고 있는, 또 어디에나 있는 피자 가게이기 때문에 장사를 하는 데 어려움이 없으리라 생각했어요. 많이 하는 이유가 있을 거라고 생각했거든요. 하지만 얼마 후 제 생각이 착각이라는 것을 알게 됐어요. 실제로 매장을 직접 운영해 보니 생각하지도 못한 부분들에서 문제가 생기기 시작거든요. 특히 인력을 구하는 부분이 가장 힘이 들었습니다.

대학 졸업 후 야심차게 시작했던 그의 첫 사업은 이렇게 막을 내렸다. 오픈 첫 달부터 적자를 면치 못했다. 점점 더 나아질 것이라는 생각과 달리 현실은 가혹했다. 첫 사업에 실패했지만 장 대표는 기죽지 않았다. 사업 실패의 원인이 인력난이라고 생각한 장 대표는 얼마 후 다시 가게를 열었다. 인력난 걱정이 필요 없는 자신만의 가게를 오픈한 것이다. 음식 메뉴도 손이 많이 필요 없는 문어숙회로 다시 한 번 요식업계에 도전장을 내밀었다. 두 번째 창업은 피자 가게와 달리 첫 달에는 나름 매출이 괜찮았다. 맛있다며 자주 오는 단골도 생겼다. 그러나 차별화된 특색 없이는 지속적으로 시장에 남아 있기에는 한계가 있었다.

처음엔 매출이 좋았어요. 손님들도 맛있다며 퇴근 시간에 포장을 해가고 그랬거든요. 그런데 가게 맞은편에 동종 가게들과 대형 횟집이 들어서면서 손님들의 발길이 뚝 끊겼습니다. 준비 기간이 짧았던 제 가게는 기존의 단골고객들을 잡을 수 없었습니다. 지킬 만한 특별함도 없었고요.

또다시 가게는 문을 닫아야만 했다. 하지만 첫 술에 배부르랴. 장 대표는 좌절하지 않았고 이것이 오히려 장대표의 승부욕을 자극했다. 무엇보다 사랑하는 아내와 어여쁜 딸이 있었기에 포기할 수 없었다. 이번만큼은 달라야 했다. 쉽지 않았다. 세 번째 창업을 시작하면서 성공할까, 하는 두려움보다도 새로운 창업을 위한 사업 자금이 그의 발목을 잡았다.

> 두 번 가게를 열었다 닫았다 하면서 새로 시작하기에는 자금이 부족해 사실 너무 막막했어요. 이번만큼은 정말 다르게 잘할 수 있는데 그동안 저의 실패 경력 때문인지 사업 자금을 마련하기가 쉽지 않았어요. 그러던 중 기사를 통해서 정부에서 창업 자금을 지원한다는 걸 알게 되어 망설임 없이 소상공인시장진흥공단에 지원했습니다.

장 대표는 소상공인시장진흥공단에서 받은 지원과 교육이 창업 성공의 가장 큰 밑거름이 되었다고 말한다. 소상공인시장진흥공단에서는 지원자들을 선정해 기본적인 교육과정을 수료하면 경영 안정 자금을 지원한다. 이외에도 이론 교육과 점포 체험, 멘토링을 '원스톱(One-stop) 패키지'로 지원해주는 신사업창업사관학교도 운영하고 있다. 장 대표는 처음부터 정부의 지원을 받아 창업했더라면 두 번의 실패는 없었을 것이라며 아쉬워했다. 이런 이유 때문인지 창업을 시작하려는 사람들이 있으면 꼭 정부에서 지원하는 사업들을 살펴보라고 강조한다.

신선한 재료와 정성으로 빚어낸 맛

본격적인 창업을 위해서는 먼저 아이템 선정을 해야했다. 가장 먼저 주변의 상권을 파악해보니 유일하게 동네에 없는 것이 돈까스 전문점이었다. 하지만 예전 같은 일차원적인 생각으론 살아남기 힘들 것이라고 판단했다. 장 대표는 이번이 정말 마지막 기회라 생각하고 좋은 고기를 고르는

가게의 모든 인테리어는 장대희 대표가 직접 시공했다.

방법부터 음식 세팅에 이르기까지 하나하나 심혈을 기울였다. 쉬는 날에도 유명 돈까스 전문점을 찾아다니며 맛을 보고 조언을 구했다.

> 저에게는 세 번째 도전이었기 때문에 이전과는 달라야 했습니다. 정말 마지막이라고 생각했습니다. 그동안 너무 단순한 생각으로 진행했던 것이 실패의 원인이라고 판단했고 같은 실수를 반복하지 않기 위해서 노력했습니다. 너무 힘들었지만 그래도 아내와 아이를 생각하면 마음이 가벼워졌습니다.

다음 과제는 차별성에 대한 연구였다. 지역에 돈까스 가게가 없어서 업종 분포로만 보면 블루오션이었지만 위치상 좋은 조건은 아니었다. 문어숙회와 같은 과오를 다시 범할 수는 없었다. 이에 장 대표는 아내와 함께 고민하고 그동안 다녀온 돈까스 가게들에 대한 분석을 진행했다. 이후 장 대표는 셀 수 없을 만큼 많은 돈까스 집들이 존재하지만 건강을 생각한 돈까스가 없다는 결론에 도달했다.

가족들과 함께 전국에서 맛있다고 하는 돈까스 집들은 전부 다녀온 것 같아요. 유명한 집들만 찾아가다 보니 맛은 당연히 최고였어요. 하지만 단순히 맛으로만 살아남기엔 한계가 있을 것이라고 생각했어요. 그래서 저는 조금 다른 관점에서 접근하기 시작했습니다. 저는 과거에 비해 소비자들이 건강에 대한 욕구가 커지고 있다는 데 주목했습니다. 이에 맛있는 돈까스 집은 많지만 건강을 생각한 돈까스 집은 적었기에 충분히 가능성이 있는 승부라는 생각을 하게 됐습니다.

하지만 화학첨가물을 사용하지 않고 천연 재료만을 사용하다 보니 생각만큼 맛있는 소스가 나오지 않았다. 그래서 아내와 함께 몇 개월간에 걸쳐 소스를 연구했다. 또 개업을 하기 전 지인과 가족들을 초대해 시식 행사를 마련하고 맛 평가를 부탁했다. 이후 이들의 의견을 적극 반영해 오랜 시간 끝에 맛과 건강 두 마리 토끼를 잡은 '비바 소스'를 탄생시킬 수 있었다.

홍보, SNS가 답이다? 활용하려면 전략적으로!

비바돈까스는 요즘 같은 불경기에도 저녁이면 자리를 차지하기 힘들 정도로 손님들이 차고 넘쳐난다. 개업 초기 토요일은 휴무일이였지만 올해부터는 연중무휴로 운영될 만큼 장사가 잘된다. 눈에 띄는 거리도 아닌 지하에 있으면서 성공한 그만의 성공비결과 노하우는 무엇일까?

장대희 대표는 전략적으로 SNS를 활용했다고 답했다. 주먹구구식의 SNS 활동보다는 계획을 세운 홍보 활동이 도움이 된다는 설명이다. 장 대표는 화학 첨가물을 사용하지 않고 천연 발효 조미료만 사용한다는 강점을 중심으로 아내가 활동하고 있는 맘 카페에 처음 가게를 알렸다.

솔직히 처음에는 유명 블로거들에게 리뷰를 부탁해야 하나 생각했어요. 하지만 비용이 만만치 않았고 요즘 웬만한 음식점은 블로그에 다 등록되어 있어서 들이는 비용에 비해 효과가 있을까 의심이 들었어요. 그러던 중 아내가 자신이 활동하고 있는 맘 카페에 올려보자는 제안을 했어요. 딱히 방안이 없던 저는 그렇게 하자고 했죠.

장 대표의 의구심과는 달리 맘 카페를 활용한 것은 신의 한수로 작용했다. 건강에 대한 소비자들의 관심이 높아지고 있는 상황에서 아이가 있는 주부들은 건강과 착한 음식에 적극적으로 반응했던 것이다. 그리고 이 반응은 자연스럽게 발걸음을 매장으로 돌리게 했다. 실제로 매장을 찾는 손님들의 반은 주부와 아이들이며 맘 카페의 글을 보고 찾아왔다는 손님도 여럿이다. 이를 계기로 주부들과 아이들을 위한 이벤트도 활발히 진행하고 있다. 노력과 전략으로 '지하'라는 지리적 열세를 극복한 비바돈까스의 성공에 귀를 기울여야 한다.

이기기 위한 모든 것은
이미 자신 안에 있다

오늘도 우리 주변 어딘가에는 창업을 통해 자신만의 꿈을 그리는 사람들이 있을 거라 생각해요. 그러한 이들에게 가장 중요한 것은 준비와 경험이라고 생각합니다. 제가 두 번이나 실패했던 이유는 창업을 너무 만만히 보고 철저한 준비를 하지 않았기 때문입니다. 하지만 세 번째 창업이 성공할 수 있었던 이유는 그동안의 경험을 바탕으로 철저한 준비가 성공의 밑거름이 됐습니다. 물론 저처럼 창업을 세 번씩이나 하면 안 되겠지만, 미리 경험을 해볼 수 있는 길은 많이 있습니다.

또 저 같은 경우에는 생각보다 자금을 확보하는 데 어려움이 많았습니다. 신용등급이 낮아 대출이 어렵거나 창업 자금이 부족해 전전긍긍하는 분들이 생각보다 많은 게 현실입니다. 창업하기 전 본인이 융통할 수 있는 자금의 규모를 정확히 파악을 하고 창업을 시작하라고 말하고 싶습니다. 만약 창업 자금이 어렵다면 가까운 소상공인지원센터에 가셔서 상담을 받아보는 것도 하나의 방법이 아닐까 싶습니다.

진인사대천명이란 말마따나 하늘은 스스로 돕는 이를 돕습니다. 아무리 좋은 정책이 있더라도 자신이 발품을 팔지 않으면 결코 그 도움을 받을 수 없다는 사실을 기억해야 합니다.

저는 두 번의 사업 경험을 통해서 예상치 못하게 발생하는 불필요한 비용을 최소화하려고 노력하고 있습니다. 예비 창업자분들께서는 자신만의 경영 노하우를 바탕으로 치열한 시장 속에서 당당히 살아남기를 바랍니다.

장대희_비바돈까스 대표

22.
은혜로 대우하고, 추억을 드립니다
'은우(EUNU)'

> "정말로 좋아하는 일에는 좋아하는 이유가 없다"

대한민국에서 가장 '핫'한 도시를 묻는 설문 조사를 한다면 단언컨대 '전주시'는 세 손가락 안에 들어갈 것이다. '맛의 고장'이란 별칭답게 다양한 음식 메뉴는 물론 우리나라 중앙에 위치해 있고 교통이 사통으로 발달해 있어 접근성이 좋아 매년 수십 만 명이 방문하는 관광도시로 자리매김한 지 오래다. 특히 최근 들어 전주에서 급격하게 떠오르고 있는 '전라감영길'은 한옥마을과 함께 지역의 새로운 관광 명소로 입소문을 타고 있다. 전라감영길 인지도의 상당 부분을 책임지고 있는 파스타·덮밥 전문점 '은우'에서 전주 여행의 마침표를 찍어보자.

가장 좋은 재료로 완성한 최상의 맛, 보이지 않는 고객과의 약속

전주 중앙동 전라감영길에 위치한 '은우'는 파스타·덮밥 전문점이다. '은혜로 대우함'이란 뜻을 가진 은우는 고객 모두에게 감사의 마음을 담아 음식을 대접하겠다는 의미로 지어졌다.

두세영 은우 대표는 첫 창업 아이템으로 초반에는 퓨전일식을 선택했다. 하지만 판매단가와 세부적인 레시피 개발 등의 고민과 함께 많은 시행착오를 겪으며 덮밥과 파스타를 함께 판매하는 식당을 창업하기로 결심했다. 서로 다른 두 가지 메뉴를 한 곳에서 맛볼 수 있다는 장점은 있었지만 정작 남과 차별화된 메뉴가 없다는 사실이 그의 주름을 깊게 만들었고, 처음 예상과는 달리 실제 창업까지는 1년이란 시간이 더 소요됐다.

> 파스타라고 하면 다들 일반적인 것만 생각하고, 또 그것만으로는 독창성이나 독특함이 떨어질 게 뻔했어요. 사람들에게 이질적이지 않으면서도 또 찾아올 수 있을 '나만의 레시피' 개발에 1년 정도의 준비 기간을 들였던 것 같습니다.

두 대표는 1년에 걸친 메뉴 개발 끝에 결국 자신만의 레시피를 완성할 수 있었다. 연어 덮밥, 봉골레 파스타 등 이미 친숙한 메뉴가 주를 이뤘지만 그 속에 자신만의 아이디어를 살짝 숨겨 넣어 은우만의 맛을 만들어낸 것이다. 주말이면 한 시간 이상 기다리는 손님들의 긴 줄이야말로 두 대표의 지난 1년의 가치를 증명해주는 증거다.

사실 말은 거창하지만 무슨 대단한 비법이 있는 것은 아닙니다. 어떤 날은 그동안 생각해왔던 저만의 방식으로 요리를 해보기도 하고, 또 어떤 날은 저보다 먼저 장사를 시작한 분들을 찾아다니며 도움을 청하기도 했죠. 그렇게 우여곡절 끝에 시행착오를 겪으며 조금씩 은우만의 맛을 완성해나갔습니다. 아, 한 가지. 재료에만큼은 절대 돈을 아끼지 않겠다는 원칙은 지금도 지키고 있습니다. 제가 조금 덜 가져가더라도 가장 좋은 재료를 사용해 맛을 떨어뜨리지 않겠다는 고객과의 보이지 않는 약속이죠. 지금까지 단 한 번도 대체 재료를 사용해본 적이 없습니다.

파스타와 덮밥은 보통 젊은 층이 선호하는 음식 메뉴다. 일반적으로 파스타 전문점의 주 고객층이 20~30대에 몰려 있는 것도 이 같은 이유다. 하지만 은우에는 50~60대의 나이 지긋한 중장년 고객들의 모습을 어렵지 않게 볼 수 있다. 다소 이색적인 풍경, 메뉴판 한 편을 떡하니 차지하고 있는 '전복물회'에서 그 이유를 찾을 수 있었다.

앞서 잠깐 말씀드렸지만 원래는 퓨전 일식도 함께 고민하고 있었습니다. 그러다 파스타로 메뉴를 변경하면서 이곳에 오시는 고객의 연령대와 분포를 생각하게 됐고 연인들과 부부들, 그리고 자식의 결혼을 앞둔 부모님들의 취향까지 고려한 통합 메뉴가 무엇일까를 고민했죠.

두 대표는 스스로 운영의 기준을 정했다. 첫 번째로 가장 자신 있게 만들 수 있는 퓨전 음식 요리여야 할 것. 두 번째로 판매 단가가 부담스럽

1년에 걸쳐 완성한 은우만의 맛이 고객들 사이에서 입소문을 타며 전주의 새로운 명소로 거듭났다.

지 않아야 할 것. 마지막은 가게와 어울릴 수 있는 음식이어야 하는 것이다. 그 고민의 해답이 바로 '전복물회'란다.

> 파스타가 주 메뉴이긴 하지만 한번씩 손님들이 물회를 더 많이 주문하실 때는 "일식으로 했어야 했나?", "내 일식 솜씨 아직 녹슬지 않았구나." 하면서 이런저런 복잡한 감정이 들기도 해요 하하하.

그렇다면 처음부터 장사가 잘되었던 걸까. 비록 규모가 크지는 않지만 감각적인 인테리어나 소품들, 여기에 맛까지 어우러져 오픈하면서부터 젊은 사람들 사이에서 입소문이 나지 않았을까 생각했지만 두 대표는 고개를 절레절레 흔들었다. 하지만 그는 우직하게 자신이 정한 기준을 밀어붙였다. 그 정성이 통했는지 점차 사람들이 은우를 찾아오기 시작했고 개중에는 음식이 맛있다며 사진을 찍고 블로그에 올리며 자연스럽게 가게 홍보를 해주는 손님들도 생겨났다. 자신감이 붙기 시작했고, 자연스러운 입소문 덕분에 각종 방송 프로그램에서 섭외가 밀려들었다. 두 대표가 처음으로 스스로에게 자신감을 가질 수 있었던 기분 좋은 사건이었다.

상권 분석으로 똑똑한 기회를 잡자

막상 창업을 결심했지만 그 과정은 예상보다 더욱 험난했다. 상권이 좋은 곳은 이미 임대료가 높을 대로 높았고 반대로 임대료가 낮은 곳은 터무니없을 만큼 외곽이었다. 수십 번을 고민했다. 머릿속의 고민을 객관적으로 평가해줄 누군가가 절실했다. 외부 컨설팅을 받고 싶었지만 경제적인 상황도 여의치 않았고 어떻게 컨설팅을 받아야 할지도 막막하여 이 또한 여의치 않았다. 그러다 두 대표는 소상공인시장진흥공단에서 제공하고 있는 '상권정보시스템(http://sg.sbiz.or.kr/)'을 알게 됐고, 이를 십분 활용했다. 객관적인 데이터를 토대로 제공되는 정보는 그에게 길라잡이가 돼줬다. 무엇보다 초보자도 한눈에 모든 상권관련 정보를 일목요연하게 볼 수 있도록 체계적으로 구성돼 있었다.

> 상권정보시스템부터 점포 평가, 과밀지수, 인근 점포의 이력과 상권 통계에 대한 정보를 제공받았어요. 거기에 내 상권 분석을 통한 평가 정보까지 나오더라고요. 냉정한 평가에 좌절하기도 했지만 차라리 속이 시원했어요. 적어도 지금 내 선택이 초래할 단점이나 한계를 알 수 있다 보니 대응책을 마련할 수 있었거든요.

유동 인구를 고려해 가장 처음 고려해두었던 위치는 과밀지수가 높아 고민 끝에 포기했다. 임대료에 치중해서 두 번째로 고민한 지역은 상권 분석 결과 지나치게 외곽이어서 다른 위치를 검토할 수밖에 없었다. 결국 외곽이지만, 유동 인구가 있고 과밀지수가 낮았던 지금의 가게 자리로 오픈을 결정하고 준비를 시작했다. 막상 시작은 했지만 결심은 자주 흔들렸고, 이 마음을 굳히는 게 가장 힘들었다. 외곽에 있더라도 '맛집'이라면 사람들이 찾아올 거라는 믿음을 가졌다. 그렇게 기대 반, 두려움 반으로 가게를 오픈하던 날은 잠을 거의 자지 못했다.

창업을 하는 사람들 누구나가 그렇겠지만 두 대표 역시 오픈 첫날 꼭 성공하겠다는 다짐을 마음에 아로 새겼다.

물론 지금이야 관광객들 사이에서 새로운 명소로 입소문을 타고 있지만 사실 전라감영길은 당시만 해도 그리 좋은 위치는 아니었던 것이다.

저라고 왜 한옥마을처럼 좋은 입지에 들어가고 싶지 않았겠어요 사실 임대료 문제가 가장 컸다는 건 부인할 수 없는 사실이죠 하지만 그게 다는 아닙니다. 이곳 전라감영길은 '전주의 웨딩거리'라는 명칭으로도 불리고 있어요 인근에 결혼과 관련한 많은 상점들이 즐비해있죠 예전 같지는 않지만 지금도 결혼을 준비하는 예비부부, 자식의 결혼을 앞둔 부모님들로 주말이면 인산인해를 이루고 있어요.

여기에 더해 전라감영길을 '걷고 싶은 거리'라는 모티브로 전통을 중시하면서 상권을 활성화시킨다는 지자체의 움직임도 있었다.

두 대표는 이곳에서 자신만의 레시피로 성공을 거둬 전라감영길의 대표 맛집으로 자리매김하고 싶다는 꿈과 목표를 갖고 가게를 시작하게 됐다. 그리고 두 대표의 믿음과 노력, 손님을 대하는 배려와 올곧은 마음은 은우를 단시간 내에 목표를 달성하는 기반이 되어주었다.

소자본 창업으로 성공하고 싶다면 자신만의 특별함을 가져라

'고생 끝에 낙이 찾아온다'는 말마따나 이제는 전라감영길을 대표하는 은우를 책임지고 있는 두 대표는 그의 성공비결을 이렇게 설명한다.

다른 곳에는 없는 은우만의 유니크함이 첫 번째 성공 비결이라고 생각해요 파스

깔끔하고 아기자기한 인테리어가 돋보이는 은우의 내부.

　타 가게는 있지만 우리만의 레시피로 만든 '와사비 크림 파스타'는 다른 곳에는 없어요. 스테이크 전문점은 있지만 우리처럼 '큐브 스테이크 덮밥'을 파는 곳도 없죠. 이런 사소하고 작은 특별함이 손님들의 발길을 멈추게 하고, 머무르게 하는 요소가 되었던 것 같아요.

　은우에 찾아와서 식사를 하는 손님들은 으레 "음식에 정성이 보인다."라는 말을 전하곤 한다. 육수 하나를 내더라도 기성품을 사용하지 않는 두 대표의 기분 좋은 고집에 대한 최고의 평가인 셈이다. 두 대표가 자신의 가족들이 먹는다는 생각으로 작은 자료부터 하나하나 꼼꼼히 손질하며 준비하기 때문이다. 하루에 10여 그릇만 판매하는 한정 메뉴도 음식에 들어가는 시간이 만만치 않기 때문에 선택한 어쩔 수 없는 운영 방식이다.

　그날 장사를 접더라도 어쩔 수 없어요. 손님들이 허탕을 친다 하더라도 없는 재료로, 또는 대충 만들어서 낼 수는 없잖아요. 당장에 매출에 눈이 멀어서 한 번 맛을 놓친 음식이 나가면 그 즉시 손님을 잃는 것과 다름없어요.

한결같고 꾸준한 맛. 두 대표는 그만큼 그가 만드는 음식에 자부심을 갖고 있다. 그렇다면 두 번째 성공 요인은 무엇일까.

특별하다고는 할 수 없지만 다른 가게와는 다른 차별성을 갖는 게 중요하다고 생각해요. 그리고 그 차별성이 은우를 떠올렸을 때 "바로 이거!"라고 생각되는 상징성을 가져온다면 더욱 좋겠죠. 물론 맛으로 승부하는 게 가장 중요하고요. 여기에 손님들에게 음식이 나갈 때 애피타이저의 형태로 초콜릿을 드리는 등 소소한 배려를 잊지 않기 위해 노력하고 있습니다.

음식에 워낙 큰 철학을 가진 그의 모습을 계속해서 봐왔던 터라 얼마나 맛있는 수제 초콜릿일까 살펴봤지만 예상은 보기 좋게 빗나갔다. 마트, 편의점, 하물며 집 앞 작은 슈퍼에서도 팔 것 같은 젤리와 초콜릿이었다. 우리가 흔히 볼 수 있는 상품이니 시시할 것 같은데 그게 아니란다. 어린 시절부터 익숙하기 때문에 재미를 줄 수 있고, 익숙해진 맛에 대한 친숙함이 들어 거부감도 없다. 인터넷에 올라온 은우의 방문 후기에는 추억의 초콜릿에 대한 즐거움을 평해놓은 사람들도 많다. 독특함에 얽매여 대중적인 입맛을 등한시하면 안하느니만 못하다.

'독특해야 특별한 건 아니지 않느냐'며 웃는 두 대표에게 어리면서도 제법 내공이 깊은 사업자의 마인드가 느껴진다.

추억을 팝니다
행복의 가게로 오세요

두 대표에게 은우는 어떤 의미일까. 은우는 그를 가장 괴롭혔고, 좌절하게 했던 곳이다. 하지만 동시에 그의 미래이자 사랑이기도 하단다. 그는 앞으로도 은우를 그렇게 편하고 즐거운 공간으로 만들고자 한다.

그냥 당장은 사실 지금 손님이 늘 만족해할 수 있는 음식을 만들겠다는 생각뿐이에요. 그리고 어떻게 하면 더 재미있는 이벤트를 통해 우리를 알릴 수 있을까 혹은 참여하는 손님들도 즐겁게 해드릴 수 있을까를 생각하죠.

다른 식당들도 그렇지만, 은우는 지금도 SNS에 해시태그를 인증하면 가격을 일부 할인해준다. 또한 새로운 메뉴의 경우 할인을 통해 손님들의 선택을 유도하고 반응을 살핀다. 물론 오로지 손님을 위해서가 아닌 두 대표의 매출 향상을 위한 각종 이벤트도 병행된다.

상대적으로 손님수가 적은 평일 화요일과 수요일은 각각 직장인과 학생들을 대상으로 할인 이벤트를 진행한다. 무려 10퍼센트의 할인으로, 앞서 이야기한 가격 할인 이벤트보다 폭이 크다. 계속해서 손님들이 올 수 있는 매력적인 아이디어를 만들어내기 위해서 그는 생각을 멈추지 않는다.

한결같은 모습을 보여주는 것도 중요하지만 새로움을 찾는 손님들을 위한 신메뉴 개발도 게을리하지 않는다.

지금의 성장 궤도에 올리기까지 시간이 오래 걸렸지만 다시 그 궤도를 벗어나는 것은 순식간임을 그는 누구보다도 더 잘 알고 있는 것이다.

젊음이 그려내는 그림은 분명 도전적이라는 사실을 다시 한 번 느꼈다. 두 대표는 그의 목표에 대해 마지막 한마디를 덧붙였다.

앞으로의 목표라고 한다면 조금 이상한 것 같은데요 음… 저는 은우가 단순히 음식을 파는 것만 목적으로 하는 공간으로 만들고 싶지 않습니다. 음식이 아닌 추억을 파는 그런 곳이 되고 싶어요 너무 뜬구름 잡는 이야기 같을까요? 지금은 주방을 포함해서 대략 12평 정도의 공간밖에 되지 않아요. 주방을 빼면 테이블 수는 여섯 개뿐인 아주 작은 규모의 음식점이지만, 나중에 은우가 '추억을 파는 음식점'

이라는 평가를 받았으면 좋겠다는 생각입니다. 물론 이건 저만의 노력이 아니라 찾아주시는 손님들께서 그렇게 느낄 수 있도록 해야 하지만요, 하하하. 하지만 꼭 그렇게 될 수 있도록 앞으로도 더 노력할 거예요. 좋은 추억으로 남는 맛있는 음식, 그래서 추억을 파는 가게, 그렇게 기억되고 싶습니다.

확실한 길의 지명타자, '상권정보시스템'

창업은 첫째도 준비, 둘째도 준비, 셋째도 준비가 필수입니다. 뭐든 처음이 가장 중요하거든요. 내가 가게를 오픈할 장소가 어떤 특징을 가지고 있는지 분석하고 판단하고 나서 반드시 비즈니스 전략을 구성해야 해요. 그런 면에서 제가 활용한 소상공인시장진흥공단의 '상권정보시스템(http://sg.sbiz.or.kr/)'은 꼭 권하고 싶습니다. 예비 창업자들에게 객관적인 데이터를 토대로 제공되는 정보는 아무런 배경 지식이 없는 예비창업자들에게는 너무나 필요한 정보가 가득합니다.

그리고 하나 더, 인생은 실전입니다. 두려워하면 안 돼요. 누구나 마찬가지일 거라 생각해요. 창업을 준비하면서 생각지도 못한 변수가 많이 생기거든요. 그런 상황을 포기하거나 신념이 흔들리거나 하는 상황을 만드는 일이 많을 거라고 생각합니다. 하지만 포기하면 안 돼요. 포기하지 않고 신념을 가져 부딪치고, 실전을 겪어보면서 그 경험을 바탕으로 삶과 인생을 배우고 극복했기 때문에 지금의 내가 될 수 있었던 것 같습니다. '실전', 그 실전을 겪는다는, 그게 가장 중요한 것 같아요. 실패를 두려워하면 실전은 절대 쌓이지 않아요. 경험을 통해 배움을 얻는다. 예비 창업자라면 반드시 기억해야 할 것입니다.

두세영_은우 대표

23.

인생에,
아름다운 꽃다발을
'박종인플라워'

"살아있는 모든 것은 아름답다"

그늘진 나무 밑동 주변, 습한 바위틈 사이, 햇빛이 비치지 않는 그늘에서 살아가는 이끼. 거뭇거뭇하고 짙은 녹색을 가진 그것들은 우리에게 축축하고 어두운 이미지를 가장 먼저 떠오르게 했다. 하지만 이런 이미지는 이제 편견에 지나지 않는다. 대구 수성구에 위치한 '박종인플라워'에서 오랫동안 사람들의 외면을 받아온 이끼의 숨겨진 매력을 확인할 수 있기 때문이다. 꽃길만 걷고 싶은 그대에게 풍성한 꽃향기를 전하는 박종인플라워의 향긋한 하루를 함께한다.

2년 전 꽃박람회에서 만난 '너는 내 운명'

화사한 꽃망울을 뚫고 퍼지는 향긋한 커피 향기가 인상적인 '박종인플라워'는 최근 선풍적인 인기를 끌고 있는 '가드닝 카페(Gardening Cafe)' 형태를 띠고 있다. 꽃과 커피의 조화가 인상적인 가게는 눈길 닿는 공간마다 탄성을 자아내게 한다. 책장 위에 놓은 화분과 액자에는 처음 보는 형형색색의 꽃이 피어 있다. 박종인플라워의 현재를 견인한 '이끼'였다.

처음 보신 분들은 대부분 비슷한 질문을 하세요. 이해하기 쉽게 말씀드리면 이건 이끼예요. 스칸디아모스(이하 모스)라고 북유럽에서 자라는 순록이 먹는 이끼의 한 종류죠. 물론 자연적인 색깔은 아니에요. 그래서 더욱 이끼일 것이라고 생각하지 못하시죠. 하지만 인공적으로 이끼 위에 색을 입힌 건 아닙니다. 미네랄에 천연 재료를 섞어서 아이들이 자연스럽게 이 물을 흡수하면서 자라게 하는 방법으로 키우는 거예요.

국내에서는 생소한 해당 아이템은 최근 들어 조금씩 입소문을 타고 있다. 대학에서 플라워디자인을 전공한 박 대표 역시 2년 전 꽃박람회를

박종인플라워에서는 국내에서는 보기 힘든 북유럽산 이끼, '모스'를 주력 상품으로 판매하고 있다.

방문했을 때에야 처음 알게 됐다니, 확실히 대중적인 아이템은 아니겠다.

사실 저는 취업에 어려움을 겪은 경우는 아니었어요. 정말 하고 싶은 일을 하고 싶다는 강한 열망이 창업을 선택하게 한 거죠. 안정적인 생활을 등졌지만 열정이 컸기 때문에 너무 즐거울 거라 생각했어요. 하지만 현실은 전혀 다르더라고요. 작더라도 내 사업을 한다는 건 하나에서 열까지 모두 다 내가 해야 하는 일이었거든요. 임대차계약서라는 걸 제가 언제 써볼 수 있었겠어요. 가끔 진짜 몰랐기 때문에 도전할 수 있던 거라고 생각할 때도 있어요. 하하하.

상대적으로 관리가 편하고 수명이 긴 모스는 바쁜 일상을 살아가는 현대인의 라이프스타일에 딱 맞는 새로운 관상용 식물로 인기가 높다. 키우고 싶지만 관리 방법을 몰라 식물을 죽이게 되고, 이러한 과정을 반복했던 탓에 식물 키우기 자체를 망설이거나 아예 포기했던 이들도 모스의 특징을 듣고 구입해가는 경우가 많다. 모스는 습기를 먹고 사는 식물로 푸석푸석할 때는 화장실이나 욕실에다 잠깐 두면 다시 살아나 거의 반영구적으로 볼 수 있고, 아예 화장실이나 욕실에 인테리어 소품으로 활용해도 좋기 때문에 1인 가구 고객이 주로 사간다.

　박종인플라워에서 사용하고 있는 모스는 노르웨이산 천연 이끼다. 모스의 색은 빨간색부터 검은색까지 약 22가지로 다양해 플로리스트가 구상한 디자인과 색감을 충분히 살릴 수 있다. 처음에는 여러 색의 모스를 구매해 디자인했지만, 그간 판매 데이터를 분석해보니 빨강과 연녹색, 진분홍과 진녹색이 제일 잘나가는 관계로 현재는 이 네 가지 색만 판매하고 있다.

　유니크한 아이템으로 확실한 비즈니스 콘셉트를 잡을까도 생각했지만, 단순히 돈만을 쫓아 시작한 것이 아닌 만큼 박 대표는 사람들에게 식물이 주는 힐링을 선사해주고 싶었다고 한다. 매장의 주력 상품은 '모스'지만, 이 외에도 꽃이나 다른 식물들도 판매하는 이유가 바로 거기에 있다고. 그래서일까? 바쁜 시간을 달리며 삶 속의 여유를 열망하는 현대인들에게 이곳의 단 한 송이 또는 한 그루가 주는 위안이 그녀의 마음 씀씀이만큼 따뜻하게 느껴졌다.

창업, 우습게 봤다가는 작은 코도 다친다

늘 마음 한편에 가지고 있던 창업을 결심하고, 아이템도 선정했지만 막상 행동에 옮기기는 쉽지 않았다. 선뜻 시작하기에는 두려움이 앞섰다. 박 대표에게 다른 사람들이 이야기하는 소자본은 말처럼 적은 돈은 아니었다. 그저 '자본' 그 자체였던 것이다. 박 대표의 머릿속 고민은 의외의 곳에서 풀렸다. 아버지의 지인이 정부지원사업인 '신사업창업사관학교'를 통해 창업을 준비해보라는 조언을 전해온 것이다. 박 대표는 해당 사업으로 창업을 위한 기본 교육부터 무료로 체험 점포도 운영해 볼 수 있었다. 정부지원사업을 통해 약 5개월 동안 진행된 창업 준비는 생각 이상으로 큰 도움이 되었다.

영화 <너는 내 운명>에서 황정민에게 전도연이 운명이었던 것처럼, 모스가 제겐 운명 같았어요. 잠시 일이 있어서 박람회에 왔다가 봤는데 너무나 매력 있는 거예요.

'우습게 보다 큰 코 다친다'는 말이 있지만 창업은 자칫 작은 코까지 다칠 수 있다. 스스로 준비됐다고 생각해도 결코 완벽하지가 않다. 잘못 본 글자 하나, 찰나의 그릇된 판단으로 무너지기 쉬운 것이 바로 창업이다. 때문에 박 대표는 주변에 창업을 물어보는 사람들에게 당장의 가게를 오픈하는 데에만 집중하지 말고 그에 앞서 정부지원사업을 통해 교육을 받아볼 것을 권한다.

경영에 대한 것들, 정말 하나도 몰랐어요. 창업하려면 초기 비용이 얼마나 든다거나 예상 비용이라든지. 사업계획서 같은 것도 쓰잖아요. 그런 부분에 대해서는 하나도 몰랐는데, 교육을 들으면서 '아, 이건 어떻게 해야겠다.', '이렇게 해야겠다.'라는 생각들이 잡히기 시작한 거예요. 사실 정부지원사업이라는 게 생색내기용이라 내용은 진부하지 않을까 했는데 지금도 그때 배운 것들을 점포의 운영에서 많이 활용하고 있어요.

박 대표는 특히 예비 창업 체험을 통해 시행착오를 줄일 수 있었다. 체험 점포를 통해 자신이 가진 아이템에 대한 시장의 반응을 살펴보고, 운영 방향을 구체화했다. 당시 체험 점포에서는 모스와 꽃들만 판매했다. 당시 해당 점포의 위치가 안쪽에 있어서 매장 방문 고객이 적었고, 방문하는 사람들 중에서도 꽃이 필요하다는 사람들이 많이 없었다. 이에 박 대표는 방법을 바꿨다. 각종 온라인 창구를 통해 홍보를 진행했고, 이를 통해 매달 매출액의 80퍼센트가 SNS를 통한 판매가 차지할 정도가 됐다. 게시글을 본 사람들의 문의가 많아졌고, 곧 주문으로 이어졌던 것이다. 모스는 살아 있는 식물이지만, 물을 주지 않아도 되니 전국 택배가 가능했다. 그렇게 시장의 반응을 살피고 판로를 개척해나갔다. 오프라인 방문객

박종인 대표는 '꽃과 함께 생활하는 그 자체가 행복하다'고 말한다.

인생에, 아름다운 꽃다발을 '박종인플라워'

이 더 많았다면 좋았겠지만 매장 방문객이 없다는 점을 교훈 삼아 그녀는 다른 기준을 세웠다. 가게의 위치는 반드시 눈에 띄는 곳에 해야겠다는 생각이었다. 온라인 판로는 잡았지만, 정보를 통해 일부러 찾아오게 만드는 방법은 꽃집과 맞지 않다고 판단했다. 초기 사업이니 만큼 소자본으로 시작할 수밖에 없었고, 사업 자금이 제한되니 가장 중요한 홍보에도 제약이 생길 수밖에 없었다. 돈이 들지 않으면서 최고의 홍보를 할 수 있는 방법은 사람들의 눈에 잘 띄는 것이라 생각했다. 지금 박종인플라워의 위치는 그러한 그녀의 마케팅 전략으로 결정된 것이다.

그녀만의 전략을 구성하는 데 힌트를 얻은 것은 이뿐만이 아니다. 당시 체험 점포에 방문하는 손님들은 주문 후 작품이 완성될 때까지 기다릴 수밖에 없었다. 물론 미리 만들어둔 것은 상관없었다. 손님이 원하는 작품을 디자인하기 위해서는 어쩔 수 없는 것임을 알면서도 못내 미안했던 박 대표는 인근에 있는 커피숍에서 사비로 음료를 사서 손님에게 서비스로 제공했다. 이런 현장의 경험이 더해져 지금의 커피와 꽃을 함께 파는 사업 아이템이 만들어졌던 것이다.

박 대표는 창업을 위한 준비에 완벽이란 것은 없다고 한다. 그저 생각해보지 못했던 수백 가지의 변수에 대해 어떻게 대응하는 것이 가장 좋은 방법인지 빠르게 찾아낼 수 있도록 가능한 많은 시뮬레이션을 해보는 것이 가장 중요하다고 강조한다.

가끔은 그냥 매달 월급 받으면서 일하는 게 더 행복하지 않을까? 생각할 때도 있어요. 물론 지금이 행복하지 않다는 건 아니에요. 다시 돌아가도 저는 똑같은 선택을 할 거예요. 다만 저처럼 좋아서 시작한 사람들도 가끔은 이런 생각을 할 만큼 어려운 게 사업이니만큼 도전하는 사람들이 더 많이 공부하고 각오를 다졌으면 하는 생각이에요.

될 성 부른 나무는
떡잎부터 알아보는 법

창업을 하는 데 나이가 무슨 상관이랴마는 박 대표는 젊은 창업자들 중에서도 어린 편에 속한다. 일반적인 또래의 친구들이 험난한 취업전선을 뚫고 회사에 입사해 고정적인 월급을 받는데 반해, 박 대표의 선택은 특별해 보였다. 하지만 그것은 이미 특별이 아닌 자연스러운 흐름이었다.

박 대표의 이름 세 글자를 포털 사이트 검색어에 넣으면 이내 화제 인물로 그녀의 프로필이 뜬다. 나이가 어린 창업자라는 이유로 화제 인물이 될 수는 없을 터. 알아보니 수상 이력이 화려하다. 2009년 농림수산식품부장관배 전국 생활플라워디자인 경연대회 금상을 시작으로 2011년에는 대구꽃박람회 플라워디자인 경기대회에서 동상을 수상했다. 바로 다음 해인 2012년에도 대구꽃박람회 아이디어정원 경기대회에서 대회 최고상인 금상을 받는 쾌거를 이뤄냈다. 한 번의 입상은 "운이 좋았다."라는 말로 겸손해질 수도 있지만, 이쯤 되면 명백한 실력파 플라워 디자이너다. 2012년 아이디어정원 경기대회는 가로세로 1미터 크기 내에서 다양한 화훼를 이용해 참가자가 표현하고 싶은 정원을 현장에서 직접 만드는 대회였다. 당시 대학교 4학년의 학생이었던 박 대표는 관엽식물인 해피트리를 중심으로 좌우에 다육식물과 난초를 배치, 아래에는 이끼를 깔아 '정감'이라는 주제로 작품을 완성했다. 그녀는 심사위원들로부터 실용성과 창의성이 뛰어나다는 평가를 받았다. 포털 사이트에 화제 인물로 올라간 것도 이때 지역신문 기사에 소개되면서부터다.

직장 생활을 경험해보지 않은 것은 아니다. 박 대표 역시 졸업 후 호텔이나 백화점에 입사해 플라워디자이너로 일했다. 하지만 디자이너의 의견이나 고객의 취향이 반영된 디자인이 아닌 사업자가 원하는 디자인으로 따라가야 하는 회사의 분위기는 그저 틀에 박힌 디자인만 나오게 했다. 사실 그녀와 고객이 원하는 디자인이 서로 다를 수도 있지만, 그들의 요구를 모두 만족시키기는 매우 어려웠다.

이러한 회의감 속에 박 대표는 고객들과의 커뮤니케이션을 통해 그들이 원하는 디자인을 하리라 결심했다. 지금의 28살 젊은 사장님을 만든 계기였다. 박 대표는 올해 2월에 현재의 가게 자리에서 창업이란 결실을 맺었다. 물론 매장을 오픈할 장소를 찾는 것도 녹록치 않았다. 마땅한 장소가 나오지 않는 와중에 임대료는 조금 비싸지만 외부 노출도가 좋은 대로변에 위치한 매장을 계약할 수 있었다. 아쉬운 점은 공간이 크지 않다는 정도였다. 이 때문에 사실 창업을 구상하며 플라워카페 위주로 운영하는 것을 고려했지만 생각을 바꿔 테이크아웃 위주로 커피를 판매하고 있다. 하지만 그럼에도 불구하고 강점이 더 크다.

> 꽃집은 다 안쪽에 있어서 모르시는 분들이 많더라고요. 사업 초기니 만큼 SNS를 통한 홍보만 진행 중인데, 그렇기 때문에 더욱더 눈에 띄는 장소가 필요했어요. 물론 그 선택에 후회는 없구요.

박 대표의 예측은 보기 좋게 적중했다. 창업 후 6개월에서 1년 정도는 대부분 적자에서 시작한다는 주변 사람들의 우려와는 달리 여전히 흑자 행진이 이어지고 있는 것이다. 창업 후 월별 목표 매출액이 발생하니 성공적인 안착이라고 볼 수 있다. 졸업식이 있는 2월과 가정의 달인 5월은 꽃시장의 성수기니만큼 매출도 높다. 2월 말에 오픈한 관계로 2월 매출의 기쁨은 맛보지 못했지만, 실제 5월 달은 두 배 이상 매출이 발생하며 박 대표를 기쁘게 했다. 현재는 상승 곡선을 타고 있지만, 시기상 불가피하게 매출이 감소하는 여름 비수기 때는 꽃 판매보다는 클래스 위주로 운영해 전체 수익 밸런스를 맞추고 있다.

박 대표의 최종 목표는 아카데미 운영이다. 플라워 디자인을 가르치는 학원들은 많지만 이를 전문적으로 교육하는 아카데미는 아직까지 드물기 때문이다. 한 분야의 전문가로써 교육을 통해 본인의 생각과 지식, 기술을 누군가에게 전달하는 것이야말로 박 대표의 마지막 목표다. 아카데미 운영을 통해 그동안 쌓아 놓은 노하우, 기술들을 가르치며 후학을 양성하는 것이 최종적으로는 더 많은 박종인을 만들 수 있는 가장 좋은 방법이라는 생각이다.

충분히 듣고
충분히 이용하고 충분히 검토하세요

창업은 많이 준비하고 또 준비하고, 거듭해 준비하는 게 가장 중요합니다. 하지만 저처럼 젊은 나이에 창업을 준비하는 사람이라면 쉽지 않다는 것을 너무나 잘 알죠. 그래서 저는 정부지원을 잘 활용하라고 조언하고 싶습니다. 저는 소상공인시장진흥공단에서 지원하는 신사업창업사관학교를 통해서 큰 도움을 받았거든요. 일단 창업에 필요한 이론 교육을 지원해줍니다. 기본 교육부터 전문 교육까지 창업 준비 과정에 필요한 것들과 점포를 운영할 때 필요한 내용들로 구성돼 있죠. 이 이론 교육을 수료한 사람들은 점포 경영 체험교육을 할 수 있습니다. 자신이 구상한 사업 모델을 실제 시장 반응을 살펴보면서 다듬어가는 식이죠. 임대료가 무료이기 때문에 아이템 재료비를 제외하면 지금 부담도 크지 않아요. 가장 좋았던 것은 이 기간 동안 점포 운영에 필요한 전문가가 멘토링을 해준다는 점입니다. 계약 방법이라든지, 상권을 보는 방법, 경영에 필요한 마인드에 대해서도 조언해주죠. 누군가가 "그게 뭐?"라고 반문한다면 그 사람은 창업을 한다 해도 결코 성공할 수 없을 거라고 확신합니다. 전문가의 코칭을 받는다는 것은 정부 지원 사업의 가장 큰 매력 중에 하나라고 생각합니다. 더 많은 분들이 이런 사실을 알고 잘 활용하셨으면 좋겠어요.

박종인_박종인플라워 대표

24.
기쁜 우리 젊은 날의 애주가 '한국식품연구원'

"땀 흘린 만큼 꿈 거두었습니다"

'아는 것이 힘이다.' 속담을 넘어 우리 인생에 필요한 수많은 진리 중 한 가지로 받아들여지는 이 문구는 지속적인 공부와 그로 인해 축적된 지식의 중요성을 강조한다. 창업 역시 마찬가지. 어떤 분야든 그에 관련된 최소한의 전문지식이 없다면 말 그대로 '하지 않는 게' 더 나은 선택이 될 것이다. 우리 술의 전통을 지켜나가기 위한 국내 최고의 식품전문 교육기관, '한국식품연구원'에서 시행하는 '우리 술 전문가 양성 교육 과정'을 통해 창업의 꿈을 이룬 청년 주당들의 애주가(愛酒歌)를 들어본다.

D·I·Y 막걸리, 우리 술의 전통을 지켜나가는 새로운 방법

한국식품연구원(이하 한식연)에서 7년 전 처음 선보인 '우리 술 전문가 양성 교육 과정(이하 우리 술 교육)'의 1기 졸업생인 정명식 ㈜한국주류식품연구소(이하 주류연구소) 대표는 '연구하는 애주가(愛酒家)'로 유명하다. 주류연구소의 대표 제품인 '이화생 주류 믹스', 이른바 '분말 막걸리' 역시 정 대표의 오랜 연구 개발로 탄생한 결과물이다.

주류연구소의 이화생 주류 믹스는 'D·I·Y(소비자가 원하는 물건을 직접 만들 수 있도록 한 상품)'를 기본으로 한다. 쉽게 말해 '소비자가 자신이 원하는 대로 막걸리를 빚을 수 있다'는 의미다. 이화생 주류 믹스는 분말로 가공된 원재료를 물에 넣고 일정 기간(4~5일가량) 발효 기간을 거치면 우리에게 익숙한 막걸리가 된다. 무엇보다 합성 감미료가 함유돼 있지 않아 술맛이 담백해 제작자가 어떤 첨가물을 추가하느냐에 따라 전혀 다른 맛을 가진 '세상 그 어디에도 없는 나만의 막걸리'를 만들 수 있다는 특징이 있다. 예컨대 뽕잎을 넣으면 뽕잎 막걸리가, 오디를 첨가하면 오디 막걸리가 되는 식이다. 기존의 획일적인 완제품 막걸리가 아닌 자신만의 레시피로 술을 만들 수 있는 것이다.

개인적으로 어린 시절부터 술을 담그는 취미를 갖고 있었습니다. 일련의 과정이 매우 신기하고 재밌었기 때문이죠. 그때부터 다른 사람들에게 술 빚는 즐거움을 알리겠다는 꿈을 키웠고, 결국 그 목표를 이룬 것입니다.

정 대표가 이화생 주류 믹스를 개발한 또 다른 목적은 바로 우리 술 문화를 지키기 위함이다. 점차 사라져가는 우리 술에 대한 전통을 잇기 위해 대중들이 보다 쉽게 술을 접할 수 있는 계기를 만들어주고자 한 것이다. 실제로 지난해 이화생 주류 믹스를 구입한 10만여 명의 고객들은 블로그 및 각종 SNS를 통해 자신이 직접 담근 독창적인 술을 소개하기도 했다.

지금도 많은 고객분들께서 각자의 레시피로 만든 술을 블로그와 SNS 등에 올리고 있습니다. 실제 제품을 개발한 저조차 깜짝 놀랄 만큼 다양한 종류의 재미있는 술이 즐비합니다. 자사 제품 구입을 계기로 실제 창업이나 체험 프로그램 운영으로 연결된 경우도 있고요. 하지만 무엇보다 많은 사람들에게 우리 술, 즉 막걸리에 대한 올바른 인식 정착과 관심 제고 등의 긍정적인 영향을 미쳤다는 데 자부심을 느낍니다.

주류연구소는 정 대표의 오랜 취미가 실제 창업으로 이어진 경우다. 하지만 그저 취미에 불과했던 술 담그기를 현실적인 사업으로 연결시키기까지는 결코 쉽지 않았다. 정 대표 역시 전문적인 관련 지식을 습득하기 위해 수많은 강의와 교육을 수료해야 했다.

현재 주류연구소의 주력 상품인 이화생 주류 믹스는 2010년 모 포털 사이트에 '막사모(막걸리를 사랑하는 사람들의 모임)' 카페를 운영하던 중 회원들과 브레인

고객이 원하는 대로 다양한 막걸리를 만들 수 있는 이화생 주류 믹스.

스토밍을 거쳐 아이디어를 채택하게 됐습니다. 이후 같은 해 처음 시행된 한식연의 '우리 술 교육'에 입학하게 되며 본격적인 제품 개발에 들어가게 됐던 것이죠. 이후 약 4년 동안 담당 교수님이었던 김재호 박사님을 비롯한 한식연 전문가분들과의 협업으로 현재의 이화생 주류 믹스를 상품화할 수 있었습니다. 실질적인 창업 준비는 상품을 개발하고 난 2013년부터 시작했습니다. 상품 개발과 창업은 별개라고 할 수 있을 만큼 준비 과정이 달랐던 기억이 생생하네요. "상품 개발이 곧 창업이다."라는 생각이 완전히 잘못됐었다는 사실을 깨닫게 됐죠. 이후 또 다시 창업을 위해 관련 교육을 수강하기로 결정했습니다. 바로 중소기업진흥공단의 청년창업사관학교(3기, 2013년 입교)였습니다. 이외 지자체 및 정부에서 주관하는 다양한 창업 관련 교육을 이수하며 막연했던 창업 계획을 다듬어 나가는데 주력했습니다.

'아는 것이 힘'이라는 케케묵은 속담을 굳이 다시 꺼내지 않더라도 자신의 삶의 토대가 될 창업을 준비하는 데 철저한 준비와 관련 지식이 있어야 한다는 것은 주지의 사실이다. 하지만 많은 예비 창업자들은 '창업 준비=자금'이란 편협한 공식에 집착하고 있는 현실이다. 물론 창업을 할 때 일정 수준의 자금이 있어야 함은 사는 데 물과 공기가 필요하다는 것처럼 당연한 일. 하지만 사업의 성패와 지속성을 보장하는 것은 가게 인테리어와 같은 하드웨어가 아닌 상품의 질과 올바른 사업철학 등의 소프트웨어라는 사실을 명심해야 한다.

우리 술의 전통을 지키고 새로운 문화를 만들어나가고 있는 공부하는 청년 애주가, 정명식 주류연구소 대표의 주경야독이야말로 성공을 원하는 예비 창업자들이 반드시 뒤따라야 하는 최고의 창업 준비다.

빈틈 없는 점검에 변화의 아침!

1. 절대 외상을 주지 마라
호의가 계속되면 권리인 줄 안다. 사업은 갑과 을의 대결이 아닌 동등한 관계에서 시작되는 상호협의의 도출 과정이다. 당장 한두 번의 외상이 상대방의 호의를 이끌어낼 수 있을지 몰라도 결코 끝까지 좋은 결과로 이어지지는 않는다. 당당하게 자신의 권리를 행사하라.

2. 샘플 비용 무료로 하지 마라
일반적으로 상품을 구입하고자 하는 업체는 으레 샘플을 무료로 요청한다. 상대방이 무료 샘플을 요청하더라도 결코 응해주지 마라. '상품에 자신이 있다'는 전제하에 샘플은 반드시 유료로 제공하라. 물론 이를 위해서는 '좋은 상품'을 먼저 개발하는 것이 우선이라는 사실을 기억할 것.

정명식_주류연구소 대표

술 빚으며 이름을 되찾다
'대한민국 주부들의 도전 100퍼센트 응원한다'

다소 꺼내기 어려운 이야기지만 여전히 우리나라 주부들의 삶은 매우 빡빡하다. 과거에 비해 상당부분 '남녀평등'이 이뤄진 게 사실이지만, 결혼과 동시에 'OO의 아내' 혹은 'OO의 엄마'라는 이름으로 불리는 구시대적 발상이 비일비재하게 현실화되는 것도 같은 맥락이다. 그러한 주부들에게 사회생활은커녕 자신이 모든 것을 책임져야 하는 '창업'은 언감생심으로 여겨진다. 올해로 결혼 25년차를 맞이한 강진희 술아원 대표 역시 우리네 어머니와 같은 평범한 주부 중 하나였다. 참고로 술아원은 '술과 나'라는 뜻을 가진 상호다.

> 조금 이른 나이에 결혼을 선택해 평생 '내 일'이라는 걸 해본 적이 없습니다. 물론 한 가정의 아내이자 엄마로서 누렸던 삶은 매우 행복했지만 25년 동안 제 스스로에 대한 정체성이 점차 희미해진다는 느낌이 들었습니다. 하지만 주부의 입장에서 당시 단란한 가족의 시스템을 무너뜨릴 수 없다는 생각에 아이들이 제법 큰 후에야 '내 일을 하고 싶다'는 구체적인 목표를 세우게 됐습니다.

살림 중 틈틈이 자투리 시간을 활용해 책을 읽는 것이 유일한 낙이었던 강 대표는 평소 우리나라 문화에 대한 관심이 남달랐다. 특히 본인 스스로 '애주가'를 자청할 만큼 술을 즐기는 편이었다. 그래서일까. 처음에는 단순히 음주를 즐기는 수준이었지만 이후 본격적으로 술에 대한 공부를 시작하게 됐다.

> 마침 아이들이 성인이 된 까닭에 제 시간이 늘었던 것도 한 이유였습니다. 예전에 비해 여유 시간이 생긴 덕분에 평소 제가 좋아하던 술에 대해 보다 체계적으로 공부할 수 있는 여건이 마련됐던 거죠. 이후 가양주연구소와 국세청에서 주관하는 주류 관련 교육을 수강하며 처음으로 재미있게 공부를 해봤습니다.

강진희 대표가 술을 만들기 위해 찹쌀을 찌고 있다.

    증류주와 발효주 등 각종 술에 대한 교육은 강 대표에게는 새로운 세계였다. 지루한 수학 공식이나 무작정 외워야만 했던 영어 단어와는 달랐다. 강 대표 스스로가 늦은 시간까지 공부를 할 정도로 술과 관련된 것이라면 무엇이든 관심을 갖고 적극적으로 달려들었다.

    사실 공부가 좋아질 거라고는 상상도 못해봤어요. 그런데 처음으로 제가 먼저 책을 펴서 글을 읽고, 공부가 막힐 때면 일부러 전문가를 찾아가서 물어볼 정도로 알면 알수록 술에 푹 빠지게 됐습니다. 그렇게 다양한 기관에서 주류 관련 교육을 받던

중 지인의 소개로 알게 된 한식연의 '우리 술 교육'에 지원하게 됐고, 2014년 4기로 입교해 전문가 교육을 수료하게 됐습니다. 해당 교육이 끝나갈 즈음 '전통주'에 대해 배우게 됐는데, 우리나라 문화유산이라는 생각에 말 그대로 '꽂히고' 말았습니다. 이후부터는 아예 전통주라는 한 우물만 파게 됐죠. 운명을 믿지는 않지만 전통주만큼은 남편에 이어 제 두 번째 운명이라고 믿을 정도였습니다(웃음).

강 대표가 전통주에 빠진 가장 큰 이유는 전 세계에서 유례를 찾아볼 수 없는 독특한 제조(발효) 방식에 있다. 특히 1950년대 이후 명맥이 사라져간 우리의 대표적인 전통주인 '과하주'는 그녀가 평생의 숙제로 선택한 사업 동반자였다. 현재 술아원의 대표 상품인 '술아'는 강 대표가 고문헌까지 공부한 끝에 자신만의 방식으로 재해석한 과하주다.

사실 이 전통술이라는 게 만들기가 참 어려운 술이에요. 과하주의 경우는 6개월 이상의 기간이 필요하고 수많은 제조 과정을 일일이 손으로 직접 해야 하기 때문에 애초부터 대량 생산이 불가능하다는 단점이 있죠. 다시 말하면 '사업 아이템으로는 꽝'이란 뜻이죠(웃음). 그래도 저는 무조건 과하주를 선택했습니다. 과하주는 단순한 술이 아닌 우리가 지켜야 할 문화유산이라는 확신에서였죠.

강 대표의 설명대로 과하주 제조에는 무려 반년 이상의 시간이 필요하다. 당연한 말이지만, 그저 술을 담가놓고 6개월 동안 내버려둔다고 저절로 과하주가 되는 것은 아니다.

강진희 대표는 독학으로 우리나라 전통주 중 하나인 '과하주'를 재현해냈다.

    쌀을 씻는 것부터 누룩을 넣고 온도와 습도를 맞춘 후 닭이 알을 품듯 매일매일 정성으로 관리해야 비로소 '전통주'라는 이름을 붙일 수 있는 과하주, '술아'가 완성되는 것이다.
    만드는 과정도 이렇듯 복잡한 과하주를 재현하기 위해 강 대표는 무려 3년 이상의 시간을 투자했다. 이를 위해 강 대표는 지금까지 꾸준히 주류 관련 교육을 수강하고 있다.
    한식연의 우리 술 교육 4기에 이어 올해 7기로 재입교한 것 역시 주류 전문가로서 제대로 된 역량을 제고하기 위해서다. 참고로 한식연의 우리 술 교육은 한 번 수강하면 2년 동안 재수강할 수 없다.

    아직 큰 수입이 나는 것은 아니지만 어떤 상황이 닥쳐도 저의 과하주를 계속 만들어 나갈 계획입니다. 제가 만든 술을 처음 구입해간 가게에서 제가 만든 술로 프러포즈를 했던 커플의 행복했던 순간을 떠올릴 때면, 전통주에 대한 가치와 우리의 소중한 문화유산을 지켰다는 자부심이 생기거든요. 무엇보다 제가 빚은 술을 맛있게 마셔주시는 고객들이 단 한 명이라도 있는 한, 결코 과하주의 명맥이 끊기는 일은 없을 것입니다.

'여름을 넘기는 술'이라는 뜻의 과하주는 아주 오랜 시간동안 섬세하게 관리해준 후에야 비로소 영롱한 빛깔을 내보인다. 반년의 시간을 넘어 마침내 잔에 담긴 과하주에서는 향긋한 과일향이 담뿍하다. 만드는 이의 정성이 없다면 도저히 나올 수 없는 최고의 맛이라 단언할 수 있다.

이제는 누군가의 아내이자 누군가의 엄마에서 어엿한 대한민국 술도가의 주인으로 자신의 이름을 되찾은 강진희 술아원 대표의 새로운 도전은 이제 막 시작됐을 뿐이다.

어제의 나라면 어제와 같은 하루일 뿐이죠

1. 당신은 이미 충분히 희생했다, 가족들에게 당당하게 도움을 요청해라

주부 역시 세상 1만 가지 직업 중 하나다. 하지만 동시에 가족 구성에서 절반 이상을 차지할 정도로 중요한 위치에 놓여 있다. 때문에 일반적으로 주부들은 40대 후반부터 50대 초반 사이에 창업을 하는 경우가 많다. 아이들이 모두 성인이 된 후에야 비로소 본격적인 창업을 계획하기 때문이다. 이때 창업을 준비함에 있어 남편은 물론 아이들의 적극적인 지지와 도움을 요청하는 것이 좋다. 성실한 주부였다면 이미 당신은 가족을 위해 이미 충분한 희생을 했다. 당당하게 자신의 권리를 주장하고 떳떳이 새로운 도전을 준비해보자.

2. 조급해하지 마라, 남들보다 10배 이상 창업 준비 기간을 가져라

수십 년 동안 주부로 살아왔다면 남들보다 10배 이상 오랜 창업 준비 기간을 가져야 한다. 시시각각 변해온 사회에 적응하기 위해서는 이미 사회생활을 하고 있는 다른 예비 창업자보다 더욱 오랜 시간이 필요하기 때문이다. 우선 자신이 하고 싶은 아이템을 명확히 정하고, 관련 지식을 습득할 수 있는 시간을 충분히 가져야 한다. 20년 만에 나서는 새로운 도전이다. 20년이 22년이나 23년으로 조금 늦어진다고 해서 큰일이 나는 것은 아니다. 기억하자, '유비무환'.

강진희_술아원 대표

누군가의 인생에 소중한 가능성을 건넨다

한식연은 국가과학기술연구회 소속 정부 출연 연구기관으로 농림축산식품부로부터 '제1호 술 전문 인력 양성기관'으로 지정 받은 전문기관입니다. 한식연은 지난 2010년부터 우리 술 산업 발전에 기여할 전문가 양성을 통한 산업 인력의 전문성 및 품질 관리 수준 제고를 목적으로 농림축산식품부와 국립농산물품질관리원의 교육비 지원을 받아 '우리 술 전문가 양성 교육 과정(이하 우리 술교육)'을 운영해오고 있습니다.

아쉽게도 현재 국내에서 우리 술을 제조하는 업체는 지극히 규모가 영세한 탓에 우리 술의 대중화나 산업 발전을 위한 자체적인 연구개발 등에 어려움을 겪는 경우가 많은 현실입니다. 때문에 한식연에서는 우리 술 교육을 비롯한 다양한 교육 프로그램 운영과 각종 지원 사업 등을 통해 양조업에 종사하고 있거나 향후 그런 의사를 가진 사람들을 대상으로 체계적인 교육·훈련을 시행하고 있습니다.

우리 술 교육의 커리큘럼을 보다 자세히 살펴보면 ▲양조 미생물 ▲주류의 분석 ▲발효제 ▲발효주(탁주, 약주, 청주, 과실주) 및 증류주의 제조 기술 습득 ▲품질관리 경영과 위생·안전관리 ▲품질 고급화를 위한 표준화와 과학화 실현 ▲국내외 선진 사례 연수 등을 포함하고 있습니다.

주 1회씩 총 6개월에 걸쳐 약 200시간의 이론과 실습 교육을 통해 실질적인 양조 전문가 양성에 주력하고 있습니다. 2017년 현재 제7기 교육 과정이 진행 중이며 지금까지 총 168명의 인력이 배출돼 우리 술 산업과 관련된 현장에서 활약하고 있습니다. 우리 술은 단순한 향토 음식이 아닙니다. 우리가 지켜야 할 문화유산이자 대한민국을 대표하는 전통주라는 사실을 기억해야 합니다.

이제 한식연은 전라북도 완주 혁신도시에서 제2의 출발을 앞두고 있습니다. 이번 이전을 계기로 앞으로 보다 전문적이고 체계적인 교육 프로그램과 지원 사업을 통해 후손에게 전해줘야 할 소중한 문화유산인 우리 술의 발전을 위해 최선을 다할 것을 약속드립니다.

김재호_한국식품연구원 팀장

Part 5

예비 창업자를
위한
생생 부록

100세 인생, 나만의 창업을 준비하자!

한국인의 기대 수명 세계 1위, 한국 여성의 기대 수명 90.82세. 2017년 2월 영국 의학잡지 《랜싯(The Lancet)》에 실린 연구 결과. 세계보건기구(WHO)와 영국 임페리얼칼리지 런던이 OECD 35개 회원국을 대상으로 분석한 기대 수명에 따르면 2030년에 태어나는 한국 여성의 기대 수명은 90.82세, 한국 남성의 기대 수명은 84.07세로 남녀 모두 OECD 국가 중 1위를 차지했다.

한편 한국 노동자의 공식 은퇴 연령(정년퇴임 기준)은 61세이지만 잡코리아가 조사한 '직장인 체감 퇴직 연령'에 따르면 직장인 본인이 예상하는 퇴직 연령은 평균 51.7세(공기업 53.9세, 중소기업 51.7세, 대기업 49.8세)로 나타났다.

100세 인생, 은퇴 이후 적게는 40년에서 많게는 50년 동안 버텨야만 하는 시대에 우리는 살고 있는 것이다. 이제 창업은 선택이 아닌 필수가 되어가고 있다.

그럼 우리는 어떻게 창업을 준비해야 할까?

사업가가 된다는 것은 본인이 했던 상상보다 어려운 환경을 계속해서 맞는다는 뜻이다. 그럼에도 불구하고 사업을 해야 된다고 마음먹었다면 무엇을, 어떻게 해야 할지 스스로 결정하고 철저하게 준비해야 한다. 소자본 창업이라고 하더라도 더 이상 주먹구구식 창업과 경영은 통하지 않는 세상에 살고 있다.

창업은 장기적인 관점에서 접근해야 한다. 정신 무장을 하고 성공한다는 객관적 확신을 갖고 도전을 해야 한다. 왜 사업을 하는지, 어떤 사업을 할 것인지, 어떤 마음가짐으로 창업에 임할 것인지, 어떻게 경영할 것인지에 대한 마음속의 준비와 다짐을 하면서 창업을 준비하고 구상하는 과정이 필요하다.

무엇부터 준비해야 하는가?

◆ **내 적성이 중요하다**

개개인마다 하고 싶은 일이 다르다. 나의 성격이 외향적인지, 내향적인지는 본인이 더욱 잘 알고 있다. 무엇보다도 나의 성격에 맞는 창업이 필요하다.

◆ 왜 창업을 해야만 하는지 생각해보자

창업의 목적에 따라 생계형 창업과, 부업형 창업으로 나뉜다. 생계형 창업의 경우 조금 몸은 힘들지만 높은 수익이 나는 업종을 선택하며 창업자의 생존 차원에서 접근해야 한다. 배우자가 공무원 등 안정적 직업을 가지고 있으면서 부업으로 하는 경우 '부업형 창업'이라고 볼 수 있다. 이 경우 수익이 좀 작더라도 편안하게 운영하는 형태로 접근해야 한다.

◆ 공짜로 창업 교육 받아라

소상공인시장진흥공단에서 운영하는 소상공인지식배움터(http://edu.sbiz.or.kr)에서는 예비 창업자를 위한 이러닝(E-Learning) 교육을 무료로 제공하고 있다. 창업 전 창업 기본 교육은 필수이므로 반드시 교육을 받아보자.

E-러닝 수강방법 안내

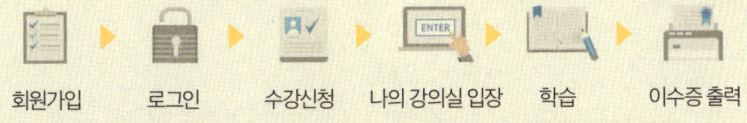

회원가입 ▶ 로그인 ▶ 수강신청 ▶ 나의 강의실 입장 ▶ 학습 ▶ 이수증 출력

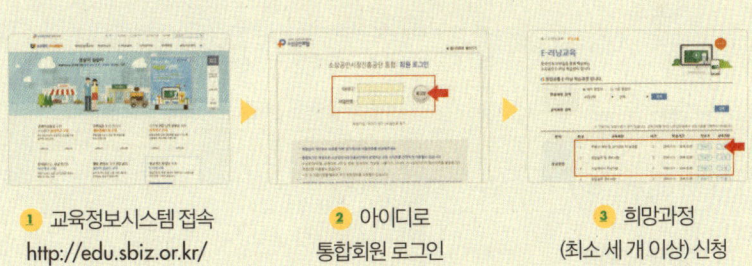

① 교육정보시스템 접속
http://edu.sbiz.or.kr/

② 아이디로
통합회원 로그인

③ 희망과정
(최소 세 개 이상) 신청

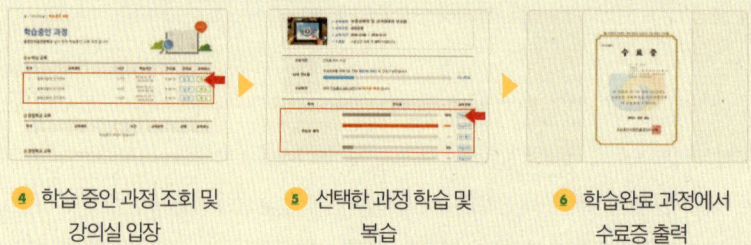

④ 학습 중인 과정 조회 및 강의실 입장
⑤ 선택한 과정 학습 및 복습
⑥ 학습완료 과정에서 수료증 출력

◆ **소상공인시장진흥공단 지식 배움터에서 운영 중인 온라인 무료 강좌**
〈2017. 11〉

분야	번호	교육 과정
성공 창업	1	사업계획서 작성 기법
창업 사례	1	김상식 씨의 성공 창업기
	2	나들가게 성공 사례
	3	사례로 알아보는 상가임대차보호법
공통 창업	1	고객 관리
	2	성공 창업을 위한 준비 및 환경 분석
	3	세무기초
	4	소상공인 스트레스 관리
	5	은퇴 후 창업을 위한 자금 계획과 사용
	6	점포 인·아웃테리어 전략
	7	종업원 고용과 관리 전략
	8	창업 세무 기초와 전자세금계산서
	9	창업 후 수익창출 전략
	10	친절서비스
유망 아이템 분석	1	온라인 창업
창업 실무전략	1	경쟁력 있는 매장 구성
	2	온라인 창업 전략

업종 전환	1	기업가 정신
	2	사례로 알아보는 업종 분석 및 입지 선정
	3	사업타당성 분석
	4	세계에서 찾은 성공 창업에 이르는 50개의 문
	5	수익성 분석 방법
	6	신규 아이템 소개
	7	업종 분석 및 아이템 선정
	8	업종 분석 및 아이템 선정(2011년)
	9	창업 실패 예방 방법
	10	폐업 절차
	11	해외 유망 신사업

◆ **나와 궁합이 잘 맞는 아이템 물색**

각종 언론이나 미디어에서는 미래 유망 아이템을 지속적으로 쏟아내고 있다. 하지만 이 과정에서는 실질적으로 내가 가장 잘할 수 있는 아이템으로 선정해야 한다는 점이 가장 중요하다. 지난 인생의 과정에서 자신이 보고 느낀 경험을 최대한 활용하고, 안정성과 경쟁력을 고려하여 아이템을 선정하자!

◆ **최소한의 자기 자본 체크**

1억 원 미만의 소자본 창업은 자기 자본이 최소한 60퍼센트는 되어야 한다. 창업 초기 과도한 자본을 빌려 사업을 시작하면, 창업한 후에도 금융 비용 때문에 어려움을 겪을 수 있다. 특히 점포 사업 초보자들은 업종을 선택할 때 창업 자금만 마련하면 창업 후에는 어떻게든 할 수 있다고 생각하나 최소 3개월에서 6개월 동안의 운영 자금도 미리 염두에 두어야 개업 후 자금 압박에 시달리지 않는다.

◆ **창업자 주변의 동의와 이해는 필수**

막상 창업을 시작하면 혼자서는 감당이 안 되는 경우가 많다. 특히 몸이 아프거나 급한 일이 생기는 경우, 종업원이 부득이하게 출근하지 못할 경우가 빈번하게 발생하므로 가족의 이해와 참여는 성공 창업으로 가는 필수 요건임을 명심하자.

창업에도 단계가 있다

1. 창업 환경 검토	- 창업 환경과 전망, 창업자 적성검사
	  (창업자의 능력, 자질, 경험), 가정환경, 창업 의지,
	  창업 경영이론 학습, 가족 협력 등의 여부 검토

2. 아이템 선택	- 창업 트렌드 분석 - 자산에 맞는 아이템 분석 - 성장성, 안정성 있는 후보 아이템(3~5)을 선정하여 시장 조사 후 최종 아이템 선정

3. 사업타당성 검토	- 사업의 성공 가능성에 대한 정보를 파악하기 위하여 선택
	  아이템에 대한 상품성, 시장성, 수익성, 안정성(위험요소)
	  등을 자세히 검토

4. 시장조사 분석	- 시장 규모 및 경쟁사 제품의 경쟁력과 유사제품 분석 - 목표 고객 및 수요층의 니즈 분석 - 소비자 구성분포와 변화추세 조사 및 수요 예측
5. 상권·입지 선정	- 입지 선정 이유와 경쟁 점포 극복방안 분석 - 상권 내의 가시성·경제성·편의성 분석 - 유동 인구와 배후 상권, 도로 구조 분석
6. 자금 계획 수립	- 창업 자금의 용도를 시설 자금과 운전 자금으로 구분 - 자금의 용도와 조달 가능한 자금 규모 결정 - 세부적 자금 용도와 조달 가능한 자금 규모 설정

7. 사업계획서 작성	- 사업의 개요와 내용, 시장 조사 분석, 마케팅 계획,
	  자금수지 계획, 사업추진 일정 등의 사업계획서 작성
	- 예상 매출액, 매출원가, 영업이익, 당기순이익, 손익분기점
	  등 산출

8. 인테리어 공사, 종업원 채용	- 고객 편의와 상품을 돋보이게 하는 디스플레이 전략 및 고객의 접근성에 유의한 매장 인테리어 구성 - 고객 친화력이 높은 직원 채용 - 고객 서비스 경쟁력 강화를 위한 교육 실시
9. 행정 절차	- 사업자 등록 - 별도의 영업신고 - 소방설비 신고 - 인허가사항(법인사업자, 개인사업자) 등 검토
10. 창업 및 경영	- 디스플레이, 간판, 집기 설치, 창업 홍보, 업무 활동, 영업 활동, 인력 관리, 경영계수 관리. 주기적 점검 및 보완

계획 단계에서 이런 사항은 반드시 체크하라

1. 경쟁 관계	- 비교되는 제품이나 서비스를 제공하는 경쟁 업체의 강점에 대한 현실적인 평가는 되어 있는가? - 자사 제품과 서비스를 선택할 수 있도록 차별화되어 있는가?
2. 입지·판매 방법	- 품목은 무엇이며, 주 고객은 누구인가? - 어떤 방법으로 어떤 가격과 조건으로 팔 것인가? - 시장조사를 반영해 적합한 상권과 입지를 결정하였는가?
3. 상품·재료 매입	- 무엇을 어디에서 매입할 것인가? - 어떤 조건으로 매입할 것인가?
4. 설비 구입·제조 방법	- 무엇을 제조하고 무엇을 외주로 줄 것인가? - 기계는 어디에서 구입하고 어떤 설비로 제조할 것인가?
5. 지식·기술·자격	- 기술자나 자격자, 책임자는 누구로 할 것인가? - 해당 분야의 지식이나 경력이 풍부한가?
6. 종업원 확보	- 가족만으로 운영이 가능하겠는가? - 종업원은 어떻게 채용할 것인가?
7. 사업의 형태	- 개인 기업으로 할 것인가? 법인으로 할 것인가? - 프랜차이즈 창업과 독립 창업 중 어떤 형태로 할 것인가?
8. 사업계획서	- 사업계획서를 작성해보았는가? - 시설 자금 및 운영 자금은 얼마나 들어갈 것인가?

9. 손익 예상	- 매출은 얼마나 될 것인가? - 원가, 판관비, 당기순이익 규모는 산출하였는가?
10. 자금 조달	- 즉시 준비할 수 있는 자금은 얼마나 되는가? - 필요한 운용 자금은 적기에 조달이 가능한가?
11. 세금 문제	- 사업자등록은 언제 할 것인가? - 직접 기장할 것인가, 세무사에게 맡길 것인가?
12. 개업 예정일	- 상호는 정하고 사업자등록은 하였는가? - 개업일은 언제가 제일 좋을 것인가?

그런데 소상공인은 뭘까?

창업을 시작하려고 하니 자주 눈에 띄는 단어가 있다. 바로 '소상공인'이라는 단어다. 평소에는 전혀 신경을 쓰지 않았지만, 창업 관련 정부지원이나, 대출을 받기 위해 인터넷을 검색하거나 TV·신문 등을 보게 되면 '소상공인'이라는 단어가 자주 눈에 들어오는데 도대체 무엇일까?

"꼭 알아야 하나?"라고 반문하는 사람도 있겠지만 소상공인에 대해 잘 알아야 정부에서 지원하는 법률 테두리 안에서 혜택을 누릴 수 있으므로 꼭 알아보도록 하자.

◆ 소상공인 보호 및 지원에 관한 법률

소상공인의 자유로운 기업 활동을 촉진하고 경영 안정과 성장을 도모하여 소상공인의 사회적·경제적 지위 향상과 국민 경제의 균형 있는 발전에 이바지함을 목적으로 제정된 법률.

◆ **소상공인이란?**
상시 근로자 수 기준으로 광업·제조업·건설업 및 운수업은 10명 미만이고, 그밖의 업종은 다섯 명 미만을 법률상 소상공인이라고 정의한다.

◆ **상시 근로자 수?**
무조건 근무한다고 상시 근로자는 아니다. 아래 몇 개 사항은 예외가 된다.
- 임원 및 일용근로자는 제외한다.
- 3개월 이내의 기간을 정하여 근로하는 사람은 제외한다.
- 기업부설연구소 및 연구개발 전담부서의 연구 전담요원은 제외한다.
- 근로기준법상 단시간 근로자로서 1개월 동안의 소정(所定) 근로 시간이 60시간 미만인 사람은 제외한다.

◆ **상시 근로자 수 산정 방법?**
1. 단시간 근로자로서 1개월 동안의 소정 근로시간이 60시간 이상인 근로자는 한 명을 0.5명으로 본다.
2. 작년을 기준으로 매월 말일의 상시 근로자 수를 합하여 12로 나눈다.
3. 창업·합병·분할을 해서 영업일이 12개월 미만의 경우에는 창업일, 합병일 또는 분할일이 속하는 달부터 산정일까지의 기간의 매월 말일 현재의 상시 근로자의 수를 합하여 해당 월수로 나눈 인원으로 한다.
4. 창업·합병·분할을 해서 영업일이 12개월 이상의 경우에는 산정일이 속하는 달부터 역산하여 12개월이 되는 달까지 기간의 매월 말일 현재의 상시 근로자의 수를 합하여 12로 나눈 인원으로 한다.

해당 기업의 주된 업종	소기업	소상공인
1. 식료품 제조업	평균 매출액 등 120억 원 이하	상시 근로자 수 10인 미만
2. 음료 제조업		
3. 의복, 의복액세서리 및 모피 제품 제조업		
4. 가죽, 가방 및 신발 제조업		
5. 코크스, 연탄 및 석유정제품 제조업		
6. 화학 물질 및 화학 제품 제조업 (의약품 제조업은 제외한다.)		
7. 의료용 물질 및 의약품 제조업		
8. 비금속 광물 제품 제조업		
9. 1차 금속 제조업		
10. 금속가공 제품 제조업 (기계 및 가구 제조업은 제외한다.)		
11. 전자부품, 컴퓨터, 영상, 음향 및 통신장비 제조업		
12. 전기 장비 제조업		
13. 그밖의 기계 및 장비 제조업		
14. 자동차 및 트레일러 제조업		
15. 가구 제조업		
16. 전기, 가스, 증기 및 수도사업		
17. 농업,임업 및 어업	평균 매출액 등 80억 원 이하	상시 근로자 수 5인 미만 단, 광업, 건설업, 운수업은 10인 미만
18. 광업		
19. 담배 제조업		
20. 섬유 제품 제조업(의복 제조업은 제외한다.)		
21. 목재 및 나무 제품 제조업(가구 제조업은 제외한다.)		
22. 펄프, 종이 및 종이 제품 제조업		
23. 인쇄 및 기록매체 복제업		
24. 고무 제품, 및 플라스틱 제품 제조업		
25. 의료, 정밀, 광학기기 및 시계 제조업		

26. 그밖의 운송 장비 제조업	평균 매출액 등 80억 원 이하	상시 근로자 수 5인 미만 * 단, 광업, 건설업, 운수업은 10인 미만
27. 그밖의 제품 제조업		
28. 건설업		
29. 운수업		
30. 금융 및 보험업		
31. 도매 및 소매업	평균 매출액 등 50억 원 이하	상시 근로자 수 5인 미만
32. 출판, 영상, 방송통신 및 정보서비스업		
33. 하수·폐기물 처리, 원료재생 및 환경복원업	평균 매출액 등 30억 원 이하	상시 근로자 수 5인 미만
34. 부동산업 및 임대업		
35. 전문·과학 및 기술 서비스업		
36. 사업시설관리 및 사업지원 서비스업		
37. 예술, 스포츠 및 여가 관련 서비스업		
38. 숙박 및 음식점업	평균 매출액 등 10억 원 이하	상시 근로자 수 5인 미만
39. 교육 서비스업		
40. 보건업 및 사회복지 서비스업		
41. 수리(修理) 및 기타 개인 서비스업		

◆ **소상공인 수?**

2014년 기준 소상공인 수는 약 605만 명으로 4인 가족을 기준으로 하면 약 2500만 명이 되니 우리나라 절반에 소상공인의 영향이 미치고 있다고 볼 수 있다. 특히, 도매 및 소매업, 숙박 및 음식점업, 운수업, 서비스업, 부동산업 및 임대업 등 생활형 서비스업의 경우 대부분이 소상공인이다.

우리나라 경제의 근간이며 법률상 사회적 약자로 구분되어 보호를 받을 수 있지만 가장 중요한 사실은 나와 경쟁자들이라는 점이니 더욱 긴장하시기 바란다.

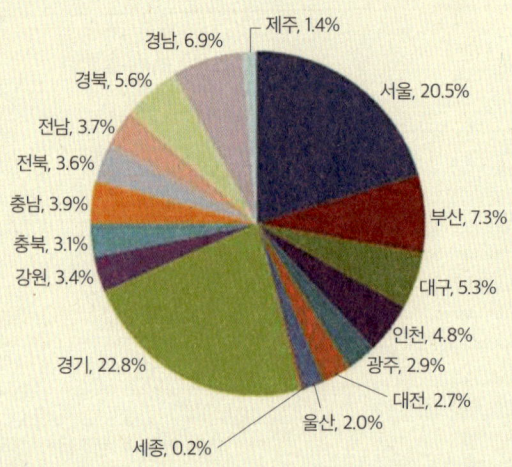

<전국 대비 지역별 소상공인 종사자수 비중 : 2014년>

출처 : 소상공인 실태조사 보고서

창업할 때 정부에서 2000만 원 받는 방법 있다? 없다?

창업 강의를 할 때 수강생들이 자주 하는 질문이 있다. "창업할 때도 정부에서 뭐 지원해주는 게 있나요? 대출 이런 거 말고 그냥 지원해주는 거요." 공짜를 좋아하면 머리가 벗겨진다고 했던가? 하지만, 답은 '있다. 예스(YES!)'다.

소상공인시장진흥공단에서 운영하고 있는 '신사업창업사관학교'를 활용하면 일단 4주간 창업 교육을 무료로 수강할 수 있다. 이게 끝이 아니다. 16주간(약 4개월) 지정된 장소(꿈이룸)에 원하는 점포를 차려준다. 당연히 16주간 운영을 통해 얻는 수익은 창업자 몫이다. 여기서 끝이 아니다. 잘 따라온 예비 창업자들에게는 2000만 원의 정부 자금을 준다. 잘 따라온 예비 창업자라고 하니 문턱이 굉장히 높을 것 같지만 천만에 말씀! 체험 점포를 운영하는 사람 중 약 70퍼센트, 즉 대부분이 받고 있다. 또한 정부에서 지원하는 창업자금 대출 또한 1억 원까지 된다는 사실! 여러분만 아시라!

다만, 몇 가지 제약 조건이 있다. 먼저 사업 이름에서 알 수 있듯, '신사업'이라는 점이다. 현재 시점에서는 일반적인 식당, 카페, 이런 창업에는 지원하지 않는다. 과밀업종의 창업보다는 남들이 하지 않는 업종을 선택해야 한다. 사실 치킨, 카페 등 과밀업종의 창업은 필자도 반대한다. 또, '사관학교'라는 점이다. 즉 적어도 1개월 동안은 창업에 대한 스파르타 교육(하루 종일)이 필수다. 하지만 1개월 뒤에는 사업자등록증을 발급받아 체험 점포를 운영할 수 있다. 다음으로는 이 사업 지원 시점에서 기등록된 '사업자등록증'이 없어야 한다는 점이다. 순수한 예비 창업자를 위한 정부정책 프로그램이다.

하지만 너무 걱정은 하지 마시라! 대다수의 예비 창업자는 이 사업을 아직 '모른다.' 절대.

2017년도 신사업창업사관학교 모집 개요

◆ 사업 목적

성장 가능성이 높은 유망 아이템 중심으로 예비 창업자를 선발하여 점포경영 체험, 전담 멘토링, 창업 자금 등을 패키지로 지원.

◆ 사업 기간

2017년 1월 ~ 2018년 3월(2018년도는 소상공인시장진흥공단 홈페이지 참조)

◆ 지원 내용 및 규모

구분	지원 규모 (연간)	지원 내용	지원 대상
창업이론 교육	450명	기본 교육, 전문 교육, 분반 교육 등 창업 준비 및 점포 운영 시 필요한 이론 교육 제공	사업자등록을 하지 않은 예비 창업자
점포경영 체험교육	360명	사업모델 검증 및 성공 가능성 제고를 위해 신사업 아이디어 점포 체험의 기회 제공	이론 교육 수료생 최종 선정자
멘토링	252명	점포 체험 기간(약 120일) 동안 점포 운영에 필요한 전문가 1대 1 멘토링 지원	점포 체험 교육생 중 희망자

사업화 지원	120명	매장 모델링, 시제품 제작, 브랜드 개발, 홈페이지 제작, 홍보 및 마케팅 등 창업 소요비용 지원 (50퍼센트 본인 부담 조건)	점포 체험 교육 수료생 중 최종 선정자

◆ 신사업창업사관학교 운영 체계

교육생 선정	일반 경영 및 업종 전문교육	점포경영 체험 및 전담 멘토링	창업자금 및 사후관리
창업 적성검사, 심층면접 등 창업의지 확인	소비행태 변화, 브랜드 경영 등 기본·전문 교육 (150시간 내외)	- 사업모델 검증, 안정화 체험 (16주) - 전담 멘토링 (점포 체험 시부터 5개월)	- 직접 대출 지원 - 우수 졸업생에게 사업화 보조금 지원 - 사업성과 확보 및 정착 지원

◆ 신청 방법

교육생 모집 공고 후 신청, 공고문은 소상공인시장진흥공단 홈페이지 통해 확인(연 2회 모집 4월, 1월).

사업계획서 체크포인트

1. 사업계획서는 기본 중에 기본, 반드시 작성하라.
2. 사업계획서는 본인이 직접 작성하라.
3. 사업계획서를 시행착오를 줄이는 도구로 사용하라.
4. 다른 사람이 보았을 때도 쉽게 이해할 수 있도록 쉽게 작성하라.
5. 재무계획은 현실을 바탕으로 자세히 작성하라.
6. 희망사항을 나열하지 말고 가장 보수적으로 작성하라.
7. 사업자등록 시 업종과 종목을 잘 파악하고 신고하라.
8. 외부용으로 작성 시 본인의 경력과 사업 아이템과의 연관성을 고려하라.

9. 판매 계획은 본인의 희망이 아닌 창업주 점포의 부근 경쟁 점포를 보고 작성하라.
10. 구매 방법 및 구매처를 실사하여 저렴하고 안정적인 공급이 가능한 구매처를 선택하라.
11. 선택 아이템에 맞는 재고량과 재고보유 방법(냉동 보관, 냉장 보관, 온실 보관 등)을 선택하라.
12. 정기적으로 시설을 보수 개선해야 하는 업종의 경우 반드시 감가상각비를 반영하도록 하라.
13. 감가상각비 반영 시 감가상각비만을 관리하는 계좌를 만드는 것도 좋은 방법이다.
14. 고정비를 낮춘다고 마케팅에 반대되는 행동을 하지 말아라(전등 끄기, 러시타임 때 부족한 인력 배치 등).
15. 상권의 연령대 및 소득 수준에 맞는 창업 아이템을 선정하라.
16. 점포 앞 유동 인구 파악은 기본이다.
17. 창업주 본인이 직접 발로 뛰면서 상권을 파악하라.
18. 손익분기 매출을 산출, 월 목표와 일 목표 매출액을 산출하여 이를 항상 점검하라.
19. 부가세를 매출로 잡는 우를 범하지 말라.
20. 본인의 인건비는 반드시 반영하도록 하라.

사업계획서를 작성할 때도 원칙이 있다

◆ **사업 구조를 구체적이고 설득력 있게 작성해야 한다**
창업주가 가지고 있는 사업 목표 및 사업 구조를 제3자에게 설득시키는 것이 목적이므로, 계획 사업에 대한 전반적인 내용을 고르게 안배하여 구체적으로 작성하여야 한다.

◆ **객관적인 관점에서 구성되어야 한다**
창업자 입장에서만 작성하는 것은 신뢰성을 잃을 수 있다. 공신력 있는 자료와 전문기관의 자료를 바탕으로 최대한 객관적인 관점에서 구성해야 한다.

◆ **사업의 핵심과 회사의 강점을 강조**
사업이 가지고 있는 수익 구조와 성장성을 설명하고 회사가 목표 시장에서 가지고 있는 강점을 구체적으로 설명 한다.

◆ **전문용어보다는 보편적인 용어를 사용한다**
해당 사업, 재무, 마케팅 등에 대하여 알기 쉬운 용어를 사용하여 모르는 사람이 읽어도 이해가 가능하도록 한다.

◆ **소요자금 및 자금조달 계획은 정확하고 실현 가능성이 있어야 한다**
창업자는 사업의 소요 자금과 조달 가능한 자본을 구체적으로 검토해야 한다. 자금 계획의 오류는 창업 실패로 가는 지름길이라 할 것이다.

◆ **정확한 목표와 목적을 설정한다**
정확한 목표와 목적을 설정하지 않는 것은 창업의 실패 확률만 키울 뿐이다.

◆ **사업계획서의 용도를 정한다**
내부자용, 외부자용, 자금 조달용, 회사 운영용 지침 등등.

◆ **사업의 잠재력과 창업주의 목표는 일치하는지 살핀다**
사업이 가진 잠재력의 크기가 창업주가 가진 목표의 크기와 유사해야 한다. 어느 일방이 지나치게 크거나 작게 잡지 말아야 한다.

이것만은 꼭 기억하자!
1. 사업계획서는 본인이 꼭 작성한다.
2. 재무계획은 가장 보수적으로 작성한다.
3. 상권 분석은 꼭 본인이 직접 발로 뛰면서 분석한다.
4. 감가상각비를 사업계획서에 꼭 반영한다.
5. 숫자 경영, 목표 경영을 통하여 창업 후에도 주기적으로 경영 상태를 평가한다.

아이템 선정 시
반드시 고려해야 할 것

창업 아이템을 선정할 때 가장 중요한 것은 자신이 좋아하는 일, 즉 자신의 취미와 적성을 살릴 수 있는 아이템을 선정해야 한다는 점이다.

아이템은 특별한 아이디어를 기반으로 하는 것도 좋지만, 실패 가능성이 있기 때문에 본인의 적성을 고려하고, 불황기에도 안정성이 보장되며, 신규 진입 사업으로 성장 가능성이 있으면 좋다. 내가 매일 보고 접해야 하며 나의 일상이 될 수밖에 없기 때문에 아래의 몇 가지 사항은 반드시 고려하도록 하자!

1. 내가 가진 경력, 전문 지식, 적성에 맞는 아이템을 선택한다.
2. 내가 가진 자본이 전체 사업 규모의 60퍼센트 이상 차지할 수 있는 아이템을 선택한다.
3. 상권 분석을 통해 그 상권 내 과밀업종은 선택하지 않는다.
4. 향후 최소 3년간 성장 가능성이 있는 아이템을 선택한다.
5. 투자 대비 수익성이 높은 아이템을 선택한다.
6. 누구나 좋다는 아이템은 피한다.
7. 계절에 영향을 받지 않아야 한다.
8. 모든 요일에 팔 수 있는 아이템을 선택한다.
9. 내 자식들에게 가업을 승계할 만한 아이템을 선택한다.
10. 다른 사람의 신규 진입이 어려운 아이템을 선택한다.

상권정보시스템을
알고 있는가!

상권정보시스템(http://sg.sbiz.or.kr/)은 소상공인 및 예비 창업자를 위한 지도기반 데이터 서비스다. 약 11종의 DB(40여 개 기관)를 활용하여, 상권 분석, 점포 평가, 점포 이력, 창업

과밀지수 등을 서비스하고 있다. 즉, 예전 창업을 준비하면서 하루 종일 몇날 며칠을 발로 뛰며 인근 상권을 분석하는 시대는 갔다는 의미다. 보다 정확하고 다양한 정보를 신속하게 받아보자! 백문이 불여일견! 상권정보시스템 사이트를 방문해서 다양한 각종 정보를 얻어 보자. 우리가 상상할 수 없는 정보가 숨어 있다.

상권 분석	점포 예정지의 주소를 선택하고 상권(1차, 2차, 3차)을 그린 후 업종을 선택하면 상권 분석 보고서를 통해 선택한 상권 내의 다양한 분석 보고서를 확인할 수 있다.
상권·입지 평가	점포의 주소를 선택하고 상권 영역을 클릭하면 다섯 개의 평가지표를 통해 상권의 활성도와 입지에 다수의 표본 업종의 평가등급 보고서를 확인할 수 있다.
사업자 경영 평가·창업 타당성 평가	점포의 주소와 업종 및 비용을 입력하면 상권, 입지, 업종평가등급을 종합하여 현재 운영 중인 점포의 장단점을 파악하고 수익성 평가를 통해 현재 운영 중인 점포의 매출 수준이 적정한지 파악할 수 있다.
과밀지수	점포의 주소와 업종을 선택하면 창업위험지수를 안전/주의/위험/고위험까지 4분위로 표기하며 창업과밀정보와 선택한 점주권의 분석 정보(지수 요약, 총잠재 수요, 총필요 매출) 및 추이 통계를 그래프/도표로 확인할 수 있다.
점포 이력	창업을 희망하는 특정 위치 점포의 개업·폐업 이력과 빅데이터를 통해 분석된 접근성, 가시성, 통행량 지수를 바탕으로 해당 지점에 대한 입지 정보를 확인할 수 있다.

2017년 이후 창업, 이런 아이템에 주목하라

소상공인시장진흥공단에서는 매년 대국민 창업 아이디어 공모전을 통해 아이디어를 공모하고 심의를 거쳐 주목해볼 만한 아이템을 선정하고 있다. 아래 2017년도에 발표한 독특한 아이디어를 목록별로 정리해보았다. 이것을 창업하라고 하는 것이 아니다. 적어도 창업자의 길로 가려면 최소한 어떤 아이디어들이 있는지 참고해볼 필요가 있기에 소개해본다.

좀 더 자세한 내용을 알고 싶다면 소상공인마당(http://www.sbiz.or.kr/)의 신사업 창업사관학교 자료실에 들어가보면 알 수 있다. 여기에는 매년 선정된 아이템 책자 또한 있으니 참고 바란다.

1. 가상현실 익스트림 스포츠센터
2. 어덜트힐링 피규어 '리멤브럴'
3. 오래된 골목길을 새롭게 변신시켜주는 코디네이터
4. 작가에게 투자해 제품을 받는 크라우드펀딩 쇼핑몰
5. 한 스푼, 3분 뚝딱! 수제 건조 이유식
6. 간단한 반려동물 용품 자판기
7. 시각장애아동을 위한 3D 그림책 사업
8. 셀프 바리스타 카페
9. 셀프 클린 키친방
10. 여성·아동 전문 경호 서비스 사업 신데렐라 서비스
11. 원가를 공개하고 가격을 소비자가 결정하는 의류 전문점
12. 21세기 미래의 파일럿, 드론 조종사 교육 사업
13. 자전거 출퇴근족을 위한 샤워실 공유 플랫폼 서비스
14. 캐리어 당일 급배송을 통한 직장인 해외여행 도우미 캐리어팩
15. 1인 기업과 디지털 노마드를 위한 무료 디지털 비상주기업 서비스
16. 100만 원으로 집 전체를 바꾸는 효과. 디자인 시트를 이용한 홈 리폼사업
17. 반려동물 운송 MOVING 서비스
18. 실버 노크 서비스, 똑! 똑! 똑!
19. 여행객을 위한 지역기반 세탁물 중개 서비스
20. 독거노인 대상 전문 데이 서비스
21. 노인들을 위한 디지털 라이프케어 서비스
22. 새로운 세차 시각으로 접근하는 자동차 리프레시 센터
23. 커뮤니티를 통한 세금 및 재테크 정보 공유 서비스
24. 모듈형으로 기구를 손쉽게 운반 가능한 클립
25. 스마트 기기를 이용한 양방향 전문 수화통역 서비스
26. 아이의 착수 보상으로 성취감을 주는 디지털라이브러리 서비스
27. 인사말 카드를 접으면 작은 선물 상자가 되는 기념선물 판매
28. 일일 헬스장

예비 창업자를 위한 생생 부록

29. 태양광을 이용한 전기차량 충전소
30. 휠체어 재활용을 통한 아이에게 맞는 휠체어

빨리 가고 싶으면 혼자 가고, 멀리 가고 싶으면 함께 가라!

빨리 가고 싶으면 혼자 가고, 멀리 가고 싶으면 함께 가라. 아프리카의 속담이다. '소상공인협동조합지원사업'이라는 것이 있다. 우리에게는 엄청 낯선 단어지만 실제로는 수많은 소상공인이 이 사업을 지원받아 사업의 기반을 구축하고 매출을 극대화하고 있다. 창업이 막막하고 창업하기 힘들다고 느껴질 때 선배 또는 지인들과 공동으로 사업을 생각해보기 바란다. 소상공인 다섯 개 사업자가 모이면 최대 1억 원의 정부지원금을 받을 수 있다. 여러분의 성공을 조금 가까이 할 수 있는 '소상공인협동조합'에 대해 알아보자!

◆ 소상공인협동조합 컨설팅(정부지원 90퍼센트)

구분		지원내용
조합설립 및 사업계획 수립 컨설팅 (예비) 소상공인협동조합 대상		- 협동조합 설립 준비 및 진행 - 협동조합 사업계획 수립
협동조합 성장지원 (소상공인협동조합 대상)	경영	- 협동조합 경영지도 - 협동조합 운영 노하우 전수
	전문	- 조직관리·위기관리 대책 능력 배양 - 중장기 발전방향 수립 등
	정리	- 정밀진단 후 회생가능 여부 분석을 통한 맞춤형 지도

청년협동조합
조합원 중 만 39세 이하 청년 비율이 50퍼센트 이상
- 자부담 비율 25퍼센트로 우대
- 추진절차 및 지원규모는 소상공인협동조합 활성화 사업지원 내용과 동일

체계구축 컨설팅
- 지원 대상 : 5인 이상의 소상공인으로 구성된 동업종 또는 이업종(예비) 소상공인 협동조합
- 지원 내용 : 협동조합 설립 또는 사업계획 작성 지원

사업지원 컨설팅
- 지원 대상 : 협동조합에 최종 선정된 조합
- 지원 내용 : 협동조합 운영 및 경영전략 수립

신청 방법 : 협동조합 홈페이지에서 온라인 신청 http://coop.sbiz.or.kr/
문의 : 소상공인시장진흥공단 전국 소상공인지원센터 1588-5302

◆ 협동조합 설립 절차

1단계 : 발기인 모으기

최소 5인 이상 / 개인 및 법인 가능

2단계 : 정관 작성하기

3단계 : 설립 동의자 모집하기

4단계 : 창립총회 개최하기

설립 동의자 과반수 출석과 출석자의 3분의 2 이상의 찬성으로 의결

5단계 : 설립 신고하기

제출 서류

1. 정관

2. 창립총회 의사록

3. 사업계획서

4. 임원 명부

5. 창립총회가 열리기 전까지 발기인에게 설립 동의서를 제출한 자의 명부

6. 합병 또는 분할을 의결한 총회의사록

7. 수입·지출 예산서

8. 출자 1좌당 금액과 조합원 또는 회원별로 인수하려는 출자 좌수를 적은 서류

9. 창립총회 개최 공고문

6단계 : 사무인계하기

7단계 : 출자금 등 납입하기

조합원 : 1좌 이상 출자, 총 출자좌수의 100분의 30 이내 범위

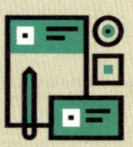

8단계 : 설립 등기하기

출자금 납입이 끝난 날부터 14일 이내, 주된 사무소 소재지 등기소

창업에도 트렌드가 있다

베이비부머 세대의 은퇴가 본격화되고 있으며, 우리 사회는 고령화 사회로의 진입 속도고 더 빨라지고 있다. 1인 가구 급증, 청년 실업, 가계 부채, 육아 관심 증대, 사교육 열풍, 전세난 등의 현실이 소비자의 지갑을 단단히 동여맸다. 자영업 시장의 경쟁을 한층 더 치열해 지고 있으며, 창업 후 3년을 버티는 자영업자 수는 50퍼센트에 불과하다.

소비는 점점 줄고, 창업 시장의 경쟁은 더 치열해지고 있는 가운데도 성공을 이어가는 자영업자들은 과연 어떤 전략을 가지고 창업을 하고 있을까? 우리는 지난 2013년 통계청에서 인구, 물가, 복지, 노동 등 국가 통계자료를 바탕으로 발표한 '블루슈머'를 참고할 필요가 있다.

1. 기후 양극화를 대비하는 업종
- 방한용품(도심형 아이젠, USB 보온장갑), 방수·방염(제습기, 차수판, 얼음 정수기, 해충 방제)

2. 문화 및 생활체육 인구수 증가
- 음악 오디션 및 출판(보컬트레이닝, 개인앨범 제작, 전자책 관련업)
- 체육(야구용품 전문점, 체육용품 온라인 쇼핑몰)

3. 스마트폰 중독 및 SNS 스트레스
- 건강 및 보안(스마트폰 어플 제작, 항균 액세사리)
- 디지털 기기 없는 힐링 여행상품

4. 은퇴한 부유층 증가
- 도심형 실버타운, 실버시터, 백화점 전담 코디네이터

5. 글로벌미식가 증가
- 제3세계 음식업(힐링 푸드 전문점, 에스닉 푸드 테이크아웃점)
- 편의점형 맥주 전문점, 세계주류 바

예비 창업자를 위한 생생 부록

6. 유통 단계를 뛰어 넘는 소비자
- 공동 구매 및 직거래(도농결연 중개, 온라인 공동구매 커뮤니티)
- 통신, 의료, 여행, 육아 등과 관련된 생활협동조합

7. 자전거 이용자 수 증가
- 자전거 서비스업(자전거 정비학원, GPS, 동호인 전용 카페)
- 자전거 전용보험, 보호용품 등

소비자들의 소비 트렌드를 읽는 것이 매우 중요하다. IMF, 금융위기라고 하더라도 살아남는 가게는 언제나 있다는 점을 명심하자.

좋은 입지 VS 피해야 될 입지

점포의 위치를 입지하고 하며 공간적인 개념이다. 보통 창업을 할 경우 아이템을 선정한 후 다음으로 하는 일이 점포를 구하는 일이다. 온라인의 발달로 오프라인 시장의 입지는 중요하지 않다는 생각은 절대 금물이다. 온라인 시장 생성 초기에는 오프라인에서 물건을 보고 온라인으로 최저가 구매를 많이 했지만, 최근 또 다른 소비 트렌드 중 하나가 바로 온라인으로 여러 상품을 알아본 다음 오프라인으로 직접 구매 또는 수령하는 것이다. 이 유형의 소비자가 많이 늘어나고 있다. 예를 들면, 면세점 사이트에서 물품을 구매하고 공항을 나갈 때 실제 면세점에 들러서 물품을 받아가는 소비자가 있다. 또한 배달 어플을 이용해 결제한 후 배달 음식을 수령하는 소비자도 있다. 오프라인 시장은 실제 소비자에게 신뢰를 줄 수 있기 때문에 우리가 창업을 할 때 오프라인 점포의 입지도 중요할 수밖에 없는 것이다.
그럼 좋은 입지와 피해야 될 입지 살펴보도록 하자!

좋은 입지
1. 통행 인구가 많은 지역의 사거리
2. 차량이 접근하기 쉽고 주차가 편리한 곳
3. 대형 사무실 밀집 지역보다는 중소형 사무실이 많은 곳

4. 노래방, 영화관, PC방 등 주변에 편의시설이 많은 곳
5. 지하철, 버스정류장 부근
6. 1,000세대 이상의 아파트 단지의 상권
7. 상점가 밀집 지역(2,000제곱평방미터 이내에 50개 이상의 점포 밀집 지역)
8. 초, 중, 고 주변의 학생 동선상에 있는 곳
9. 코너 각지
10. 공실이 없는 지역 중 권리금이 저렴한 곳

피해야 될 입지
1. 건물주와 동종 업종에 종사하는 경우
2. 임대료가 시세에 비해 너무 싸거나 권리금이 없는 경우
3. 과대광고 및 분양을 하는 대형 빌딩, 특수 목적의 상가는 주의
4. 주변에 1,000세대 이상의 중소형 아파트가 없는 지역
5. 언덕이나 경사진 곳의 입지
6. 막다른 골목에 위치한 곳
7. 공실이 많은 지역
8. 동종 업종이 과밀한 곳
9. 주차가 어렵거나, 너무 한적한 곳
10. 유동 인구의 흐름이 너무 빨라 그냥 지나가는 곳

동네 슈퍼의 반란?
나들가게를 알고 있는가?

우리나라 유통 구조는 이웃나라 일본을 따라가는 추세다. 일본은 1인 가구 증가로 근거리 소량 구매 소비 패턴이 확산되고, 편의점 업체들의 적극적인 MD 개발로 히트 상품의이 속속 등장하고 있다. 여기에 각종 편의 서비스를 제공함에 따라 고객의 충성도를 높여 재방문율을 증대시키고 있다.

예비 창업자를 위한 생생 부록

지난 1998년에 백화점 매출액의 절반밖에 되지 않던 편의점 매출 규모는 2009년에 백화점을 넘어섰으며 2014년 기준 백화점 시장보다 50퍼센트 이상 더 크다. 즉 백화점 시대는 가고 그야말로 편의점 시대가 온 것이다. 우리나라도 향후 몇 년 안에 동네 편의점의 반란이 시작될 것으로 필자는 예상한다. 편의점 창업을 무시하지 말자는 것이다!

여기서 빼놓지 말아야 할 것이 있다. 바로 정부에서 이 동네가게 창업을 할 때도 지원해준다는 사실이다. 바로 '나들가게' 지원사업인데, 오늘부터 우리 동네 슈퍼마켓을 가보면 '나들가게' 로고(http://www.sbiz.or.kr/nas/nadleintro/nasBi.jsp)가 많이 붙어 있을 것이다. 많은 창업 경쟁자들은 이미 알고 있었다는 사실이 놀라울 것이다.

정부 지원이 어떠한 것이 있는지 내용을 살펴보자!

◆ 나들가게와 물류센터의 자생력 제고
◆ 지역경제 활성화를 위해 나들가게 선도 지역을 확대

- 나들가게 선도 지역 :
2015년 6개->2016년 12개(신규 6개)-> 2017년 22개(신규 10개)
- 개별 나들가게 위주의 사업 체계를, 조합 결성 및 공동 구매/공동 마케팅 등 협업 활동 위주로 개편하여 나들가게 자생력 제고

<나들가게 육성>

취지 : 동네슈퍼가 변화와 혁신을 통한 자생력을 갖도록 나들가게 신규 개점,
　　　점포운영 개선, 공동 마케팅 등을 지원
규모 : 2,100개 점포
선도지역 : 22개 지자체, 1,100개 점포/점포경영 지원 1,000개 점포
대상 : 점포 총면적 165제곱평방미터 미만인 일반 동네수퍼.
　　　개인 편의점이면서 나들가게 POS 프로그램 설치를 위한 POS 기기 보유한 점포
내용 :
- 신규개점 지원 : 점포 유형별 맞춤형 POS 프로그램 설치 및 교육,
　　　　　　　나들가게 인증 엠블럼 설치
- 점주 선택형 사후관리 : 위생·방제 관리, 간판 청소·안전 관리, 희망지원단

- 상품구매 이행보증보험증권 : 최대 1000만 원 한도 보증수수료 지원

    (26만 4,700원/점포당)

- 부가서비스 : 택배 서비스, 그린 포인트 적립, 교통카드 충전 서비스 제공

청년이 창업하면 정부가 돈을 준다?

우리 동네를 예전부터 지켜준 터줏대감, 전통시장. 우리나라 어딜 가더라도 동네 중심지에는 전통시장이 있다. 옛날에는 재래시장이라고 했는데 낡은 이미지를 준다는 이유로 2009년도에 관련법이 바뀌면서 전통시장으로 명칭이 바뀌었다.

전국에 있는 1,500여 개의 전통시장은 어쩌면 우리가 창업을 아예 생각조차 하지 않은 곳일 수도 있다. 하지만 그렇게 만만한 상대가 아님을 누차 강조한다.

우리나라 전통시장 대부분이 자연발생적이기 때문에 구도심이지만 교통의 중심지에 있으며, 주변에 주거 인구가 많다. 이 전통시장을 잘만 활용하면 우리는 많은 혜택을 누릴 수 있다.

만 40세 미만의 예비 창업자가 전통시장 내에 창업을 할 경우 임대료, 인테리어, 교육 등을 지원해주는 창업지원 제도가 있다. 바로 '청년 상인 창업 지원사업'이다.

청년 상인 창업 지원사업

취지 : 미래전통시장을 이끌어 갈 청년 상인의 창업 지원을 통한

　　　전통시장의 변화와 혁신 유도

규모 : 20개 시장 내외(200개 점포 내외)

- 전액 국비 지원(인테리어에 한하여 국비 60퍼센트 이내 지원),

　지자체지원금 별도 편성 시 선정 우대

대상 : 전통시장 및 상점가 육성을 위한 특별법 제 2조에서 정한

　　　전통시장 및 상점가, 활성화 구역

　　　청년 상인이 입주할 수 있는 빈 점포 최소 다섯 개 이상 확보한 곳

내용 : 매장 임차료 및 인테리어 비용 보조, 창업 컨설팅 및 교육,

　　　체험 점포 운영 및 판로 확보 등을 통한 청년 상인의 전통시장 내 창업 지원

절차 :

- 신청 : 상인회지자체
- 현장 평가 : 지방중소기업청
- 사업 관리 : 소상공인시장진흥공단
- 사업 시행 : 사업단(수행업체)
- 정산 및 평가 : 소상공인시장진흥공단

점포를 계약할 때는 이런 사항을 유의하자!

아이템 선정, 상권 분석, 입지 선정의 절차가 끝나면 점포 계약을 체결하게 된다. 점포의 선택이 사업 성공에 결정적인 역할을 하기 때문에 여러 가지 조건을 꼼꼼하게 따져봐야 한다. 반드시 현장을 직접 확인하고, 법률 관계상 문제가 없는지를 알아봐야 한다. 특히 계약 및 계약금 납입은 임차인과 임대인 당사자가 직접 해야 하며, 과다한 보증금의 경우 전세권 설정을 통해 선수위 채권 확보가 가능한지도 따져보도록 하자. 최근 가까운 지인 한 분이 임대차 계약 시 부동산을 너무 맹신해서 부동산과 대리 계약을 체결하고, 부동산 계좌로 계약금을 보냈다가 사기를 맞는 사건이 일어났다. 반드시 계약은 당사자간 하는 것이 원칙이다.

상가건물 임대차보호법은 최대 5년간의 계약갱신 요구권을 보장하고 있으며, 임차인이 건물을 인도받고 사업자등록을 신청하면 향후 건물 소유주가 바뀌어도 새로운 소유주에 대해 임차권을 주장할 수 있다(현재 5년에서 10년으로 계약갱신 청구권 행사기간이 조정 중이다). 또한 대항력을 취득하고 확정일자를 받은 경우 전세권 등기와 같은 효력을 인정해 경매 및 공매 시 후순위 채권자 및 기타 권리자보다 우선 변제하도록 되어 있으므로 참고하도록 한다.

보증금과 임대료 인상 상한선은 9퍼센트!
현행 법상 연 9퍼센트 이내의 범위에서 인상이 가능하지만 최대라는 점을 명심하자. 건물주와 적당한 타협을 통해 5퍼센트 미만으로 인상되도록 하는 것도 필요하다.
최근 국정기획위원회에 따르면 정부는 2018년 1월부터 계약갱신 청구권 행사 기간이 현행 5년에서 10년으로 늘어나 상인들은 최대 10년까지 임차한 상가건물에서 영업을 할 수 있게 되며, 보증금과 임대료 인상 상한선은 현행 9퍼센트에서 이후 5퍼센트로 조정되어 건물 주인은 임대료를 매년 5퍼센트까지만 올릴 수 있다고 하니 참고하기 바란다.

권리금을 주기 전 점포 이력을 알아보자

상권정보시스템을 통해 개업할 상권의 입지를 분석을 하고나서 최종적으로 점포를 선택했다면 계약을 하게 되는데 이때 보통의 점포에는 '권리금'이라는 것이 있다. 경우에 따라 없는 경우도 있지만 입지에 따라서 많게는 수억까지 시설 권리금, 영업 권리금, 바닥 권리금 등 권리금이 형성되는데 이 경우 점포 이력을 활용하면 권리금을 줄 때 피해를 줄일 수 있다.
상권정보시스템의 점포이력 서비스는 예비 창업자에게 그 동안 해당 점포의 개·폐업 변화 이력을 분석해 제공하고 있다.

(예시)
XXX(한식) : 개업2012.04 ~ 폐업 2014.11(31개월 영업)
XXXX(중식) : 개업2014.12 ~ 폐업 2015.05(6개월 영업)
XX(일식) : 개업2015.06 ~ 폐업 2015.12(7개월 영업)
XXXXX(기타 판매업) : 개업2016.01 ~ 운영 중(18개월 영업)

점포 이력 서비스를 통해 본 해당 점포가 수시로 창·폐업이 일어나고 있는 점포라면 그 원인에 대해서 알아봐야 한다. 건물주와의 문제는 없는지, 상권 분석이 제대로 된 것은 맞는지 등에 대해 다방면을 알아봐야 한다. 만일 문제가 있다면 점포 입점에 대해 심각하게 고민을 해보아야 하나, 점포에 대한 입점 생각을 굳혔다면 적어도 영업 권리금이나 바닥 권리금을 조정해볼 수 있다.

참고

시설 권리금 : 창업 시 내·외부 인테리어, 집기비품 등 시설물에 투자한 금액에 대해 보전해 주는 성격의 권리금이다.

영업 권리금 : 기존의 영업주가 다양한 영업 수단을 통해 단골고객을 확보하였다면 본인이 그 점포를 인수할 때 그 단골을 보장받을 수 있는데 이 경우 주는 권리금을 영업 권리금이라고 한다.

바닥 권리금 : 점포가 좋은 입지에 위치하고 있어서 위치에 대한 프리미엄이 있다면 어느 정도의 매출을 보장 받을 수 있게 되는데 이 경우 바닥 권리금이 형성된다.

<주의>

건물주가 계약 만료 후 계속 임대를 하지 않을 경우 권리금을 회수할 수 없다. 권리금 반환에 대한 특약사항을 임대차 계약서상에 명시하기도 하지만 권리금에 대해서는 법률적인 규정이 없기 때문에 소송으로 이어질 경우 불리한 경우가 많으므로 주의하자!

아이템이 더 중요할까? 상권이 더 중요할까?

장사의 신(?)이라면 당연히 어느 곳에서 영업을 하더라도 높은 매출을 올릴 수 있을 것이고, 희소성이 있는 아이템을 싸게 팔아 고객의 불편을 감수할 정도가 된다면 다르겠지만 일반적으로 상권 입지가 무엇보다 매출에 많은 영향을 끼친다. 그래서 매출액을 놓고 본다면 상권 입지는 매우 중요하다.

그러나 사업을 시작할 때 무엇을 먼저 결정을 하는가는 다르다. 아이템을 먼저 결정하고 상권 입지는 나중에 결정해야 한다. 유망 아이템은 제한되어 있고 게다가 본인에게 맞는 것은 더 제한되어 있기 때문에 잘할 수 있는 아이템을 정하는 게 중요하다. 따라서, 결정 순서는 아이템을 먼저 정하고, 매출 창출면에서는 상권을 우선으로 생각해야 된다.

초보 창업자들은 아이템을 선정할 때 무조건 고가(高價)와 고품질(高品質)만을 고집하는 경향이 있다. 하지만 아무리 좋은 아이템이라고 해도 취향이 제각각인 모든 소비자를 다 만족시킬 수는 없다. 각자 자신에게 맞는 콘셉트, 남들보다 잘할 수 있는 아이템을 정하는 게 성공의 출발이다.

특히 주변 상권과 유동 인구 성향 등을 분석하여 그 입지에 최적화된 아이템을 선택하는 것이 중요한데 예를 들자면 명동에 한국을 방문하는 외국인 관광객들에게 값비싼 프랑스제 화장품을 판매한다면 잘못된 결정이 될 요인이 크다. 적어도 그 상권에 맞는 아이템의 선택은 실패의 경험을 최소화할 수 있다.

사업자 등록하기

사람도 태어나면 출생신고를 하듯, 창업자도 사업자로 등록을 해야만 영업이 가능하다. 관할 세무서에 가서 사업자등록 신청을 하면 사업자등록증을 발급 받을 수 있고 이를 통해 고유의 사업자등록번호가 부여된다. 이 번호는 모든 상거래 시마다 사용되는 고유 번호다.

개인사업자 VS 법인사업자

사업자등록은 개인사업자와 법인사업자로 구분되는데 각각의 장단점이 있기 때문에 잘 살펴보고 사업자를 내야 한다. 개인사업자의 경우 창업 절차는 간단하지만 이익에 대한 세율 부담이 있으며, 반면에 법인사업자의 경우 이익에 대한 세율 부담은 적으나 창업 시 복잡한 절차를 거치기 때문에 잘 살펴보아야 한다.

	장점	단점
개인사업자	사업주 1인이 이익을 독점한다. 창업 절차가 간단하고, 창업비가 저렴 영업 노하우, 고객을 사업주가 독점한다.	사업주가 모든 책임을 부담 자금 조달의 한계가 있다. 사업 소득금액에 대한 누진세율을 부담한다.
법인사업자	대출이 개인사업자보다 용이하다 주주는 출자금 한도만 책임이 있다. 개인사업자에 비해 적용 세율*이 적다.	기업의 이익금은 배당세가 붙는다. 자금을 인출 사용하기가 어렵다. 해산 및 청산 절차가 복잡하다.

* 개인사업자 세율 : 1.5억~5억(38%), 5억 초과(40%)
　법인사업자 세율 : 2억이하(10%), 2억~200억(20%), 200억 초과(22%)

세무서에 가면 사업장 위치, 상호명, 업종, 업태 등을 기입하면 사업자등록번호를 받게 되는데 세무서에 직접 가지 않고도 인터넷 사이트 홈택스(http://www.hometax.go.kr/)에서 신청이 가능하다.

사업자등록 시에는 신분증, 사업자등록 신청서, 임대차계약서 사본, 허가증 사본 등이 반드시 필요하다. 또한 사업용 계좌와 현금영수증 카드 등은 미리 준비해두면 사업자등록 신청 시 편리하다.

개가 사나우면 술이 시어진다?

구맹주산(狗猛酒酸), 즉 '개가 사나우면 술이 시어진다'는 뜻이다.
송(宋)나라 사람 중에 술을 파는 자가 있었는데, 그는 술을 만드는 재주가 뛰어나고 손님들에게 친절하며 항상 양을 속이지 않고 정직하게 팔아 송나라에 소문이 자자할 정도로 유명한 주점이었다. 그런데 어찌된 일인지 갈수록 손님들의 발길은 뜸해지고, 찾아오는 손님이 별로 없어 술이 오래 묵다 보니 맛이 시큼하게 변질되고 말았다.
인심이 넉넉하고, 술맛도 일품인데 왜 술이 팔리지 않는지 아무리 생각해도 이해가 되지 않았다. 영문을 알 수 없었던 주인은 어느 날 평소 알고 지내던 마을어른 양천에게 물었다.

"어르신, 어르신 잠시 여쭤볼 게 있는데요, 갑자기 손님들이 왜 저희 주점에 발길을 하지 않는지 이해가 되지 않습니다."
"당신의 개가 사납소."

어르신 말을 듣고, 당장 마당으로 나가 개를 바라보니 여느 때와 마찬가지로 꼬리를 살랑살랑 흔들면서 주인에게 달려오기 시작을 했다. 그런데 잠시 후 저기 멀리서 주점을 향해 걸어오는 마을 어르신을 발견할 수 있었는데 기분 좋은 마음으로 손님 맞을 준비를 하고 있는 순간 갑자기 그 개가 어르신을 향해 '으르렁'거리면서 달려들었다. 그에 겁이 질린 동네 어르신이 걸음을 돌려 도망갔다. 이 모습을 본 주인은 그때서야 깨달았다. 맛있는 술을 먹으러 왔다가 사나운 개가 무서워 술이 팔리지 않았기 때문에 술이 시어졌던 것이다.
이 이야기는 『한비자』 「외저설우(外儲說右)」에 나오는 '구맹주산'에 얽힌 이야기다. 우리가 창업을 하고 나면 고객과 접하는 접점에서 혹시 사나운 개가 있는지 알아봐야 한다. 아무리 우리 상품이 좋은 상품이라 할지라도 우리도 몰랐던 고객접점에서 고객들이 만족하지 못한다면 매장을 들어오기도 전에 발길을 돌리는 경우가 있다.

우리는 창업 후 고객들과 접점을 이루는 많은 것들에 대한 관리가 필요하다. 직원 관리, 청결 관리, 재고 관리, 인테리어 관리 등 사소한 것 같은 것들이 고객의 발걸음을 돌리는 접점임을 명심 또 명심하자.

모든 지원사업의 구체적인 개요나 내용은 변경될 수 있으니 반드시 해당부처에 확인 후 신청을 권한다.
_출처 : 『창업다이어리』 소상공인시장진흥공단

알고 보면 쓸모 많은
청년 창업 노트

2017. 11. 15. 1판 1쇄 인쇄
2017. 11. 22. 1판 1쇄 발행

지은이 | 하상원·이혁주
펴낸이 | 이종춘
펴낸곳 | BM 주식회사 성안당
주소 | 04032 서울시 마포구 양화로 127 첨단빌딩 5층(출판기획 R&D 센터)
      | 10881 경기도 파주시 문발로 112 출판문화정보산업단지(제작 및 물류)
전화 | 02) 3142-0036
     | 031) 950-6300
팩스 | 031) 955-0510
등록 | 1973. 2. 1. 제406-2005-000046호
출판사 홈페이지 | www.cyber.co.kr
ISBN | 978-89-315-8176-8 (13320)
정가 | 15,800원

이 책을 만든 사람들
기획·편집 | 백영희
교정 | 조혜정
표지·본문 디자인 | 글자와 기록사이
홍보 | 박연주
국제부 | 이선민, 조혜란, 김해영
마케팅 | 구본철, 차정욱, 나진호, 이동후, 강호묵
제작 | 김유석

www.cyber.co.kr
성안당 Web 사이트

이 책의 어느 부분도 저작권자나 BM 주식회사 성안당 발행인의 승인 문서 없이 일부 또는 전부를 사진 복사나 디스크 복사 및 기타 정보 재생 시스템을 비롯하여 현재 알려지거나 향후 발명될 어떤 전기적, 기계적 또는 다른 수단을 통해 복사하거나 재생하거나 이용할 수 없음.

◆도서 A/S 안내

성안당에서 발행하는 모든 도서는 저자와 출판사, 그리고 독자가 함께 만들어 나갑니다.
좋은 책을 펴내기 위해 많은 노력을 기울이고 있습니다. 혹시라도 내용상의 오류나 오탈자 등이 발견되면 "좋은 책은 나라의 보배"로서 우리 모두가 함께 만들어 간다는 마음으로 연락주시기 바랍니다. 수정 보완하여 더 나은 책이 되도록 최선을 다하겠습니다.
성안당은 늘 독자 여러분들의 소중한 의견을 기다리고 있습니다. 좋은 의견을 보내주시는 분께는 성안당 쇼핑몰의 포인트(3,000포인트)를 적립해 드립니다.
잘못 만들어진 책이나 부록 등이 파손된 경우에는 교환해 드립니다.